集人文社科之思　刊专业学术之声

集 刊 名：河洛学研究
主办单位：河南科技大学人文学院
　　　　　河洛文化与中华民族现代文明建设研究中心
　　　　　黄河文明与河洛文化研究中心

顾问委员会

包伟民　蔡运章　程有为　杭　侃　孟宪实
王　东　许　宏　薛瑞泽　杨海中　张新斌

编辑委员会

主　　任：王洪彬
编　　委（按姓氏拼音排序）：
　　　　　韩宏韬　扈耕田　李　乔　罗子俊　毛阳光
　　　　　石自社　宋红伟　王东洋　王建国　王　恺
　　　　　王云红　赵晓军　赵耀辉　张显运　张延峰
编　　辑：陈南南　李　雷　权玉峰　王鹏杰　朱传忠

主　　编：罗子俊
执行主编：王云红

第 3 辑

集刊序列号：PIJ-2024-517
中国集刊网：www.jikan.com.cn / 河洛学研究
集刊投约稿平台：www.iedol.cn

河治学研究

罗子俊 —— 主编
王云红 —— 执行主编

第三辑

集刊全文数据库（www.jikan.com.cn）收录

社会科学文献出版社
SOCIAL SCIENCES ACADEMIC PRESS (CHINA)

目 录

·河洛论衡·

伊耆氏与伊侯国事迹考略 …………………… 蔡运章　蔡奉哲／3
面羊：炎帝信仰与山西高平乡村传统祭祀 ………… 苏泽龙　勇晨怡／19
"洛生咏音本重浊"考 …………………………… 郭发喜　王鹏杰／30
汉魏都城选址与正统论 …………………………… 韩宏韬　李　蕊／46

·河洛文献·

洛阳北宋墓志刻官录述 …………………………… 刘祥辉　赵振华／65
《龙门石窟碑刻题记汇录》佛教造像记释文校读札记
　………………………………………………… 郭洪义　陈小钰／83
墓志所见高宗武则天时期户部尚书籍贯、郡望考论
　………………………………………………… 权玉峰　王佳梅／99
洛阳白马寺佚失铭石文物考 ……………………………… 赵耀辉／114

·古都文化·

北宋西京洛阳广建佛寺述论 ……………………… 崔梦妍　张显运／133
两宋名士与西京少林渊源考 ……………………………… 岳晓锋／153
叙事的缝合与重构
　——洛阳"云溪观"的几重面相 ……………………… 杨　全／175
国家战略下洛阳水运文化资源的挖掘、保护与利用 ……… 朱宇强／188

·客家文化·

客家学与河洛学研究刍议 ············· 刘道超 / 203

根深方致叶茂：客家文化与中原文化关系论略 ············· 邹春生 / 216

中原姓氏文化基因在南方客家的传播与弘扬 ········ 李雪华　兰寿春 / 229

从大谷关到石壁村：闽粤赣客家迁徙文化洛阳溯源

············· 周云水　何小荣 / 242

·河洛书评·

多维视角下的河洛石刻研究

——《河洛石刻文化记忆研究》书评 ············· 王庆昱 / 257

公共考古的上乘之作

——读《考古都挖了点啥》 ············· 田　率 / 269

《河洛学研究》稿约 ············· / 274

文稿格式规范 ············· / 275

河洛论衡

伊耆氏与伊侯国事迹考略

蔡运章　蔡奉哲

摘　要　伊耆氏是居住在伊河沿岸的著名国族。这个国族本是神农氏的重要支族,也是帝尧的外婆家和伊尹的先祖。《礼记·郊特牲》载"伊耆氏始为蜡",说明我国古代祭奠"八神"的"腊八"节,就是伊耆氏首创。周代设有"伊耆氏"的职官,执掌国家重大祭典和老年人的事务。商周时期的黎侯国和西周金文中的"伊伯",都是伊耆氏的后裔。

关键词　伊耆氏；伊侯国；腊八节

伊耆氏是我国古代的著名国族。洛阳市栾川县潭头镇大王庙村原有一座"上神庙"(俗名"大王庙")。该庙在20世纪50年代初,仍庙宇宏大,古柏参天。那么,这座"上神庙"里供奉的到底是哪位"上神"？因其年代久远,当地长老和百姓都已很难厘清了。我们依据史书记载和考古发现,谨就伊耆氏和伊侯国以及上神庙的相关问题,略做考述。

一　伊耆氏国族的重要事迹

今栾川县潭头镇大王庙村本属嵩县的辖区。要想澄清这座"上神庙"里祭祀的是何方神灵,还得从远古时代"伊耆氏始为蜡"的故事说起。伊耆氏国族的名号及其事迹,屡见史书记载,兹略做疏理。

(一)"伊耆氏始为蜡"的历史创举

潭头镇大王庙村"上神庙"供奉的并非一般的"大王",而是具有崇高地位的神灵。那么,这里的"上神"到底是何方神灵？据《礼记·礼运》

记载："陈其牺牲，备其鼎俎，……以降上神与其先祖。"孔颖达疏引皇氏云："上神，天神也。"《孔子家语·问礼》"以降上神"王肃注："上神，天神也。"这说明大王庙村上神庙祭祀的"上神"乃是天地神灵之义。

"伊耆氏始为蜡"的重要创举。《礼记·郊特牲》载："天子大蜡八。伊耆氏始为蜡。蜡也者，索也，岁十二月，合聚万物而索飨之也。蜡之祭也，主先啬而祭司啬也。祭百种以报啬也。飨农及邮表畷、禽兽，仁之至，义之尽也。"郑玄注："先啬，若神农也。司啬，后稷是也。"《经典释文》云："蜡祭有八神。先啬一，司啬二，农三，邮表畷四，猫虎五，坊六，水庸七，昆虫八。伊耆，古天子号也。或云即帝尧是也。"《礼记·明堂位》"伊耆氏之乐也"郑玄注："伊耆氏，古天子有天下之号也，今有姓伊耆氏者。""啬"同穑，所谓"大蜡八"即古代天子在十二月祭祀"先啬""司啬""百种""农""邮表畷""禽兽""坊""水庸"等八种"合聚万物"神灵的重要典礼。《文心雕龙·祝盟》载："昔伊耆始蜡，以祭八神。"《史记·补三皇本纪》说："炎帝以火名官，斫木为耜，揉木为耒，耒耨之用，以教万人。始教耕，故号神农氏，于是作蜡祭。"这些记载都说明，伊耆氏是"大蜡八"节祭奠"八神"的创始部族。而其被尊为"古天子之号也""古天子有天下之号"，足见这个部族在我国古史传说中占有的重要地位。

（二）"伊耆氏之乐"与仲春、仲秋祭典

"伊耆氏之乐"的重要内涵。据《礼记·明堂位》记载："土鼓、蒉桴、苇籥，伊耆氏之乐也。"《礼记·礼运》说："夫礼之初，始诸饮食。其燔黍捭豚，污尊而抔饮，蒉桴而土鼓，犹若可以致其敬于鬼神。"郑玄注："中古未有釜、甑，释米捭肉，加于烧石之上而食之耳。今北狄犹然。污尊，凿地为尊也。抔饮，手掬之也。蒉读为凷，塯也，谓抟土为桴也。土鼓，筑土为鼓也。"《经典释文》："蒉，土块也。""土鼓"，本是伊耆氏发明的乐器，以陶瓦为腔，以革为两面，亦名陶鼓（图1）。[①]"蒉桴"是用陶制作的鼓槌。"苇籥"是用芦苇制作的乐管。这些都是伊耆氏部族常用的乐器。

我国古代的"仲春""仲秋"祭典。《周礼·春官·籥章》载：

---

① 中国社会科学院考古研究所：《1978—1980年山西襄汾陶寺墓地发掘简报》，《考古》1983年第1期。

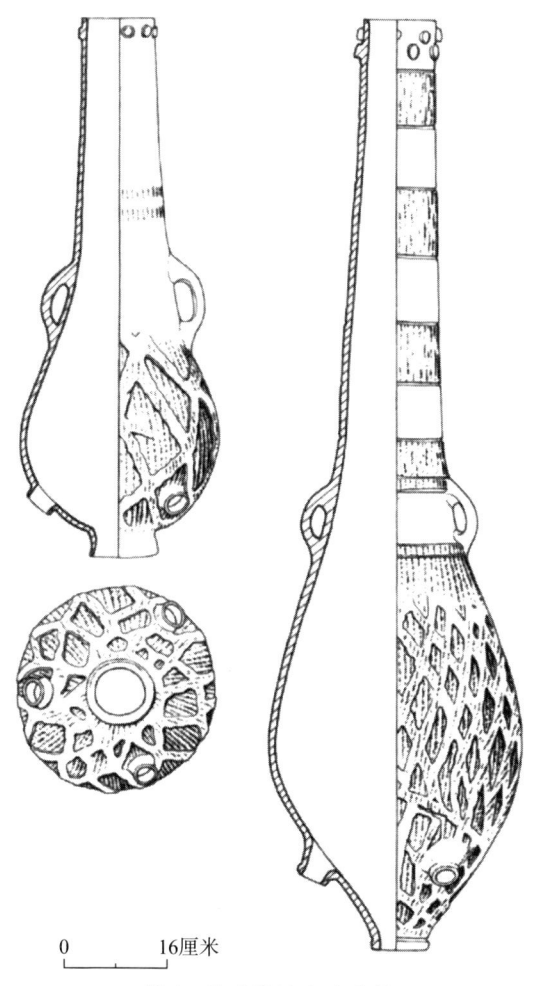

图 1　陶寺遗址出土陶鼓

掌土鼓、豳籥。中春昼击土鼓，吹《豳》诗以逆暑。中秋夜迎寒，亦如之。凡国祈年于田祖，吹《豳》雅，击土鼓，以乐田畯。国祭蜡，则吹《豳》颂，击土鼓，以息老物。

郑玄注："豳籥，豳人吹籥之声章。《明堂位》曰：'土鼓、蒉桴、苇籥，伊耆氏之乐。'""土鼓"即陶鼓。"豳籥"，指豳人吹奏的乐曲。"《豳》诗"指《诗经·豳风·七月》第一、二章。"中春"，指春分时节。

· 5 ·

"逆暑"即迎暑，迎接暑气的降临。"中秋"指秋分时节。"迎寒"，迎接寒气的降临。"《豳》雅"，指《七月》第三、四、五、六章。"《豳》颂"，指《七月》第七、八章。"田祖"指始教民耕种的神农氏，亦名"先啬"。"田畯"指古时教民耕种的长官。"国祭蜡"指国家在腊月初八举行祭祀农神的典礼。"息老物"指岁终祭祀使万物生长的神灵，使其休息而赏劳之。这是说籥章是掌教陶鼓、豳籥事务的职官，以便在重大祭典时来演奏。①

（三）伊耆氏执掌"国之大祭"的事迹

据《周礼·秋官·伊耆氏》记载：

> 伊耆氏掌国之大祭祀，共其杖咸。军旅，授有爵者杖。共王之齿杖。

"共"读如供。"咸"读如函，指收藏手杖的函套。老臣上朝时可挂手杖，但祭祀神灵时要保持虔敬，故要将手杖收藏到箱子里。这是说伊耆氏掌管国家举办大型祭典时，供给老臣收藏手杖的函套；有军事行动时，给有爵位的贵族发放手杖；同时还负责供给天子赏赐有功老臣的手杖。因此，周代便用"伊耆氏"来作为执掌国家重大祭典和老年事务的职官名称。

（四）孔子"与于蜡宾"和"观于蜡"的故事

孔子曾为鲁国蜡祭的宾仪。据《礼记·礼运》记载：

> 昔者仲尼与于蜡宾，事毕，出游于观之上，喟然而叹。

孔颖达疏："祭百神曰蜡。"《经典释文》曰："蜡，索也，祭名。夏曰清祀，殷曰嘉平，周曰蜡，秦曰腊。""宾"指祭典的主持人。"观"，门阙。这是说孔子在主持鲁国腊祭的典礼后，来到鲁国门阙楼观上游览时，不禁发出叹息声。

---

① 钱玄等注译《周礼》，岳麓书社，2001，第222页。

春秋时期蜡祭的热闹场面。据《礼记·杂记下》记载：

> 子贡观于蜡。孔子曰："赐也，乐乎？"对曰："一国之人皆若狂，赐未知其乐也。"子曰："百日之蜡，一日之泽，非尔所知也！"

郑玄注："蜡也者，索也，岁十二月合聚万物而索飨之祭也。""子贡"是孔子的学生，姓端木，名赐，字子贡，比孔子小31岁，善于辞令，也是著名的儒商大贾。这是说子贡在观看蜡祭时，孔子问他："赐，你感到快乐吗？"子贡回答说："整个国家的人都像疯狂了一样，我不知道这有什么快乐的地方。"孔子说："百姓终年劳苦，获得收成，而得此蜡祭欢饮，是在享受和感谢上天的恩泽，其中的心情不是你所能理解的呀！"这是当年孔子、子贡参加蜡祭典礼时，看到举国百姓欢快疯狂的热闹场面。

据《礼记·郊特牲》记载："地载万物，天垂象，取财于地，取法于天，是以尊天而亲地也，故教民美报焉。"《孔子家语·观乡社》"子贡观于蜡"王肃注："蜡，索也，岁十有二月索群神而祭之，今之腊也。"《独断》卷上说："蜡之言索也，祭日，索，此八神而祭之也。""蜡八"是年终岁末回报大自然的隆重祭典。因此，"大蜡是报谢万物诸神及庆祝丰收的节日，其仪式不仅盛大而热烈，且古朴而充满着原始遗风"，[①] 乃是中华先民自然崇拜的产物。

（五）"腊八"节是中国古代的重要节日

"蜡八"（即腊八）节是中国古代年终岁末的重要节日。《诗·桧风·羔裘》"羔裘逍遥，狐裘以朝"，郑玄笺："诸侯之朝服，缁衣羔裘。大蜡而息民，则有黄衣狐裘。今以燕祭服朝，是其好洁衣服也。蜡，祭名也。"这是描述诸侯们以"缁衣羔裘"的盛装，出席祭祀八神的庄重场面。

"腊八"祭的隆重礼仪。《周礼·地官·党正》载：

> 国索鬼神而祭祀，则以礼属民，而饮酒于序以正齿位：壹命齿于

---

① 詹鄞鑫：《神灵与祭祀——中国传统宗教综论》，江苏古籍出版社，1992，第373页。

乡里，再命齿于父族，三命而不齿。凡其党之祭祀、丧纪、昏冠、饮酒，教其礼事，掌其戒禁。

"党正"指乡里的长官。"索鬼神"，这是指年终腊祭时，索求"鬼神"来品尝祭品。而所索的"鬼神"即"蜡八"节祭祀的八方神灵。"壹命""再命""三命"，均指受到国家颁赏命爵的尊贵等次。"正齿位"即按年令大小排定座位。"不齿"指位尊爵重的人，安排座位时可以不受年龄和辈分限制。凡乡里的人民，在"腊八"节间若有祭祀、丧葬、婚冠、饮酒等事，便要教他们遵守礼法，并执掌戒令督察他们不能违礼乱纪。

秦汉时期的"腊八节"习俗。据《史记·秦本纪》记载，秦惠文王"十二年，初腊"。《正义》："十二月腊日也。秦惠文王始效中国为之，故云'初腊'。猎禽兽以岁终祭先祖，因立此日也。"时在公元前326年。

东汉应劭《风俗通义》卷八《祀典·腊》谨按："《礼传》'夏曰嘉平，殷曰清祀，周曰大蜡，汉改为腊。'腊者，猎也，言田猎取兽，以祭祀其先祖也。或曰：'腊者，接也，新故交接，故大祭以报功也。'汉家火行，衰于戌，故曰腊也。"许慎《说文·肉部》"腊，冬至后三戌腊，祭百神"段玉裁注："腊，本祭名，因乎腊月腊日耳。《月令》'腊先祖五祀'，《左传》'虞不腊矣'，皆在夏正十月，腊即蜡也。《风俗通》云：'《礼传》夏曰嘉平，殷曰清祀，周大蜡。'皇侃曰：'夏、殷蜡在巳之岁终。'皇说是也。《秦本纪》惠王十二年初腊，记秦始行周正亥月大腊之礼也。始皇三十一年十二月，更名腊曰嘉平。十二月者，丑月也，始皇始建亥，而不敢谓亥月为春正月，但谓之十月朔而已。更名腊为嘉平者，改腊在丑月，用夏制，因用夏名也。汉仍秦制，亦在丑月，因用戌日，则汉所独也。"所说"腊八"节时祭"祖先""祭百神"，说明秦汉时期已把当初祭祀"八神"（八方神灵），扩展到祭祀"祖先"和"百神"了。由此可见，秦汉时期腊祭典礼内涵的传承和历史演变。

秦汉时期的伏腊祭典。西汉杨恽《报孙会宗书》曰："田家作苦，岁时伏腊，烹羊炮羔，斗酒自劳。"（《汉书·杨敞传》《文选》卷四一）潘岳《闲居赋》载："牧羊酤酪，以俟伏腊之费。"（《文选》卷一六）这说明秦汉时期，夏天的伏日，冬天的腊日，都是欢快的节日，合称"伏腊"。

隋代的"腊八节"。据《隋书·礼仪志二》记载："昔伊耆氏始为腊。腊者，索也。古之君子，使人必报之。故周法以岁十二月，合聚万物而索飨之。仁之至，义至尽也。其祭法，四方各自祭之。若不成之方，则阙而不祭。后周亦存其典，常以十一月，祭神农氏、伊耆氏、后稷氏、田畯……日月、五方皆祭之。上帝、地祇、伊耆、人帝于坛上，南郊则以神农既蜡，无其祀。……隋初因周制，定令亦以孟冬下亥蜡百神，腊宗庙，祭社稷。其方不熟，则阙其方之蜡焉。"同书还说："开皇四年十一月，诏曰：'古称腊者，接也，取新故交接。'"

（六）"腊八粥"是腊八节祭典的重要供品

南宋周密撰《武林旧事》载："用胡桃、松子、乳覃、柿、粟之类作粥，谓之'腊八粥'。""乳覃"即乳蕈，当是蘑菇状的菌类植物，如松蕈、香蕈等。我们今天常喝的"八宝粥"，本来就是"腊八粥"。"腊八粥"是用糯米、绿豆、红豆、花生、桃仁、莲籽、松蕈、枸杞等原料搭配熬制而成的食品。

中华先民祭祀天神时，常用人间最好的食物来作为供品。"腊八粥"的主要食材是米、豆、干果和中药，须经适当搭配、精心熬制而成，具有健脾养胃、消滞减肥、益气安神的基本功效，乃是古今常用的保健养生食品。①

由此可见，伊耆氏开创的"腊八节"祭典，世代相传，以至于今。这个创举，在中国古代文化史上具有深远影响。

二 伊耆氏是神农氏的重要支族

据徐旭生先生《中国古史的传说时代》的研究，我国古代部族可分为三大集团：一是以炎帝、黄帝为代表的华夏集团，二是以少昊氏为代表的东夷集团，三是以三苗氏为代表的苗蛮集团。② 其中，居住在黄河中游地区的华夏集团，是三大集团里最重要的部落群体。

---

① 蔡运章：《伊尹"作汤液"的历史贡献及其相关问题》，待刊稿。
② 徐旭生：《中国古史的传说时代》，文物出版社，1985，第37—66页。

（一）炎帝、黄帝是少典、有蟜氏的后裔

炎、黄二帝是中华民族的血缘始祖，而少典、有蟜氏则是他们的先祖。据《国语·晋语四》记载：

> 昔少典娶于有蟜氏，生黄帝、炎帝。黄帝以姬水成，炎帝以姜水成，成而异德，故黄帝为姬，炎帝为姜。

韦昭注："贾侍中云'少典，黄帝、炎帝之先。有蟜，诸侯也。炎帝，神农也。……姬、姜，水名。成，谓所生长以成功也。'"《路史·后纪三》载："初，少典氏取有蟜氏，是曰安登。生子二人，一为黄帝之先，袭少典氏；一为神农，是为炎帝。炎帝长于姜水，成为姜姓。"罗苹注："姜姓之祖也，在扶风美阳。'伊'即伊尹之邦，'耆'即文王所伐者，犹陶唐然。详《国名纪》。"这说明"少典"与"有蟜氏"是互为婚姻的两个古老部族，"少典"是黄、炎二族的父族，"有蟜氏"则是他们的母族。

有蟜氏是以蜜蜂为图腾的古老部族。据《山海经·中次六经》记载：

> 缟羝山之首曰平逢之山……有神焉，其状如人而二首，名曰骄虫，是为螫虫，实惟蜂蜜之庐。

郭璞注："言群蜂之所舍集，蜜，赤蜂名。""骄"，通作蟜。《说文·虫部》："蟜，虫也。"《史记·正义》说："蜂，䖟也"。《左传·襄公九年》载：郑"公孙虿"，字"子蟜"。可见"蟜"即蜂的异名。《山海经·中次六经》载："平逢之山南望伊、洛，东望谷城之山。"郝懿行疏："平逢山即北邙山，郏山之异名也。"在今河南省洛阳市北。"谷城山"在今洛阳市的西北方。这说明"平逢山"乃北邙山的别名，位于伊河、洛河的北面，包括今洛阳市新安县东部和孟津区西部的邙山岭，当是有蟜氏活动的中心地带。

关于黄帝族的发祥地域，《大戴礼记·五帝德》载："黄帝，少典之子也。"《帝系篇》说："少典产轩辕，是为黄帝。"《白虎通·爵篇》说："黄

帝有天下，号为有熊。"《史记·集解》引皇甫谧曰："有熊，今河南新郑是也。"因少典、黄帝族以黄熊为图腾标志，故称"有熊氏"。今河南新郑市西有少典祠。

"姬水"即泜水。《说文·女部》："姬，黄帝居姬水为姓。"黄侃《字通》说："泜，此即姬水字。""姬水"实即泜水。泜，通作汜。《玉篇·水部》说："泜，水名，又汜字。"《广韵·之韵》："泜，水名。《诗》云：江有泜，《毛诗》作汜。"均是其证。《山海经·中山经》载："浮戏之山，汜水出焉，而北流注于河。"《后汉书·郡国志》河南郡"成皋有汜水"。这说明"姬水"即汜水，在今河南荥阳市西北。由此可见，以今新郑市为中心的郑州地区，应是黄帝族的发祥地。

关于炎帝部族的发祥地域，常羊山是其图腾圣地。《春秋元命苞》载："少典妃安登，游于华阳，有神龙首感之于常羊，生神子"（《路史·后纪三》注引）。"常羊山"亦名羊头山。可见"常羊山"即羊头山，在今山西高平市东北。谭其骧先生指出：炎帝所居的"姜水"，在《山海经·北次三经》里被称为"鄀水"，即太行山东麓源于今河北顺平县西太行山东麓的龙泉（清水）河。① 这说明炎帝族发祥于今山西高平市的羊头山地区。

少典与有蟜氏是互为婚姻的部族，而从少典、有蟜氏分化出来的炎帝与黄帝族，后来就形成姬、姜两姓互为婚姻的部落集团。姓氏是部族群体世代血脉相传的基因标识。我国现有的姓氏，大多都是从姬、姜二姓演化而来的。这就是我们将炎、黄二帝称为"血缘始祖"的根本原因。由此可见，位于黄河中游的河洛地区，就是少典、有蟜氏和炎、黄二族的发祥地，也是孕育华夏文明的摇篮和中华民族的祖根"圣地"。②

据《周易·系辞传下》记载："庖牺氏没，神农氏作，是为炎帝。……神农氏没，黄帝、尧、舜氏作。"贾谊《新书·制不定》说："炎帝者，黄帝同父母弟也，各有天下之半。"《史记·五帝本纪》也说："轩辕之时，神农氏衰。"炎、黄二帝，既是两个功业显赫的英雄人物，也可以视为两个部

---

① 谭其骧：《〈山经〉河水下游及其支流考》，氏著《长水集》下册，人民出版社，2011，第51页。
② 蔡运章：《论伏羲、女娲氏与少典、有蟜部族》，《黄河科技大学学报》2007年第6期，第14—17页。

族和两个前后相承的时代。

(二)"伊耆氏"是神农氏的重要支族

神农氏是炎黄时代一个庞大的部落联盟。据《春秋元命苞》记载:"少典妃安登游于华阳,有神龙首感之于常羊,生神子,人而龙颜,好耕,是为神农。"《帝王世纪》云:"神农氏,姜姓也。母曰任姒,有蟜氏女,登为少典妃,游华阳,有神龙首,感生炎帝。"神农氏的支族,除罢申、吕、许(《潜夫论·志氏姓》)诸姓外,还有"伊、列、舟、骀、淳、戏、怡、向、州、薄、甘、隋、纪,皆姜国也"(《路史·后纪四》)。这说明神农氏本是个庞大的姜姓部族集团。

伊耆氏是神农部族的重要支族。《周礼·秋官·序官》"伊耆氏"郑玄注:"伊耆,古王者号,今有伊耆氏。"《礼记·郊特牲》载:"伊耆氏始为蜡。"孔颖达疏:"伊耆氏,神农氏之别称也。"《路史·国名纪一》说:"伊,盖亦上世所国。今洛之伊阳县有伊水。"因此,所谓"伊耆氏"为"神农氏之别称",当为伊耆氏乃是神农氏居住在伊水沿岸的重要支族。

(三)"伊耆氏"的姓氏及其名号

伊耆氏与神农氏的姓氏,明显不同。神农氏本为"姜姓",因"有圣德,以火德王,故号炎帝"(《史记·五帝本纪·正义》)。而古史所谓"炎帝神农氏,姓伊耆,名轨",显然是把"神农氏"与"伊耆氏"的姓氏和名号混为一谈了。

伊耆氏本是"伊"姓部族。据《世本·氏姓篇》记载:"伊氏,帝尧伊耆氏之胤"(《姓纂》卷六)。《春秋历名序》说:"有神人名石年,苍色大眉,戴玉理,驾六龙,出地辅,号曰神农"(《绎史》卷四)。《路史·后纪三》载:"炎帝神农氏,姓伊耆,名轨,一曰石年,是为后帝皇君,炎精之君也。母安登感神于常羊,生神农于烈山之石室。""伊耆氏"的"伊"指伊水,因其居住在伊水沿岸,故以水名为姓。这在古代部族得姓的习俗里,是个常见的事情,兹不赘举。

"耆""轨"当是伊耆氏之君的名号。"耆""轨"义通。《说文·老部》:"耆,老也。"《释名·释亲戚》:"久,老称。"《庄子·至乐》:"黄軦生乎九猷。"《经典释文》引李云："九，宜为久。久，老也。"《白虎通·礼乐》："九之为言究也。"《诗·唐风·羔裘》："自我人究究。"陈奂传疏："古究、宪声同。《诗》之'究'当读为宪。"《汉书·元帝纪》："殷周法行而奸轨服。"颜师古注："轨与宪同。"《古书疑义举例·不达古语而误解例》说："究、轨并从九声，故得通假。"是其佐证。伊耆氏"名轨，一曰石年"。《汉书·律历志上》："石，大也。"《说文·石部》段玉裁注："石，或借为硕大字。""石年"即大年、丰年之义。故"石年"当是伊耆氏的大号。因"耆""轨"义相联锦，故"伊耆氏"的首领，当名"轨"、字"耆"、号"石年"，足见其与神农氏姓氏名号的明显不同。由此可见，所谓伊耆氏"姓伊耆"的说法，则是把伊耆氏的姓氏与名号相混淆的缘故。

（四）伊耆氏是个长寿部族

"耆"本是对长老的尊称。《说文·老部》："耆，老也。"《诗·大雅·皇矣》"上帝耆之"郑玄笺："耆，老也。"《礼记·曲礼上》载："六十曰耆，指使。七十曰老，而传。"《释名·释长幼》说："六十曰耆。耆，指也，不从力役，指事使人也。"《后汉书·韦彪传》"君年在耆艾"李贤注引《礼记》曰："七十曰耆，五十曰艾。"耆"当指六、七十岁的老人。古语常说："人生七十古来稀。"从古代的生活、医疗条件看，一般人若能活到六七十岁，就已经算是长寿了。因此，"伊耆氏"当是指居住在伊河岸边的长寿部落。

（五）伊耆氏的文化遗存

嵩县旧县乡西店村旁有裴李岗文化遗址，栾川县潭头乡三官庙、石门村、赵庄下坪前岭上有仰韶文化至龙山文化遗址。大王庙遗址位于该村南，东西长300米，南北宽400米，是一处新石器时代晚期的龙山文化遗址。潭头街西寨门外有商周时期的聚落遗址。① 这些古文化遗址可能就是伊耆氏的文化遗存。

由此可见，"伊耆氏"本是炎帝"神农氏"的一个重要支族，也是居住在伊水岸边的长寿部落。其首领"名轨"、字"耆"，故通称其号曰"伊耆

---

① 洛阳市文物管理局：《洛阳市不可移动文物名录（二）》，中州古籍出版社，2013，第1572—1575页。

氏"。因其尚处在农耕文明的初级阶段，故"伊耆氏"便在农历岁末创制祭祀"合聚万物"神灵的典礼。

三 伊耆氏是帝尧母家和伊尹的先祖

伊耆氏当是帝尧的母家和伊尹的先祖，古史有明确的记载。兹略做说明。

（一）伊侯国是帝尧的外婆家

伊侯国本是帝尧的母家。据《世本·氏姓篇》记载："伊氏，帝尧伊耆氏之胤。"（《隶释·伊立碑》《姓纂》卷六）案："《隶释·成阳灵台碑》亦云：'惟帝尧母，昔者庆都，作舍穹精，氏姓曰伊。'则以帝尧为伊氏者，盖汉人已有其说。"（《世本》卷七，秦嘉谟辑补本）《潜夫论·志氏姓》载："姜戎居伊洛之间。"《路史·国名纪一》说："伊，尧之母家伊侯国。""母家"即外婆家。这说明伊耆氏当为帝尧的外婆家。

帝尧"姓伊祁氏"的来由。"帝尧"本是黄帝的后裔。《国语·晋语四》记载司空季子的话说：黄帝之子"得姓者十四人为十二姓，姬、酉、祁、己、滕、箴、任、荀、僖、姞、儇、依是也。"《史记·五帝本纪》载："帝喾娶陈锋氏女，生放勋。娶娵訾氏女，生挚。帝喾崩，而挚代立。帝挚立，不善，而弟放勋立，是为帝尧。帝尧者，放勋。"《索隐》曰："尧，谥也。放勋，名。帝喾之子，姓伊祁氏。案：皇甫谧云：'尧初生时，其母在三阿之南，寄于伊长孺之家，故从母所居为姓也。'"《帝王世纪》说："帝尧陶唐氏，祁姓也。母庆都，孕十四月而生尧于丹陵，名曰放勋，鸟庭荷胜，眉有八采，丰下锐上，或从母姓伊氏。"（《绎史》卷八）这说明帝尧为帝喾之子，因其"母姓伊"、父姓"祁"，故"姓伊祁"氏。

（二）伊耆氏是伊尹的先祖

伊耆氏本是伊尹的先祖。《世本·氏姓篇》载："伊氏，帝尧伊耆氏之胤。其后伊尹名挚，相汤，生陟、奋。"（秦嘉谟辑补本）《路史·后纪三》载：伊耆氏之"'伊'即伊尹之邦"。这说明伊氏、帝尧和伊尹，都是伊耆氏的后裔。伊尹是中国古代伟大的政治家、烹饪学家和医药学家，他的丰功伟绩彪炳千古。① 今嵩县纸房乡空桑涧北岸的伊尹祠，乃是纪念"元圣"伊尹的历史名胜。

四 商周黎侯国与西周金文"伊伯"的重要发现

伊耆氏国族的事迹，在商周文献和金文资料里，都有线索寻，兹略做说明。

（一）商周时期的黎侯国

"伊耆氏"（亦名"耆"国），商代末年被称为黎侯国。《尚书·西伯戡黎》："西伯既戡黎，祖伊恐，奔告于王。"周秉钧注："西伯，周文王。戡，胜也。黎，殷之属国，又名耆。西伯战胜黎国，殷之贤臣祖伊进谏于纣王。"今本《竹书纪年》云：帝辛"三十四年，周师取耆及邘"。《史记·周本纪》载：西伯"明年，败耆国。殷之祖伊闻之，惧，以告帝纣"。《正义》："即黎国也。孔安国云：'黎在上党东北。'《括地志》云：'故黎城，黎侯国也。'"《路史·国名纪一》载："炎帝后姜姓国"里有"耆，侯爵。自伊徙耆……黎也。故《大传》作'西伯戡耆'。"《路史·后纪三》载：伊耆氏"其初国伊，继国耆，故氏伊耆"。这说明商代末年，周文王所讨伐的黎侯国，就是伊耆氏的后裔。

（二）黎侯国的地望和考古发现

黎侯国的地望。据《汉书·地理志》记载："黎，在上党壶关县。"《后汉书·郡国志》说："壶关县，有黎亭，故黎国。"注引《括地志》云："故黎城，黎侯国也，在潞州黎城县东北十八里。"这说明商代晚期，伊耆氏已迁居到今山西长治市的黎城县一带。

2006年，考古工作者在山西黎城县西关村发现西周时期黎国的贵族墓92座。其中，带有墓道的大型墓葬3座，中型墓葬15座，其余为小型墓

---

① 蔡运章：《伊尹事迹考述》，《洛阳考古与古代文明》，三秦出版社，2021年。

葬。当时共发掘10座，出土大量青铜器、玉器、漆器和车马器等珍贵文物，为研究伊耆氏和黎侯国的历史提供了珍贵史料。①

（三）西周铜器与黎侯国的君统

西周铜器中的伊生簋（《集成》03631）和史懋壶（《集成》09714），为研究西周时期伊侯国的事迹，提供了珍贵的实物资料。

传世的伊生簋，见《三代吉金文存》卷六·三九·八（图2）。其铭曰：

伊生作公母尊彝。

"伊生"，西周早期人。因"伊氏"本属"伊耆氏之胤"（《世本·氏姓篇》），故"伊生"当为西周伊侯国的贵族。"公"，《广雅·释亲》谓"父也"。"公母"即祖母。这是伊生为其祖母铸作的礼器。

图 2 伊生簋铭文

传世的史懋壶，见《三代吉金文存》卷一二·二八·一（图3）。其铭曰：

---

① 山西省考古研究所：《山西黎城黎国墓地》，国家文物局主编《2007中国重要考古发现》，文物出版社，2008。

惟八月既生霸，戊寅
王在方京湿宫，亲令
史懋露篚，咸。王乎伊
伯赐懋贝，懋拜颉首，
对王休，用作父丁宝壶。

图3 史懋壶铭文

因"伊耆氏"的名号，可复言"伊耆"，亦可单言"伊"氏或"耆（黎）"氏。犹如周代的楚国，可单言"楚"或"荆"，亦可复言"荆楚"（《说文·林部》"楚"字段玉裁注）。故"伊伯"当是伊侯国的首领，西周中期人。值得注意的是，史懋壶记载"王乎伊伯赐懋贝"，由此可见"伊伯"在西周工朝里的重要地位。

据《左传·宣公四年》记载，赤狄潞国的权臣酆舒曾"夺黎氏地。""潞"在今山西长治市潞城区东北。《左传·宣公十五年》载："晋侯治兵于稷，以略狄土，立黎侯而还。"杨伯峻注："黎本旧国，见宣四年《传》。路夺黎氏地，晋复立之。""稷"在今山西稷县南，"狄土"指在今山西南部的赤狄潞国的土地。由此可见，直到春秋中期，伊侯国的君统尚存。

结　语

我们通过上面的讨论，大体可以得出四点基本认识。

一是伊耆氏是居住在伊河沿岸的著名国族。伊耆氏被称为"古王者号"和"神农氏之别称"，实为炎帝神农氏的重要支族，也是帝尧的外婆家和伊尹的先祖。

二是古史"伊耆氏始为蜡"记载，说明由伊耆氏开创祭祀"八神"（八方神灵）的"腊八"节，乃是中华先民自然崇拜的产物。这个创举，世代相传，以至于今，在中国古代文化史上具有深远影响。

三是伊耆氏是个长寿部族。周代设有"伊耆氏"的职官，来执掌国家重大祭典和老年人的事务。

四是商周时期位于今山西南部的"黎侯国"和西周金文中的"伊伯"，都是伊耆氏的后裔。

综上所述，伊耆氏和伊侯国事迹的初步澄清，对研究我国史前和商周时期的历史以及"腊八节"的起源等问题，都具有重要意义。

作者简介：蔡运章，河南洛阳人，洛阳市考古研究院研究员，中国先秦史学会原副会长、顾问，主要研究方向为甲骨金文、河洛文化；蔡奉哲，天津师范大学历史文化学院在读硕士研究生，主要研究方向为河洛文化。

面羊：炎帝信仰与山西高平乡村传统祭祀

苏泽龙　勇晨怡

摘　要　山西高平地区作为炎帝信仰的重要文化区，流传着大量炎帝传说，留存着诸多炎帝遗迹，由此构建出了具有多重"神性"的炎帝始祖神形象，从而使得炎帝信仰——羊崇拜在当地长盛不衰并渗透进入民众生活，其中高平面塑中的"面羊"形象正是这一信仰在民众生活中的体现。借助"面羊"在生活中的广泛运用，为我们从乡村文化信仰中发现一种历史提供了可能。

关键词　炎帝信仰；羊崇拜；高平面羊

炎、黄二帝作为中华民族的祖源信仰，是中华民族的根系所在。关于二者的神话传说及地方遗迹数不胜数，其中与炎帝有关的文化圈主要在于今山西高平、陕西宝鸡、湖南株洲、湖北随州地区。就目前来看，炎帝的相关研究主要是集中在炎帝生平地、炎帝神农关系及历史贡献等方面，宝鸡、株洲、随州的研究著述相对较多，山西高平地区则研究相对较少，但高平地区的历史遗迹与传说故事数量并不少，以羊头山为中心的高平地区拥有大量与炎帝信仰相关的文化遗产，其构成的炎帝信仰文化圈对当地民众影响深远。而作为一种民俗艺术品，山西面塑的形式、用途、色彩与当地的风俗民情紧密相连。山西高平民间流传的一首童谣："六月六姥姥送面羊，小外甥见舅如亲娘。亲生娘管儿管不住，舅舅管外甥理应当。"童谣中说的是当地的一种风俗习惯，每年阴历六月初六，姥姥、舅舅都要给外孙、外甥送"羊"，"羊"是一种面食，用面粉加工而成，也叫"面羊"，也是一种面塑。传说这是因为炎帝神农氏在高平尝百草、识五谷时，先用羊尝，羊食之无碍，炎帝方颁令播种，因此羊对人类贡献很大，被列为图腾，奉为神明，成为儿童成长的保护神。因此姥姥家为护育外孙健康成长，必蒸

"面羊"代活羊送之。在高平地区的许多乡村都有关于炎帝的民俗传统，而现有炎帝研究较少关注这一信仰在民间的状况，而面塑彰显信仰的方面也几无研究，所以本文想通过高平"面羊"这一贯穿当地民间生活的载体，为从乡村文化信仰中发现一种历史提供可能。

一 高平羊头山与炎帝信仰

高平地区的炎帝文化资源十分丰富，主要围绕羊头山[①]形成了炎帝信仰文化。

关于羊头山的名称来源，有这样的传说：一是因炎帝姓姜，在古文字中"姜"与"羊"关系密切，"羊"为姜姓部落的图腾，炎帝又居于此山，所以名为"羊头山"；另一种说法更为大众所接受，即如明代朱载堉《乐律全书·卷二十二·羊头山新记》中所言："其巅有石状若羊头，觑向东南，高阔皆六尺，长八尺余，山以此石得名焉。"因山顶有石类羊首，而得名"羊头山"。至于山顶羊头状石的来历，则传说与神农获嘉谷的故事有关——相传很久以前，天地茫茫，人们都是穴居为生，茹毛饮血，百姓多病且寿短。此时在人群中出现一人，他立志要寻找一种东西来让大家延长寿命。一天他来到一座大山里，走得精疲力尽了，便躺下歇息。忽遇一只大羊跑来吃草，他精神一振，跳起去撵，羊受惊后，跑上山顶化为巨石。回头看那羊吃的草，半人高，草头结有穗子，一穗九支，每支生九籽，散发着淡淡的清香。他便摘下用双掌搓去皮壳，发现籽实大小如沙粒，色泽橙黄，入口咀嚼则甘香无比。随后他便立即去领氏族中人来采摘，族人因此推举他为族长。后来他发现随着时间流逝，之前籽实掉落的地方长出了新芽，拔节、扬花、结穗，又重新收获了食物。他便又开垦荒地，播种种子。那播下的种子随后逐渐出苗、抽穗、结籽。等到天气转凉，籽粒成熟，人们称其为黑秬黍。收获渐多，人们将这黑秬黍储藏起来，可以吃很久。消息传了出去，远近氏族都来归附，并尊其氏族族长为神，顶礼膜拜，生供死祀。[②]

[①] 羊头山，位于今山西省晋城市高平市神农镇，是泽、潞二郡的分界地，因此明代朱载堉《羊头山新记》有"岭限二郡，麓跨三邑，山高千余丈，磅礴数十里"之言。因为羊头山在晋东南炎帝传说系统中的特殊地位，所以上党、高平两地的炎帝文化分布以其为中心。

[②] 高平市文史资料委员会编《高平炎帝陵》，高平市振兴印刷厂，2000，第235、237页。

除了获得种子，对应的还有神农发展农业耕作技术的传说与记载。据说炎帝得五谷后，终日为如何大面积种植发愁，直到"一日忽见两个年轻人一个把一根尖木棒插在谷田的虚土中，另外一个玩耍似的双手握住木棒上端用力一拉，木棒竟然向前把田土拉出了一道壕沟，受到启发的炎帝心头一亮，让人们都学着做，并不断改进木棒头的形状和结构，后又安上石制的铧、改手拉为绳拉，便逐步形成了后来的犁。相传炎帝继而又创造制作了石锨、石锄、石镰、木耙等"，极大地提高了种植效率。① 《逸周书》记："神农之时，天雨粟，神农耕而种之。作陶冶斤斧，破木为耜、锄耨以垦草莽，然后五谷兴，以助果蓏之实。"② 《潜夫论·五德志》记："是始斫木为耜，揉木为耒耨。"③ 在羊头山山顶羊头石西面，有一大一小两块平地相连，名为井子坪，又称五谷畦，坪上现存神农城废墟，其中也有石质井架，离神农城不远处还有两处泉眼，称为神农井或神农泉，通过这些地名和农业遗存，传说不断被真实化、具体化，羊头山在炎帝神话系统中的特殊地位不断得到巩固，炎帝作为农业祖神的形象也不断明晰化。似乎是为了印证羊头山在农业上的特殊地位，我国古代以当地产秬黍为标准定黄钟，为当地出产的粮食也蒙上了神秘的面纱。《高平市志》载："《汉书·律历志》以上党羊头山黍度为尺，以定黄钟。"④ 又载："《隋书·律历志》上党之黍有异他乡，其色至乌，其形圆重，用之为量，定不徒然。"志云："有黍二畦，其南阳地黍白，其北阴地黍红，因之以定黄钟。阳地黍白乃高平界也。"⑤

在高平的炎帝传说中，炎帝并不是单一形象的，而是有多重"神性"的。所以毫无疑问，炎帝是农业神，不仅长于农业，在传说故事和当地社会中还扮演着其他角色。神农镇北营村有一棵皂角树，当地人声称炎帝正

---

① 高平市志编纂委员会编《高平市志》，中华书局，2009，第1369页。
② 《逸周书汇校集注》附录一·佚文。《艺文类聚》卷八五、《太平御览》卷八四〇、《资治通鉴外纪》引《周书》。又《初学记》卷九、《后汉书·冯衍传》李注及《续一切经音义》卷八亦引此条，互有详略。清代朱右曾认为，其是《考德》又称《耆德》篇逸文。此篇今仅存篇名。转引自高平市炎帝故里开发管理处编《炎帝史料拾掇》，山西省图书馆内部资料，2002，第59页。
③ 王符：《潜夫论·五德志》，《炎帝史料拾掇》，第123页。
④ 《高平市志》，第1503页。
⑤ 《高平市志》，第1503页。

是用这棵树上的皂角治好了病人头痛发烧、鼻子不通的病症,之后还告诉当地民众树上的刺采下来用水内服外洗可消肿排脓。① 以上传说、记载可见炎帝在当地民众心目中也是重要的医药神,通过对炎帝的信奉、祝祷可以保证自己身体康健、后辈幸福平安。《淮南子》说:神农"尝百草之滋味,水泉之甘苦,令民知所辟就。当此之时,一日而遇七十毒。"《帝王世纪》说:炎帝神农氏"尝味草木,宣药疗疾,救千伤人命"。《路史》也说:神农"审其平毒,旌其燥寒,察其畏恶,辨其臣使,厘而三之,以养其性命而治病"。② 甚至后世流传炎帝有水晶肚子,可以看见里面的五脏六腑。这些记载都体现着炎帝通医擅药的本领。

在高平,炎帝也是司雨之神。一般来讲人们向神仙祈雨都是持恭敬态度,希冀上苍可怜百姓早日下雨,但是在羊头山附近的长畛村却是例外,因为据说此地是炎帝岳母的居住地,所以在这里祈雨可以对炎帝采取"惩戒式"方法——可以把炎帝塑像抬着在村里巡游,甚至将炎帝塑像放在太阳下暴晒,让炎帝和民众一起感受干旱的痛苦。

综合以上可以看出,炎帝集合了农业神、医药神、雨神等一系列身份,他涉及当地百姓信仰的方方面面,所以炎帝最终成为"始祖"性质的神灵,为后人尊崇祭拜并深深影响着当地人民的社会生活。

二 高平炎帝信仰与羊崇拜

羊头山在晋东南炎帝传说系统中有着独特的地位。据《补修炎帝庙碑记》记载:"固宜,帝生于高平东羊头山,相传种五谷,尝百草处也。"③《泽州高平县羊头山清华寺碑》记载:"此山炎帝之所居也。"④《重修炎帝庙记》则

---

① 高婧:《山西东南部地区炎帝传说与文化初探》,硕士学位论文,上海师范大学,2006,第7页。
② 刘安:《淮南子》,何宁撰《淮南子集释》,中华书局,1998,第1312页。皇甫谧撰,陆吉点校《帝王世纪》,《二十五别史》,齐鲁书社,2000,第4页;罗泌:《路史》卷一二,《景印文渊阁四库全书》第383册,上海古籍出版社,1987,第92页。
③ 此碑在高平市寺庄镇贾村炎帝庙内,清代刘士彦撰,立石时间为清道光二十年(1840)。
④ 此碑原立于高平市神农镇羊头山清化寺内,乃唐代乡贡明经牛元敬撰并书,立石时间为武周天授二年(691)。此碑石于2001年8月28日被发掘,正面碑文约一千四百字,字迹浸剥,依稀可辨,现存放在羊头山下神农庙内。

称:"邑之羊头山,帝陵在焉。"① 由此可见,在晋东南传说中,炎帝一生的活动范围基本围绕着羊头山,其传说故事也均发生于羊头山或周边地带。围绕羊头山,神农育五谷、制农具、尝百草等各式传说流传不息,并且后人通过修补传说、兴建炎帝庙宇等行为不断强化羊头山与神农之间的联系。不论史上是确有其事还是后人杜撰附会,炎帝在当今都已神化,而羊头山便是传说与现实交会的重要一点。羊头山就是晋东南炎帝传说的代表性纪念物,也正是依托于羊头山,炎帝才在高平乡村社会深入人心。据《高平市志》记载,高平地区可考可知的炎帝庙宇共有41座。

表1 高平祭祀炎帝的庙宇分布＊

序号	名称	时代	地址	说明
1	五谷庙	明	神农镇庄里村	炎帝陵、庙
2	古中庙	元	神农镇中庙村	
3	炎帝行宫	清	神农镇故关村	
4	炎帝庙	清	南城办桥北村	
5	炎帝庙	清	河西镇焦河村	
6	炎帝庙	元	三甲镇邢村	
7	炎帝庙	清	三甲镇三甲北村	
8	炎帝庙	清	三甲镇赤祥村	
9	炎帝庙	明清	三甲镇徘北村	
10	炎帝庙	清	永禄乡永禄村	
11	炎帝庙	明清	寺庄镇箭头村	
12	炎帝庙	明	寺庄镇掘山村	
13	炎帝庙	明	野川镇常家沟村	
14	炎帝庙	清	野川镇杜寨村	
15	炎帝庙	清	寺庄镇高良村	
16	炎帝庙	清	寺庄镇贾村	
17	五谷庙	清	东城街南赵庄村	
18	神农炎帝庙	明	河西镇双井村	
19	神农庙		羊头山	不存

---

① 此碑在高平市河西镇焦河村炎帝庙内,立石时间为清道光九年(1829),撰文者为司百川,高平人,字会泉,嘉庆己卯年(1819)举人,曾任稷山县教谕。

续表

序号	名称	时代	地址	说明
20	高庙		羊头山	不存
21	炎帝庙（下庙）		旧县城东关	不存
22	炎帝庙		炎帝岭	不存
23	炎帝庙		神头岭	不存
24	炎帝庙		陈区镇陈区村	不存
25	炎帝庙		寺庄镇釜山村	不存
26	邀神庙		永禄乡永禄村	不存
27	炎帝庙		永禄乡扶市村	不存
28	机神、三官庙	清	寺庄镇伯方村	待考
29	炎显庙	清	米山镇南朱庄村	待考
30	药王庙		野川镇蒲沟村	待考
31	神农氏之牌位	明	石末乡晁山村	供奉于双圣神宫
32	玉女祠		韩王山	不存，据传玉女为神农炎帝之女
33	三皇庙		马村镇马村	不存
34	炎帝庙	清	陈区镇浩庄村	
35	炎帝庙	清	神农镇中村	
36	炎帝庙		东城办南李村	不存
37	炎帝庙		东城办店上村	不存
38	炎帝庙	清	河西镇乔里村	
39	炎帝庙		东城办凤和村	不存
40	三皇圣窟	明	郎公山	
41	羊头山神农庙	2002	羊头山	

* 表格数据源自《高平市志》，第 1509 页。

数量庞大的庙宇群落为当地人祭拜炎帝提供了场所，而民俗仪式则与民间生活结合更为紧密。在所有民俗事项中，当地的面塑"面羊"是最有代表性的。"羊"形象正是炎帝信仰的衍生文化符号之一。据《说文》记载："姜：神农居姜水以为姓，从女羊声。"[①]《宋书·符瑞志·上》："炎帝神农氏，母曰女登，游于华阳。有神龙首感女登于常羊山，生炎帝。人身

---

① 许慎撰，段玉裁注，许惟贤整理《说文解字注》，凤凰出版社，2015，第 1065 页。

牛首，有圣德，致大火之瑞。嘉禾生，醴泉出。"① 此外，炎帝所在的姜姓部落又以羊为图腾，如此种种，均体现出炎帝与羊的特殊关系。

高平面塑"面羊"虽然在不同的场合有不同的形状规制，但总的来看，其中出现频率最高的正是"羊"的形象。

春节期间，高平乡村常用面羊、枣山、面猪、面鱼等面塑敬天礼地、祭祀诸神，这一习俗据说与古代"三牲祭祀"有关，即古代祭祀以牛、羊、猪为三牲，但一般劳动人民用不起三牲，便用面捏塑此三者形象代替。② 此后随着时间推移，民众又赋予其更多寓意。中国民间艺术往往"有图必有意"，所以诞生了面鱼、面兔等形象，以表达年年有余、生机活力等寓意。而在春节期间，高平更引人注目的"羊"形象面塑是正月十五的花托面羊，这种面塑不像当地其他面塑采用蒸制，而是用鏊子烤制，成品也不是洁白喧腾，而是带有烤制所特有的焦黄色，别有一种质朴的美感，这种花托面羊，既可用于元宵祭祖，又可用于当地人在元宵期间围坐于灯棚③中聊天休闲时的消遣，也是走亲访友时相互馈赠的小礼物。此时的面羊，既承担着告慰先祖、祈求福泽的祭祀作用，也是民间和谐亲族关系、加强人们社会联系的道具。

七月十五也是面羊使用的重要日期。这时使用的面羊分为两类，一类长约一尺半至二尺，造型一般是卧羊缀上谷穗，用来敬奉三嵕老爷，以祈祷风调雨顺、五谷丰登。与这类面羊有相同功用的是名为"谷祭"的面塑，其造型是白馍上搭面制谷穗，再插两只雀鸟，以象征谷堆及天人和谐。在祭日时人们将面羊与谷祭拿到田间地头焚香放鞭炮，祈祷来年的丰收。另一类则是用于祭祖上坟。七月十五为"鬼节"，源于"目连救母"的传说，这一传说在我国广泛流传，使得七月十五成为全国性的祭祖之日，除了祭奠先祖，也有"告祖秋成"之意。所以七月十五的面羊，体现的既有对祖

---

① 《宋书》，中华书局，1974，第760页。
② 安新鲜：《晋城民间面塑》，北京工艺美术出版社，2010，第6页。
③ 灯棚是高平当地元宵节期间特有的民俗。是以竹枝为框架，以大红色布和纸覆于外的棚子。灯棚前面架有用砖和泥垒成的社火，灯棚往往门楼高大有气势，棚内悬挂各类手工花灯，棚下设供桌，祭祀当地崇拜的"四大大、四奶奶"，是当地元宵节节庆活动的特殊场域。据靳之林《高平民俗考察随笔》考证，这一特殊习俗承袭于北宋，其功用、陈设与《东京梦华录》中记载一般无二。

先的追思怀念，也有农业社会中人们对自然的重视和感恩。

"生殖和繁衍是自古以来人类社会最核心的主题。'阴阳相和，生生不息''生者长寿，死者永生'是人类的基本愿望。面塑作为一种民俗事项的载体，除了重要的岁时节日，也贯穿于人生礼仪的整个过程。"① 在高平，孩子满月要做"羊玉子""枣糕"来赠予亲朋，意为通知亲朋孩子满月的喜事，同时要用花托样子做十二只面羊、十二或二十四个大饼，俗称"补脐子"。高平北部风俗是大饼直径长约一尺半，十二只羊用红线穿起来，围在大饼周围，婴儿则放在正中间，南部风俗更为细致，蒸十二只羊，以一公一母为一对分成六对，再蒸十六个两斤重大馍（俗称蒸饼）、一人一狗。用这些面塑围成圆圈，将孩子放在中间。不管南北风俗具体为何，其寓意都是祈祷孩子成为群羊的一员，群羊好养活，以此期盼孩子身体健康，茁壮成长。

在高平乡村，每逢六月六，姥姥、舅舅都要给外孙、外甥送"面羊"，如果是小儿做满月，姥姥（或舅舅）家除送帽子、鞋、衣服、银器首饰、大小被子外，还得蒸一份"面羊"。这份"面羊"为五个，取小儿与羊为伍之意。大羊头下戴面锁一把，三枚古铜钱串红线，套在大羊脖颈上。另捏拴羊石一块，意在将羊与孩子统统拴住好养。当小儿长到十五岁时，叫圆十五，也叫开锁。姥姥家送的面羊必须是十五只，一只大羊，十四只小羊，这次的"面羊"和以往的不同，大羊头下无面锁，也无拴羊石，意在孩子已长大，可让他自由到社会上拼搏奋斗，发展事业。

高平地区最引人注目的面塑是丧葬礼仪时用的猪羊祭面塑。在高平马村镇、东周、原村乡一带，老人去世，凡晚辈必须请能工巧手蒸制猪羊祭面塑。一份猪羊祭面塑要用20~30斤白面，即使在贫穷年代，用不起这么多白面，猪羊祭也是葬礼上必不可少的礼仪用品，只是将需要大量白面的底座用萝卜、土豆代替以节省费用。② 制作的具体流程是先做出猪、羊大致形状的底座，然后再在其上插各类动物花鸟。插制中也有一定规矩——猪身两侧插两条龙，两条龙中间要插上喜蛛，寓意二龙戏珠；羊的全身要插满十二生肖小面塑，再捏制《秦雪梅吊孝》等戏曲中的人物；两侧必须插

---

① 段改芳：《中国民间面花艺术浅析》，《民艺》2022年第4期。
② 据高平面塑山西省级非遗传承人魏慧兰女士口述。

一对凤凰，中间插一牡丹，取意凤戏牡丹；另外还要制作孔雀、蝴蝶、菊花、梅花等各色装饰穿插其中。一个大型的祭品大约要插上百种各式花鸟、动物。完成的祭品高约两尺，大小差不多刚好能用一个竹筛盛放，呈半球状。祭品放在竹筛里，搬动时用扁担挑起，看上去五颜六色、颤颤悠悠，极富艺术感染力。猪羊祭面塑形状独特，颜色鲜明，是高平当地丧葬礼俗中独具特色的供品，表达的是子女对父母的感恩与怀念。

除此以外，高平乡村还有一些面塑虽在外形上与羊没有什么相似之处，但名称中往往带有"羊"字，如羊玉子、圆羊等。一定程度上，"面羊"一词已经成为当地面塑的代称。

羊的形象何以在高平面塑中出现如此之多？这与炎帝信仰密不可分。正是因为炎帝及其信仰文化对当地影响深远，当地人民才自然而然对"羊"有着特殊的感情，在生活中也就不自觉地将"羊"的形象穿插于其中。除了面塑，在当地的剪纸、布贴画等工艺品中也多见羊的形象，但面羊作为贯穿高平人一年四季、生老病死的特殊礼仪用品，是体现炎帝信仰与当地社会融合的最佳方式，在不同情境下，面羊拥有不同含义，但都是当地人内心渴求与期盼的彰显，是其寄托意愿的象征物品，是透视炎帝信仰在历史的最佳"窗口"。

综上种种，不难发现炎帝对后世影响之深，而"羊"的形象既与炎帝联系密切，也与炎帝传说的发生地、流传地羊头山息息相关，更是民间大众所熟悉的动物之一。随着时间流逝，炎帝一步步走向神坛，与其息息相关的"羊"也就拥有了神性，羊的形象在高平乡村社会中便渐渐拥有了祈福、消灾的含义，并在民间生活中广泛运用。实质上，羊的神化是炎帝信仰的符号象征与衍生品，当地人民通过"羊"表达的愿望与祈求归根结底体现的是对炎帝的信奉。

三　乡村信仰与地方社会历史

炎帝与黄帝是华夏人文始祖。《国语·晋语》载："昔少典娶于有蟜氏，生黄帝、炎帝。黄帝以姬水（今陕西武功漆水河）成，炎帝以姜水（今陕西宝鸡清姜河）成。成而异德，故黄帝为姬，炎帝为姜。二帝用师以相济也，异德之故也。"这是中国历史上最早记载炎帝、黄帝诞生地的史料。后来，炎黄二部落为争夺领地，展开阪泉之战，炎帝落败后，两个部落融合为华夏族，之后伴随时代发展，汉朝后称汉人，唐朝后又称唐人，[①] 但是一直没有弃用华夏族称谓。作为中华民族的始祖之一，炎帝的祭祀活动一直为官方所重视，《史记·封禅书》云，秦灵公三年（前422），秦灵公在吴阳"作下畤，祭炎帝"。这是最早的祭祀炎帝记载。最早有记载的官方告祭炎帝活动在宋乾德五年（967），太祖诏命"建庙陵前，肖像而祀，随之遣官诣致祭"，并"在三岁一举，率以为常"。此后，元、明、清各代对炎帝陵的祭祀从未间断。有史记载，明代15次，清代达38次。[②] 炎帝陵祭祀的名目繁多，以告即位为主，此外还有告禳灾除患、靖边军功、亲政复储、万寿晋徽、先人后事等，祭祀炎帝活动声势浩大，仪程复杂、讲究。

与此相比较，高平乡村中的面羊作为乡村社会的一种祭品其所承载的意义就简单得多。为什么在民间炎帝祭祀能够化繁为简，并进入到百姓生活中？炎帝文化熏染下的高平地区人民自然而然对"羊"有着特殊的感情，在生活中也就不自觉地将"羊"的形象穿插于其中。面羊作为贯穿高平人一年四季、生老病死的特殊礼仪用品，体现出炎帝信仰与当地社会的融合。炎帝成为人们心目中集多重神性于一体的始祖形象，面羊以艺术化的手法记录、强化着炎帝信仰。分析面羊在高平地区的文化意涵，可知其不仅是炎帝信仰的衍生物与符号象征，而且"羊"作为中国图腾崇拜中代表天与阳的象征物之一，彰显的是中国传统的天与地、阴与阳的思想内涵。例如孩子满月时的对羊面塑，一公一母对应摆放，体现的正是阴阳相合与生生不息，表达民众对繁衍生息的重视，对孩子茁壮成长的祈盼，是生殖崇拜的彰显。"羊"又谐音"祥"，所以面羊往往还带有祈福纳祥、消灾避祸的含义，"三阳开泰""喜气洋洋"等寓意都可以通过"羊"的形象来传达。作为炎帝文化圈重要组成部分的高平乡村，炎帝信仰的精神内核与当地系统化的炎帝传说密不可分，在传说流传的过程中，炎帝形象不断明晰化，

---

① 《弘扬龙江医派 传承岐黄文化 图书馆文化建设札记》，《全国中医药标志性文化作品文集》，内部资料，2012，第210页。
② 彭雁、刘青崧、周怀立等：《"炎帝陵祭典"参加非物质文化遗产巡回展》，《湖南日报》2006年9月22日，第B01版。

不断与当地产生互动，最终构建出了上天与祖先神合二为一的炎帝。在信仰的力量下，当地在生活中也常常运用炎帝信仰的相关符号。村落作为一个人们长期生活、聚居、繁衍的空间单元，它伴随着我国整个历史的发展过程而发展，保留在村落历史中的"信仰""艺术"作为民间文化不只是对社会的记录和再现，而且还以动态的方式形塑着地方社会历史的发展。

中国乡村数量众多，分布广泛，类型多样，是中国民间传统文化的重要载体。"就村庄社区的历史而言，它蕴藏着的文明史意味，应引起我们的关注。"村落信仰文化是中国的传统文化的重要组成部分，它植根于乡土之中，是劳动人民用双手和心灵创造出来的。从发生学的角度来看，村落信仰文化是人类集体行为和思维在其所直观感知的生活世界的一种构形，人的行为和所处的生态时空背景相互作用，相互阐释，从而才产生了历史文化的意义。[①] 因此，保留在信仰文化中的"民俗""民间文学""民间艺术"体现出了中国传统文化最丰富多彩的一面，它是来自最底层社会中最朴实的文化，它不但带有泥土的香味，而且还是了解中国社会与历史的一把钥匙。费孝通先生说过："从基层上看去，中国社会是乡土性的。"[②] 可以说，中国传统文化的基石始终是广大的乡村。但是由于许多古村落存在的时间久远，"由于种种历史偏见，村落文化登不上大雅之堂，它们大多凭借着口传心授，以相当脆弱的方式代代相传"。而对于信仰文化的释读，可以为区域社会历史的形成与发展增加更丰富的内容。

作者简介：苏泽龙，山西太原人，山西大学历史文化学院教授、博士生导师，主要研究方向为中国社会文化史；勇晨怡，江苏宜兴人，江苏省宜兴市人民政府办公室干部。

[①] 李成生：《从社会史视角研究晋商碛口古镇》，《兰台世界》2019年第4期。
[②] 费孝通：《乡土中国》，中华书局，2018，第1页。

"洛生咏音本重浊"考

郭发喜　王鹏杰

摘　要　"洛生咏"是魏晋洛阳太学生吟咏经典的读书音,亦作"洛下书生咏"或"洛下吟"。关于其发音特点,学界历来看法不一。余嘉锡《世说新语笺疏》沿袭传统观点,认为"洛生咏音本重浊",陈寅恪则认为洛阳旧音"本无偏失",是后世以讹传讹所致。从中国古代雅言传承角度而论,"洛生咏"绝非某地方言,而是西晋雅言。作为其他方言的参照标准,"洛生咏"本无"重浊"之弊。衣冠南渡之后,"洛生咏"逐渐受到南方语音的侵蚀,在士大夫阶层中无法日常使用。所以,刘孝标等学者才会站在南方士人的文化立场上,得出"洛生咏音本重浊"的错误结论。

关键词　洛生咏;重浊;《世说新语》

"洛生咏"是晋宋时期南方士人对故都洛阳书生吟诵声调之特定称谓,亦作"洛下书生咏""洛下吟",典出自《世说新语》,初指谢安吟咏之事。关于"洛下吟"之发音特点,历来有不同说法。近人余嘉锡《世说新语笺疏》沿袭传统观点,认为"洛生咏音本重浊"。[①] 陈寅恪《从史实论切韵》却不认同这种说法,认为"谢安以鼻疾之故,发重浊之音,时流之作洛生咏者,遂奉为楷模,敩其讹变"。[②] 两位学者观点截然不同,读者亦莫知所从。那么,"洛生咏"是否"音本重浊"呢?作为魏晋六朝时期的一种语音系统,王力、周祖谟、周祖庠、李葆嘉等学者对"洛生咏"多有论及,然而未专门探讨其发音特点。今略陈固陋,以待方家驳正。

---

① 刘义庆著,刘孝标注,余嘉锡笺疏,周祖谟、余淑宜、周士琦整理《世说新语笺疏》卷中《雅量第六》,中华书局,2007,第439页。
② 陈寅恪:《从史实论切韵》,载氏著《金明馆丛稿初编》,生活·读书·新知三联书店,2015,第387页。

一 "洛生咏音本重浊"论争始末

"洛生咏"之名,最早见于《世说新语·雅量第六》,其原文曰:

> 桓公伏甲设馔,广延朝士,因此欲诛谢安、王坦之。王甚遽,问谢曰:"当作何计?"谢神意不变,谓文度曰:"晋阼存亡,在此一行。"相与俱前。王之恐状,转见于色。谢之宽容,愈表于貌。望阶趋席,方作洛生咏,讽"浩浩洪流"。桓惮其旷远,乃趣解兵。①

桓温晚年意图篡晋自立,欲使晋简文帝临终禅位于他,然而在谢安等人的阻止下,其野心未能得逞。宁康元年(373)二月,"大司马温来朝。辛巳,诏吏部尚书谢安、侍中王坦之迎于新亭"。② 是时,桓温有诛王、谢之意。宴席之间,谢安以西晋时洛下书生吟诵之调,讽嵇康《送秀才入军》"浩浩洪流"章,示心中旷达无私,王、谢最终得以免祸。经此事后,"洛生咏"闻名天下。余嘉锡疏云:"洛下书生咏,其辞不传。观安石作洛生咏,而所讽为嵇康诗。是盖仿洛下书生读书之声以咏诗,本非篇名矣。"③

萧梁之时,刘孝标引宋明帝《文章志》,在此条下注云:"安能作洛下书生咏,而少有鼻疾,语音浊。后名流多教其咏,弗能及,手掩鼻而吟焉。"④ 此处注文并未明确交代"洛下书生咏"是否"重浊",仅可证谢安"少有鼻疾,语音浊"而已。

至于"洛生咏音本重浊"之说,则来源于同书《轻诋第二十六》,其文曰:"人问顾长康:'何以不作洛生咏?'答曰:'何至作老婢声!'"刘孝标注云:"洛下书生咏,音重浊,故云老婢声。"⑤ 刘氏注语即余嘉锡"洛生咏音本重浊"之说所本也。1937年,余嘉锡始作《世说新语笺疏》,其于此条下疏云:

---

① 《世说新语笺疏》卷中《雅量第六》,第437页。
② 《资治通鉴》卷一〇三,晋孝武帝宁康元年条,中华书局,1956,第3261页。
③ 《世说新语笺疏》卷中《雅量第六》,第438页。
④ 《世说新语笺疏》卷中《雅量第六》,第437页。
⑤ 《世说新语笺疏》卷下《轻诋第二十六》,第992页。

洛下书生咏者，效洛下读书之音，以咏诗也。陆法言《切韵序》云："吴、楚则时伤轻浅，燕、赵则多伤重浊。"洛下虽非燕、赵，而同在大河南北，故其音亦伤重浊。长康世为晋陵无锡人，习于轻浅，故鄙夷不屑为之。①

于上引《雅量第六》条则云：

至于东晋士夫，多是中原旧族，家存东都之俗，人传洛下之音。是以茂宏熨腹，真长笑其吴语；安石病鼻，名流敩其高咏焉。洛生咏音本重浊，安以有鼻疾，自然逼真，而时人以吴音读之，故非掩鼻不能近似也。②

余氏沿袭刘孝标的观点，认为"洛生咏音本重浊"，并称谢安之所以能够驾驭"洛生咏"，主要是因为他有鼻疾之故。刘孝标、余嘉锡的言论影响甚广，张永言在编纂《世说新语辞典》时也借鉴了"洛生咏音本重浊"说法，其释"洛生咏"词条云："指晋室南迁，中原人物渡江后所操的以洛阳音调为准的北方话，其音'重浊'，与南方以金陵为代表的吴音分属当时方言的两大系统。"③

陈寅恪的观点与刘孝标、余嘉锡不同，他在《从史实论切韵》引此二条材料论曰："洛阳旧音，本无偏失，而谢安以鼻疾之故，发重浊之音，时流之作洛生咏者，遂奉为楷模，敩其讹变。顾长康所致讥者，实指此病而言也。"④ 则以陈寅恪所言而论，"洛生咏"本无"重浊"之病，只是因谢安鼻疾之故，才使效仿者以讹传讹。

余、陈二位先生观点悬殊，孰是孰非，须待考评而后定。"重浊"或"清浅"与否，皆相对其参照音系而论。如此，则不能不考虑"洛生咏"之

---

① 《世说新语笺疏》卷下《轻诋第二十六》，第993页。
② 《世说新语笺疏》卷中《雅量第六》，第438—439页。
③ 张永言主编《世说新语辞典》，四川人民出版社，1992，第286页。
④ 陈寅恪：《从史实论切韵》，载氏著《金明馆丛稿初编》，第387页。

性质问题。若"洛生咏"为某地方言，则其相对于当时官方标准音，确实可能有"重浊"之感；若"洛生咏"属雅言通语，则应为其他方言所参照修正之对象，自然无"重浊"之弊。

然而，学界关于"洛生咏"的性质众说纷纭，至今尚无定论。陈寅恪一方面肯定"洛阳旧音，本无偏失"，另一方面又将"洛生咏"视为普通方言，其云：

> 永嘉南渡之士族其北方原籍虽各有不同，然大抵操洛阳近傍之方言，似无疑义。故吴人之仿效北语亦当同是洛阳近傍之方言，如洛生咏即其一证也。由此推论，东晋南朝疆域之内其士大夫无论属于北籍，抑属于吴籍，大抵操西晋末年洛阳近傍之方言。①

受陈寅恪的影响，李浩先生《唐代三大地域文学世族研究》亦将"洛下吟"与"秦声""吴歌""齐讴"并举，他认为"洛下吟指东晋以来传到南方的中原读书音，此借以说明山东地域的富有地方色彩的音乐文学现象"，② 显然也把"洛生咏"视为一种普通的地方语音。

与之相对，还有一种观点则将"洛生咏"视为西晋雅言，如樊良树《王谢世家与"洛生咏"传奇》认为"洛生咏"是"中原经典雅音，上国衣冠所用的精致语言"。③ 李葆嘉《汉语起源与演化模式研究》等也将东汉魏晋之"洛生咏"与周秦"雅言"、西汉"通语"同列，认为它是当时通行已久的官方雅言，其云：

> 东汉（25—220）都洛阳，主导语言的基础音系转而为洛阳语音。汉晋之间虽有三国鼎立，但曹魏（220—265）一直以中原为中心统治中国北部，不久又西晋（265—317）一统，相沿建都于河洛。河洛建都历时近三百年之久，从而形成了魏晋文学的标准音"洛生咏"或

---

① 陈寅恪：《东晋南朝之吴语》，载氏著《金明馆丛稿二编》，生活·读书·新知三联书店，2001，第309页。
② 李浩：《唐代三大地域文学士族研究》，陕西人民出版社，2023，第66—71页。
③ 樊良树：《王谢世家与"洛生咏"传奇》，《社会科学论坛》2018年第2期。

"晋语",可以称之为"中古河洛音系"。①

范子烨《才绝与痴绝:晋人吟咏艺术发微》则试图回避探讨"洛生咏"的性质问题,而是将其笼统作为"北音"的代表,其云:"以永嘉末年北方士人南渡为节点,晋人吟诗大致分为前后两期:前期主要是以'洛生咏'为核心的北音吟咏,后期则是'洛生咏'南下,与南音之吟咏并存,各放异彩。"②

以上诸位名家所论,或观点互相抵牾,或前后各不一致,鉴于"洛生咏"的性质尚未有结论,则欲探讨其是否"重浊",必须首先考辨其具体性质。

二 "洛生咏"乃雅言而非方言

从史料的记载和雅言的传承来看,"洛生咏"并非某地方言,而是魏晋官方雅言。众所周知,周秦以来,我国便有重视"雅言"的传统。《周礼·秋官·大行人》载:"王之所以抚邦国诸侯者,岁遍存,三岁遍眺,五岁遍省,七岁属象胥,谕言语,协辞命,九岁属瞽史,谕书名,听声音。"③ 郑玄注云:

> 抚,犹安也。存眺省者,王使臣于诸侯之礼,所谓间问也。岁者,巡守之明,岁以为始也,属犹聚也。自五岁之后,遂间岁遍省也,七岁省而召其象、胥,九岁省而召其瞽、史,皆聚于天子之宫教习之也……《王制》曰:五方之民,言语不通,嗜欲不同,达其志,通其欲,东方曰寄,南方曰象,四方曰狄鞮,北方曰译,此官正为象者。周始有越重译而来献,是因通言语之官为象、胥云。④

---

① 李葆嘉:《汉语起源与演化模式研究》,黑龙江教育出版社,2002,第151页。
② 范子烨:《才绝与痴绝:晋人吟咏艺术发微》,《学术交流》2019年第5期。
③ 阮元校刻《周礼注疏》卷三七《大行人》,中华书局,2009,第1928页。
④ 《周礼注疏》卷三七《大行人》,第1928—1929页。

周代伊始，天子就非常注重雅言的建设与推广，将其作为统治四方诸侯国的重要工具，赋予它至高无上的权威。象、胥、馨、史，皆诸侯"通言语之官"，循礼制就学于王都，掌四方正音，推广周王朝雅言。

春秋时期，礼崩乐坏，鲁人孔子兴私学，然教授生徒仍操周之雅言。《论语·述而》曾载："子所雅言，《诗》、《书》、执礼，皆雅言也。"① 孔颖达正义曰：

> 此章记孔子正言其音，无所讳避之事。雅，正也。子所正言者，诗、书、礼也。此三者，先王典法，临文教学读之，必正言其音，然后义全，故不可有所讳，礼不背文诵，但记其揖让周旋，执而行之，故言执也，举此三者，则六艺可知。②

孔子曾问礼东周，受老子之赐，二人交往时自然也应使用雅言。孔子时期所谓雅言，基本上指的就是东周王城洛邑的语音。《论语正义》卷八引《周礼》注"雅言"云："王都之音最正，故以雅名，列国之音不尽正，故以风名，王之所以抚邦国诸侯者，七岁属象胥，谕言语，协辞命，九岁属馨史，书名，听声音，正于王朝，达于诸侯之国，是谓雅言。"③ 可见，洛阳音长期以来就有作为雅言的传统，远早于魏晋之前。

春秋战国时期，王纲解纽，华夏成鼎分之势，已非人力可以补救，故孔子"乐则《韶》《舞》，放郑声"④ 之主张最终也无法实现。《说文解字序》称其时"诸侯力政，不统于王，恶礼乐之害己，而皆去其典籍。分为七国，田畴异亩，车途异轨，律令异法，衣冠异制，言语异声，文字异形"。⑤ 秦据故周之地，承雅言之绪，常赖秦兵之势，而鞭笞四方。至秦始皇平定天下后，遂"罢其不与秦文合者""以吏为师""书同文字"。秦虽二世而亡，文献亦无推行雅言的记载，然其统一天下的举措为汉代官话系统的形成奠定了良好的政治基础。

---

① 阮元校刻《论语注疏》卷七《述而第七》，中华书局，2009，第5392页。
② 《论语注疏》卷七《述而第七》，第5392页。
③ 刘宝楠：《论语正义》卷八《述而第七》，高流水点校，中华书局，1990，第269页。
④ 《论语正义》卷一八《卫灵公第十五》，第623—624页。
⑤ 许慎：《说文解字》卷一五，陶生魁点校，中华书局，2020，第492页。

西汉承周秦之末，建都于关中旧地，继承了孔子以来的雅言传统。以雅言解释方言的《尔雅》一书，大约就编纂于这一时期。《汉书·艺文志》云："古文读应尔雅，故解古今语而可知也。"① 尔，近也；雅，正也，即近于雅言之意也。黄侃《论学杂著》解释说："五方水土，未可强同，先古遗言，不能悉废，综而集之，释以正义，比物连类，使相附近；此谓尔雅。"②《问学集·重印雅学考跋》："古今言异，方国语殊，释以雅言，义归乎正，故名《尔雅》。"③ 雅言的传统在秦汉时期绵延不绝，《尔雅》一书便是明证。

西汉后期，杨雄著有《輶轩使者绝代语释别国方言》，取"三代周秦轩车使者、輶人使者，以岁八月巡路，求代语、僮谣、歌戏"之典。其书以西汉官话释各地方言，提出诸如"凡语""通语""通名""四方之通语"等概念，说明西汉时确已存在一种应用范围很广的通用语言，即官方雅言。

光武帝刘秀以高祖之胤，发迹于南阳之野，终能复兴汉室。自东汉迁鼎洛邑，文物衣冠，多依前朝之旧。时有许慎者，穷毕生之力，在洛阳著成《说文解字》。此书包揽万象，集当时遗存《史籀篇》《仓颉篇》《方言》等多种典籍之大成，是一部系统、科学、完备的文字学奠基之作。《说文解字》之时，虽未有反切，然许慎以当时通语读音为依据，在注字释义之时，以谐声、"读若"、声训等方式为文字注音。譬如"读若"，同时亦称"读如""读曰"。据学者冯玉涛统计，此类文字"为750个，占《说文》实际被释字数9420字的1/10"，④ 在《说文解字》中占有相当重要的地位。颜之推《颜氏家训·音辞篇》曾云："许慎造《说文》，刘熹制《释名》，始有譬况、假借以证音字耳。"⑤ 清人朱一新释曰："凡'读如'者，皆拟其音，非释其义，义则别有训释以明之。"⑥ 在反切法没有被广泛使用之前，许慎用独特的方法为后世学者保留了大量珍贵的上古音资料。在许慎《说

---

① 《汉书》卷三〇《艺文志》，中华书局，1962，第1707页。
② 黄侃：《论尔雅名义》，载氏著《黄侃论学杂著》，武汉大学出版社，2013，第362页。
③ 周祖谟：《重印雅学考跋》，载氏著《问学集》下册，中华书局，1966，第689页。
④ 冯玉涛：《〈说文解字〉"读若"作用类考》，《宁夏大学学报》1996年第3期。
⑤ 颜之推撰，王利器集解《颜氏家训集解》卷七《音辞第十八》，中华书局，1993，第529页。
⑥ 朱一新：《无邪堂答问》卷一《答俞恩荣问相人偶为仁》，吕鸿儒、张长法点校，中华书局，2000，第31页。

文解字》等著作的基础之上，清人参照分析《诗经》《楚辞》等先秦韵文，最终构建起一座精密宏伟的上古音韵学大厦，其相关代表作有段玉裁《六书音均表》、严可均《说文声类》、张惠言《说文谐声谱》等。

东汉之末，逆贼董卓逼迁天子，祸及洛阳臣民，"于是尽徙洛阳人数百万口于长安"。董卓败后，群贼自戕，长安原住民与洛阳移民在战乱中死伤流亡殆尽。"初，帝入关，三辅户口尚数十万，自傕、汜相攻，天子东归后，长安城空四十余日，强者四散，羸者相食，二三年间，关中无复人迹。"① 经此一劫，长安可能保留的雅言传统也被东汉通语——洛阳音同化。自曹魏以迄于西晋之末，因两朝帝王皆都于洛阳，则此时之雅言只可能是洛阳音，而非其他。

雅言是依靠国家政治力量推行实施的官方标准音，其形成与演变与政治密切相关。"雅者，正也，言王政之所由废兴也。"② 对于古代中国来说，首都语音往往被冠以"雅"名，通常就是官方推广的标准音。即刘宝楠《论语正义》所谓"王都之音最正，故以《雅》名"。③ 洛阳自东汉立国至西晋灭亡，近三百年间皆为帝都，由此奠定了洛阳音在当时无与伦比的至尊地位。故唐人李涪《刊误》有"凡中华音切莫过东都，盖居天地之中，禀气特正"④ 之赞；宋人陆游《老学庵笔记》有"中原惟洛阳得天地之中，语音最正"⑤ 之叹。此二人生于西晋之后，其评价在唐宋时或不甚恰当，然而用以形容洛阳音在汉晋之时的地位与影响力，无疑是符合历史事实的。

关于"洛生咏"的性质，陈寅恪《东晋南朝之吴语》在1936年较早对该问题进行过论述："永嘉南渡之士族其北方原籍虽各有不同，然大抵操洛阳近傍之方言，似无疑义。故吴人之仿效北语亦当同是洛阳近傍之方言，如洛生咏即其一证也。"⑥ 此说不确，永嘉南渡士人范围极广，不惟河洛之人，若洛阳音是普通的地域方言，为何北方士人皆操习之？正因为洛阳音是当时沿袭已久的官方标准音，且有数量极为庞大的上层侨民广泛使用，

---

① 《后汉书》卷七二《董卓列传》，中华书局，1973，第2325页。
② 阮元校刻《毛诗正义》卷一《关雎》，中华书局，2009，第568页。
③ 《论语正义》卷八《述而第七》，第269页。
④ 李涪：《刊误》卷下，明刻百川学海本。
⑤ 陆游：《老学庵笔记》卷六，三秦出版社，2003，第218页。
⑥ 陈寅恪：《东晋南朝之吴语》，载氏著《金明馆丛稿二编》，第309页。

它才在短时间内于南方朝廷取得了语言上的优势地位。而吴人所效仿者，自然是通行已久的晋代官话，绝非某地之方言。"洛生咏"乃首都洛阳书生吟诵经典之音，当然也不是某地的方言，而是西晋推广的官方标准音，即洛阳音。李浩先生将"洛下吟"与"秦声""齐讴"等方言并列，大概是受到陈氏此文的误导。

1949年，陈寅恪又作《从史实论切韵》，在论及"洛生咏"之时，已公开承认其"殆即东晋以前洛阳之太学生以诵读经典之雅音"。旋又云："陆法言序文述各地方言之失，而独不及中原一区，则中原即洛阳及其近傍之语音，乃诸贤所视为正音者无疑。"① 陈氏于此已经再三肯定西晋洛阳音乃官方雅正之音。陈寅恪在20世纪40年代以后逐渐修正了自己的观点，但是他在作《从史实论切韵》之时，并未注明《东晋南朝之吴语》观点之失，故其集中有前后矛盾之说法。此白璧微瑕处，已误导了一些学者，故不得不再三发覆也。

如上文所述，余嘉锡作《世说新语笺疏》时，一方面言之凿凿断定"洛生咏音本重浊"，另一方面却不得不肯定它数百年的雅言身份，其书卷下《排调第二十五》写道：

> 东汉、魏、晋并都洛阳，风俗语言为天下之准则。及五胡云扰，中原士夫相牵过江，虽久居吴土，举目有山河之异。而举止风流，犹有承平故态。谈玄便思正始名士，咏诗必学洛下书生。②

既然"洛生咏"是魏晋时期的官方雅音，"风俗语言为天下之准则"，那么也意味着它自然是当时华夏最完美的语音，是评价其他方言特点的参照标尺。所以，"洛生咏"既不"轻浅"，也不可能有"重浊"之弊。按照陈寅恪等人的观点，永嘉乱后，南方士族悉用北音，那么作为西晋官方雅言的"洛生咏"就更不应该遭受南方舆论的排抑与嘲笑。然而，从史料的记载来看，南朝士人对"洛生咏"的非议相当广泛，且持续时间较长，这不得不说是历史的一个怪现象。

---

① 陈寅恪：《从史实论切韵》，载氏著《金明馆丛稿初编》，第404页。
② 《世说新语笺疏》卷下《排调第二十五》，第932页。

三 历史的真相

南朝之前，中国古代的政治中心长期位于中原，至东晋为一大变。永嘉之后，晋室在中国北方的统治已然无法维持。五胡入华之际，首都洛阳失陷，除被少数民族统治者所控制以及结坞壁自保的世家大族之外，大部分士庶皆迁往南方避难。据学者谭其骧、葛剑雄估计，从永嘉年间开始，截至刘宋大明八年（464），历次"移民及其后裔约占迁入地人口比例应高于六分之一，他们的总数可能在二百万左右"。[1] 随着北方士人集团大量南迁，他们所操的北方官话洛阳音在孙吴故都建康也一度占据了政治上的优势地位，从而为南北两大官话系统的历史大融合创造了前所未有的机遇。那么，"洛生咏"在东晋南朝时期的具体传播情形究竟如何呢？

与陈寅恪所倡导的士族阶级"无分侨旧，悉用北音"的观点类似，周祖谟《切韵的性质和它的音系基础》也认为"东晋南渡以后，士族仍保持有北方旧日的读书音，南方士族也浸染而操北语，这是历史事实"。[2] 不过，这一论断真的可靠吗？恐怕南方士族"浸染而操北语"的情形并非如此乐观。从史籍资料记载来看，北方的洛阳音在传播的过程中，不断与南方语音融合，也沾染了吴语的许多特点，而真正的"洛生咏"却成为东晋士人眼中的稀罕物，逐渐消失在历史长河中，其原始面貌最终已不可复现。

"洛生咏"得名于谢安吟咏后，之所以在此前没有"洛生咏"之名，《汉书》《三国志》等史料亦不见此类称呼，正说明其吟咏声调在当时平常易见，不必特别拈出以示区别。自东晋初建至谢安讽咏，前后历时凡56年，此时南北政权隔阂加深，文化交流更加不易。"洛生咏"在此时得名，不是因为它在社会上的广泛普及与大量使用，恰恰是因为这种纯正的吟诵声调在南朝已经罕见。若谢安讽咏之时，当时在场的侨寓士人皆操洛阳古音，则此处以"官话"或"通语"名之即可，何必更假借他名以称之。周祖谟对此直接评论说：

---

[1] 葛剑雄等：《简明中国移民史》，福建人民出版社，1993，第152页。
[2] 周祖谟：《切韵的性质和它的音系基础》，载氏著《问学集》，中华书局，1966，第472页。

这说明了，即使是在东晋，"洛生咏"就已经成了稀奇古董，只有少数人能为之，名流都难以仿效，何况是作为普通的交际雅言呢？至梁之时，能为"洛生咏"者，恐已无几，士人又焉能以洛下旧音为正音标准呢？①

《南齐书·张融传》也印证了"洛生咏"在南朝时的罕见和稀缺性，"张融，字思光，吴郡吴人也……出为封溪令……广越嶂险，獠贼执融，将杀食之，融神色不动，方作洛生咏，贼异之而不害也"。②从獠贼反应来看，"洛生咏"相对于同时期南方士人的语音而言，显得非常怪异。正是因为"洛生咏"在日常生活中很少有人使用，所以獠贼才会"异之"。陈寅恪《东晋南朝之吴语》解释此例道："张融本吴人，而临危难仍能作洛生咏，虽由于其心神镇定，异乎常人，要必平日北音习熟，否则决难致此无疑也。"③又云："江左士族操北语，而庶人操吴语。"④陈氏此论有误，其断定张融"北音习熟"固然不错，认为"江左士族操北语"也有依据，但是却不能据此将"洛生咏"与南齐时的"北音"完全等同且混为一谈。不然，獠贼为何面对张融所作"洛生咏"会"异之"呢？难道这些獠人从未接触过其他南方士人吗？真实的情形应是，南方士人群体确实模仿和吸纳了部分北方口音，但要求他们完全依照"洛生咏"的声调进行日常交流仍然是困难的，故而纯正的"洛生咏"在南朝才会显得稀有和怪异。

应当承认，东晋之时，确有一批南方士人狂热效仿北方的文化礼俗，葛洪《抱朴子外篇·讥惑篇》载："上国众事，所以胜江表者多，然亦有可否者。君子行礼，不求变俗，谓违本邦之他国不改其桑梓之法也。况其在于父母之乡，亦何为当事弃旧而强更学乎？"⑤至于当时南方士子模仿洛阳

---

① 周祖庠：《从原本〈玉篇〉音看吴音、雅音——〈玉篇〉音论之一》，《四川三峡学院学报》1998年第3期。
② 《南齐书》卷四一《张融传》，中华书局，1972，第721页。
③ 陈寅恪：《东晋南朝之吴语》，载氏著《金明馆丛稿二编》，第305页。
④ 陈寅恪：《东晋南朝之吴语》，载氏著《金明馆丛稿二编》，第305页。
⑤ 葛洪撰，杨明照校笺《抱朴子外篇校笺》卷二六《讥惑卷二十六》，中华书局，1997，第12页。

音之事，亦颇为常见，葛洪写道："况于乃有转易其声音以效北语。"① 不过，从南方士子学习的实际反馈而言，则似乎模仿效果不太理想，"既不能便良，似可耻可笑。所谓不得邯郸之步，而有匍匐之噱者"。② 他还嘲笑一些南方士人模仿北人的声调哭丧，语言辛辣之极，其文曰：

> 乃有遭丧者而学中国哭者，令忽然无复念之情。昔钟仪、庄舄不忘本声，古人题之。孔子云：丧亲者若婴儿之失母，其号岂常声之有！宁令哀有余而礼不足。哭以泄哀，妍拙何在？而乃治饰其音，非痛切之谓也。③

正如荀子《儒效篇》所云："居楚而楚，居越而越，居夏而夏，是非天性也，积靡使然也。"④ 而以葛洪、陆玩、顾恺之为代表的一些南方士人，他们出于对本土文化的保守与自信，则根本没有动力学习洛阳音。

从萧梁学者刘孝标于"桓公伏甲设馔"条下注文便可看出，在谢安吟诵之时，纯正的"洛生咏"音调相对于当时的南朝官话已显得"重浊"。正是因为谢安有鼻疾，所以他在吟诵时才能得"洛生咏"之神韵。倘若无此疾病，恐怕谢安也无法像半个世纪以前的洛下书生那样讽咏。至于其他东晋士子，早已脱离北方的语言文化环境，他们根本无法模仿"洛生咏"的声调，所以只有掩鼻发声才能勉强与谢安的声调略微相似。

"洛生咏"在南方的传播情况可能比大多数读者想象的还要糟糕。在这里，我们就不得不提到一些历史的细节，或许它们能够帮助读者思考"洛生咏"在南方的传播情况。从《世说新语》中谢玄与谢安的两则趣事来看，似乎谢安本人也需要通过"捻鼻"的方式才能够操用"洛生咏"。《容止第十四》载："谢车骑道谢公：'游肆复无乃高唱，但恭坐捻鼻顾睐，便自有寝处山泽间仪。'"⑤ 余嘉锡在此失注，杨勇则注曰："捻鼻，犹捉鼻也。作

---

① 《抱朴子外篇校笺》卷二六《讥惑卷二十六》，第12页。
② 《抱朴子外篇校笺》卷二六《讥惑卷二十六》，第12页。
③ 《抱朴子外篇校笺》卷二六《讥惑卷二十六》，第17页。
④ 荀子撰，王先谦集解《荀子集解》卷四《儒效》，沈啸寰、王星贤点校，中华书局，1988，第144页。
⑤ 《世说新语笺疏》卷下《容止第十四》，第737页。

洛下书生咏状。"① 可见，在谢安之时，洛阳音已无法用于世族间的日常交流，至于广泛普及则更是奢谈。《排调第二十五》也提到谢安早年作"洛生咏"的趣闻，其云：

> 初，谢安在东山居，布衣，时兄弟已有富贵者，翕集家门，倾动人物。刘夫人戏谓安曰："大丈夫不当如此乎？"谢乃捉鼻曰："但恐不免耳！"②

谢安在面对夫人的富贵功名诱惑时，以"洛生咏"表现自己旷达磊落的风度，然而因"洛生咏"不便于日常之用，所以谢安需要"捉鼻"以求形似。有趣的一幕发生了，余嘉锡在此条下解释说："安意盖谓己本无心于富贵，故屡辞征召而不出。但时势逼人，政恐终不得免耳。安少有鼻疾，语音重浊。所以捉鼻者，欲使其声轻细以示鄙夷不屑之意也。"③ 余氏似乎忘记了自己之前在《雅量第六》的注释，他当时说："洛生咏音本重浊，安以有鼻疾，自然逼真，而时人以吴音读之，故非掩鼻不能近似也。"如果按照余氏自己的观点，谢安捉鼻可使本人的声音变得"轻细"，他人掩鼻则会使声音变得"重浊"，天下哪有这样的道理！既然谢安"少有鼻疾，语音重浊"，那么直接仿效洛生咏就可以了，为什么还要"捉鼻"呢，这不是多此一举吗？

实际上，当时的历史真相是：以谢安为代表的、长期受到南方文化熏陶的侨居士人已皆不能作"洛生咏"，他们都需要借助掩鼻的方式才能模仿西晋时的洛阳音。即便是谢安这样的士林领袖，也需要通过"捻鼻"或"捉鼻"这种不太风雅的方式才能做到，此情此景，确实令人感慨良多。

至于以顾恺之为代表的南方士人将"洛生咏"贬低为"老婢声"的评价，则带有鲜明的地域文化冲突色彩。余嘉锡所谓"洛下虽非燕、赵，而同在大河南北，故其音亦伤重浊。长康世为晋陵无锡人，习于轻浅，故鄙

---

① 刘义庆撰，刘孝标注，杨勇校笺《世说新语校笺》下册《容止第十四》，中华书局，2006，第568页。
② 《世说新语笺疏》卷下《排调第二十五》，第941页。
③ 《世说新语笺疏》卷下《排调第二十五》，第942页。

夷不屑为之"，① 此说明显有误。余氏主要疏漏之处在于，他忽视了"洛生咏"的官方雅言身份。"洛生咏"属于西晋雅言系统，理应是南北方言的参照标准，故而不可能会有"重浊"或"轻浅"的弊端。刘孝标、余嘉锡等学者之所以会认为"洛生咏"有"重浊"之弊，是因为他们完全站在南朝士人的文化立场上，而非西晋北方士人的文化立场上。

随着侨寓世族在南方长期繁衍生息，他们本人及后代的语音也逐渐受到吴语元素的侵蚀和影响，这是"洛生咏"日渐消弭的主要原因之一。《世说新语·排调第二十五》载：

> 刘真长始见王丞相，时盛暑之月，丞相以腹熨弹棋局，曰："何乃渹！"刘既出，人问见王公云何，刘曰："未见他异，唯闻作吴语耳。"②

如果说王导与任颛等南方士人用吴语交谈主要是出于拉拢南方本土势力的政治目的，那么在和北方士人交往之时，则完全不必要使用南方语言。面对"琅琊王导本北人，沛国刘惔亦是北人，而又皆士族"的历史事实，陈寅恪同样发出"然则（王）导何故用吴语接之"的疑问。同书卷下《轻诋第二十六》载：

> 支道林入东，见王子猷兄弟，还，人问："见诸王何如？"答曰："见一群白颈乌，但闻唤哑哑声。"③

刘孝标注云：

> 按晋时乌读鱼韵，哑读麻韵；鱼、模，变为歌、麻，由于南朝；时北人当不尽通行也。王丞相北人，喜吴语，其子弟多规效之。白颈乌，本读鱼韵，径唤作哑，读入麻韵，以取媚当时。④

---

① 《世说新语笺疏》卷下《轻诋第二十六》，第 993 页。
② 《世说新语笺疏》卷下《排调第二十五》，第 684 页。
③ 《世说新语校笺》下册《轻诋第二十六》，第 996 页。
④ 《世说新语校笺》下册《轻诋第二十六》，第 757 页。

王导作为初代侨寓贵族，他自幼在北方长大，熟悉故都洛阳的典章制度与官方雅言。他在南渡不久，就开始自觉学习吴语，甚至与北方士族朋友交往时也不甚避讳。到了王家的第二代子孙，他们已经能够在日常生活中非常自如地使用吴语进行交流了。王谢作为南迁的顶级门阀，交流往来频繁。谢安与支道林所嘲笑的"王子猷兄弟"同属于第二代侨寓贵族，其成长的文化环境与语音学习情况应当与王家子孙类似。在衣冠南渡五十余年后，面对桓温武力胁迫，谢安从容以"洛生咏"吟诵诗篇，这一幕使以桓温为代表的宾客都惊而异之，这正说明了洛阳旧音在当时已经不甚流行的历史事实。

时过境迁，至谢安之世，新的南朝雅言已经形成，并在士族阶层中得到广泛推广。这种雅言融合了大量的吴语元素，在发音上已经与纯正的洛生咏形成了明显的差别。因此，在南朝士人眼中，"洛生咏"相对于这种混合着北方洛阳音与南方语音的新式雅言，已显得"重浊"，而非西晋之"洛生咏"本身有"重浊"之弊。北方文化影响力的全面衰落，与南朝本土文化的强势崛起，最终使南朝士人形成了"洛生咏音本重浊"的刻板印象。

余 论

"洛生咏"是魏晋时期洛阳太学生吟诵经典时所操用的读书音，属于雅言系统，并非某地的方言。它是华夏当时最完美的语言，也是各地方言的参照标准，其发音上既不"轻浅"，也不"重浊"。刘孝标、余嘉锡等学者之所以会得出"洛生咏音本重浊"的错误结论，是因为他们忽视了"洛生咏"的雅言身份，完全站在南朝文化的立场上。陈寅恪虽然反对余嘉锡"洛生咏音本重浊"之说，但是他的观点前后并不一致，对许多学者都产生了一定误导。从雅言传承视角而论，西晋时的"洛生咏"在"衣冠南渡"之后，与南方士族操用的语音相融合，形成了一种在南北士族阶级中广泛普及的、以北方洛阳音为主、南方语音元素为辅的新式雅言系统。时过境迁，至谢安之时，纯正的"洛生咏"在南朝上层侨寓贵族的日常生活中已无法操用，侨人后裔只能通过"捻鼻"方式才能初步得其形似。在宋文帝刘义隆、刘孝标等南方人看来，"洛生咏"相较于新式雅言语音系统，已显得"重浊",而非余嘉锡所谓"洛生咏音本重浊"。至于以顾恺之为代表的南方士人,他们出于对本土文化的维护和坚守,而对模仿"洛生咏"所流露出的不屑态度,自然也不必过分苛责。

作者简介:郭发喜,河南洛阳人,文学博士,西北大学博士后,洛阳师范学院文学院讲师,主要研究方向为中国古代文学;王鹏杰,河南洛阳人,洛阳市隋唐史学会秘书长,主要研究方向为隋唐史、河洛文化。

汉魏都城选址与正统论

韩宏韬 李 蕊

摘 要 两汉初与北魏孝文帝时期有关都城选址的问题都曾引发争议,争议的主题主要是围绕是否定都洛阳而展开。汉高祖关于是否定都洛阳的斟酌,光武帝之于定都洛阳的果断,北魏孝文帝对于迁都洛阳的努力,其背后皆与正统论有所关联,王朝正统论的构建在一定程度上影响了汉魏帝王在定都之时的决策。

关键词 汉魏都城;洛阳;正统论

国家政权更迭之际,国家制度也会随着政权的更迭而有所改变,由于每个新政权的建立方式不同,相应的一系列政策也会相异,最明显的就是都城的选择。"都邑者,政治与文化之标征也。"[①] 都城是国家政治与文化中心,对国家以后的发展有着举足轻重的作用。在都城选址的过程中,统治者要进行多重因素的考虑,如地理因素、经济因素、文化因素、交通因素、环境因素等,学术界对都城选址的客观因素研究颇深。[②] 这些客观因素对于都城的选址来说是不可或缺的,但主观因素在都城选址过程中的作用也相当重要。在主观因素中,正统论对于统治者在都城选址中的决策有着重要的影响。目前学界对此探讨尚嫌不足,笔者不揣谫陋,尝试论之,以求教

---

① 王国维:《殷周制度论》,《王国维遗书·观堂集林》卷一〇,上海古籍出版社,1983,第1页。
② 史念海先生1998年在中华书局出版的《中国古都与文化》一书中,详细介绍了中国古都形成的自然环境、经济、军事、社会、地理等因素;西安文旅学院仇立慧先生在《汉代都城选址迁移的资源环境因素分析》和《隋唐时期都城选址迁移的资源环境因素分析》中,对汉代和隋唐都城选址迁移的资源环境因素进行了详细的阐述,可谓是此方面的代表性著作。另请参见卜祥伟《论汉魏洛阳故城选址及历史地位》,《三门峡职业技术学院学报》2019年第3期;方原《东汉都城选址原因研究》,《西北工业大学学报》2009年第2期。

汉魏都城选址与正统论

于方家和读者。

正统论是解释中国古代政治活动的史学观念，其中所包含的大一统与天命思想，能有效解释中国古代政治活动的轨迹。中国古人信奉正统之说，周时期确立的王朝正统的政治观念，集中体现在天、地、人三端，天为天命，地是地理，人为血统。① 正统论在古代中国政治生活和政治史中的影响也许是极其深远的。② 此后每个时期，正统论的含义会随着时代的不同而相应变化。正统论中人的血统观念随着朝代的更迭逐渐削弱，正统论的含义集中体现在大一统与天命。关于"地"的正统论构建除了大一统方面，还涉及"地中论"的问题。西周初年，周人营建洛邑，就是因为洛邑地处"天下之中"的特殊地理位置，以此为依据构建了以"天下之中"作为政权正统性的地理自证。③ 王德华《早期中国洛邑为"天下之中"地理观的构建》探讨了洛阳作为"天下之中"的正统论的地理自证；彭华《王朝正统论与政权合法性——以商周鼎革为例》解释了周人对于王朝正统论天、地、人三端的构建；冯渝杰《从"汉家"神化看两汉之际的天命争夺》研究了两汉之际谶纬神学与天命的关系。本文在前人研究的基础上，主要探讨两汉与北魏在以洛阳为都的争论中，正统论对择都的影响，以此揭示正统思想对我国古代政策的影响与统治者治国思维模式的转变。

一 西汉都城选址与正统论

西汉政权由汉高祖刘邦在楚汉战争胜利后建立，建立之初定都在洛阳，《史记》载："天下大定。高祖都雒阳，诸侯皆臣属。"④ 其后娄敬建言迁都关中，经群臣争议后，得到"高祖是日驾，入都关中"⑤ 的结果。其中值得注意的是，高祖在定都洛阳时，是否有考虑其地理位置与周之故都的正统性？周人王朝正统论的构建在这一过程中起到什么作用？而在迁都关中时，

---

① 彭华：《王朝正统论与政权合法性——以商周鼎革为例》，《四川大学学报》2021年第6期。
② 谢维扬：《中国早期国家》，浙江人民出版社，1995，第401页。
③ 王德华：《早期中国洛邑为"天下之中"地理观的构建》，《中国高校社会科学》2023年第5期。
④ 《史记》卷八《高祖本纪第八》，中华书局，1959，第380页。
⑤ 《史记》卷八《高祖本纪第八》，第381页。

洛阳地区的正统性为何不被纳入政治考虑？

（一）西汉的建立与定都

政权建立之初，高祖定都洛阳有比拟周室的意思，《史记》载："娄敬说曰：'陛下都洛阳，岂欲与周室比隆哉？'上曰：'然。'"①而周人对于洛阳"天下之中"地理观的构建，②也在高祖比拟周室的同时影响了西汉定都的政策，高祖以洛阳为西汉政权正统性的地理自证。《吕氏春秋·审分览》载："古之王者，择天下之中而立国，择国之中而立宫，择宫之中而立庙。天下之地，方千里以为国，所以极治任也。"③《荀子·大略》篇言："欲近四旁，莫如中央，故王者必居天下之中，礼也。"④古人对于"王者居天下之中而立国"的执念，受周人王朝正统论的影响较大。周人对洛邑"天下之中"的构建，在一定程度上说明洛邑地理方面的正统性。西周初年洛邑为"天下之中"的构建，有着西周为了达到王权宗教性与正统性的地理自证的政治目的。⑤因此，高祖定都洛阳这一政策很大程度上是受周人王朝正统论的影响。

但汉政权与周政权的不同使高祖比拟周室的理想落空。"中国历史上皇权的更迭，大致有世继、革命和禅让三种基本模式。"⑥殷周革命是最典型的以革命获取政权的方式。秦统一六国，建立起中国历史上第一个封建王朝。但由于其暴政，统治很快被推翻。汉高祖建立汉朝，是通过楚汉之争，历经数年的战争，最终夺得了全国政权。虽然也是通过革命的方式，但其与殷周革命有着本质的区别。

《史记》载娄敬对高祖所言："陛下取天下与周室异。"意思是汉获取天下的方式与周有所不同，"周之先自后稷，尧封之邰，积德累善十有余世"，而"今陛下起丰沛，收卒三千人，以之径往而卷蜀汉，定三秦，与项羽战

---

① 《史记》卷九九《刘敬叔孙通列传第三十九》，第2715页。
② 关于周人对于洛邑"天下之中"地理观的构建，详见王德华《早期中国洛邑为"天下之中"地理观的构建》，《中国高校社会科学》2023年第5期。此处只引用其结论。
③ 吕不韦编，许维遹集释《吕氏春秋集释》卷一七《慎势》，中华书局，2009，第460页。
④ 王先谦：《荀子集解》卷一九《大略》，中华书局，1988，第485页。
⑤ 王德华：《早期中国洛邑为"天下之中"地理观的构建》，《中国高校社会科学》2023年第5期。
⑥ 韩宏韬、韩笑：《孔颖达与〈诗经〉学研究》，人民出版社，2022，第302页。

荥阳，争成皋之口，大战七十，小战四十，使天下之民肝脑涂地，父子暴骨中野，不可胜数，哭泣之声未绝，伤痍者未起，而欲比隆于成康之时，臣窃以为不侔也"。这两段话的意思是虽然都是以革命的方式建立新朝，但周是"积德累善十有余世"，以德获取天下，是以仁德的革命方式建立新朝；而汉"使天下之民肝脑涂地，父子暴骨中野，不可胜数，哭泣之声未绝，伤痍者未起"，是用暴力的革命建立新朝。就其政治形式而言，周政权是"积德累善十有余世"，以德获取天下，因此在建立之初就得到了百姓的拥戴，获得正统之名；汉政权建立之后，社会动荡不安，维持其统治是统治者的当务之急。娄敬建言迁都关中，就是为解决这一当务之急。因此引发了迁都的争议。①

（二）迁都之议

获取全国政权后，择都而治成了首等大事。《史记》载："天下大定。高祖都雒阳，诸侯皆臣属。"② 这里的天下大定指的是楚汉战争结束，汉政权完成了全国的大一统。汉高祖择雒阳为都，以雒阳为中央进行全国范围的统治。这里的雒阳就是周的洛邑。但其后齐人娄敬觐见高祖的事件使得国家政权西迁。娄敬求见高祖时，为劝谏高祖迁都关中，分析了关中的优势：

> 且夫秦地被山带河，四塞以为固，卒然有急，百万之众可具也。因秦之故，资甚美膏腴之地，此所谓天府者也。陛下入关而都之，山东虽乱，秦之故地可全而有也。夫与人斗，不扼其亢，拊其背，未能全其胜也。今陛下入关而都，案秦之故地，此亦扼天下之亢而拊其背也。③

娄敬认为关中也就是秦地，四方有险固，具有天然的军事优势；并且秦地资源丰富，经济发达，可谓"天府之国"。秦地就是全国的要害，如果

---

① 《史记》卷九九《刘敬叔孙通列传第三十九》，第2715—2716页。
② 《史记》卷八《高祖本纪第八》，第380页。
③ 《史记》卷九九《刘敬叔孙通列传第三十九》，第2716页。

不把握住要害，而顾念其他，就不能掌握绝对的优势。只有迁都关中，以秦故都为都，就能把握住控制天下的关键。迁都的提议使高祖有些迟疑，并且娄敬的提议得到了留侯的支持，在朝中引起了迁都的争议：

> 刘敬说高帝曰："都关中。"上疑之。左右大臣皆山东人，多劝上都雒阳："雒阳东有成皋，西有殽黾，倍河，向伊雒，其固亦足恃。"留侯曰："雒阳虽有此固，其中小，不过数百里，田地薄，四面受敌，此非用武之国也。夫关中左殽函，右陇蜀，沃野千里，南有巴蜀之饶，北有胡苑之利，阻三面而守，独以一面东制诸侯。诸侯安定，河渭漕挽天下，西给京师；诸侯有变，顺流而下，足以委输。此所谓金城千里，天府之国也，刘敬说是也。"①

在这场争议中分为两方，群臣反对迁都，留侯坚持迁都。两方都各自论述了关中与雒阳的优势。群臣认为洛阳四方有险固，足以防守；留侯则认为雒阳虽有险固但地小，不过数百里，经不起战乱摧残。而关中沃野千里，三面环顾，东方还可以牵制诸侯，是作为都城的首选。西汉高祖刘邦出身平民，其统治集团成员也多以平民为主，史书上称为"布衣将相之局"。② 文化程度与大局观相对较弱，定都洛阳一方面是受周王朝正统观的影响，一方面是受其思想局限性。而留侯、娄敬分析了全国政治形势，得到了高祖的肯定，迁都之争的结果是"于是高帝即日驾，西都关中"。③

（三）迁都与正统论

高祖想要比拟周室，因此在定都之时，很容易受到周王朝正统论的影响。择中选址以及洛阳地区正统性的地理自证，使高祖在建国之初就定都在洛阳。但由于政权获取方式不同致使社会形势不同，洛阳并非西汉政权定都的最佳选址，因此导致了迁都关中之争。现实的社会形势使得洛阳地

---

① 《史记》卷五五《留侯世家第二十五》，第2043—2044页。
② 布衣将相之局，历史上并没有明确的提出者，只是从陈胜起义的口号"王侯将相宁有种乎"以及西汉统治阶级的出身衍生出来的历史术语。
③ 《汉书》卷七五《眭弘传》，中华书局，1962，第3154页。

区正统性在择都过程中的重要性降低。但关中是秦之故都,定都洛阳与定都关中之争实际上是定都周都与定都秦都之争。

正统作为一种形而上的理论,在不同的朝代,不同的文化潮流影响下表现出不同的含义。从一方面来说,周以天下之中与德标榜正统,秦以一统天下与法标榜正统。① 从另一方面来说,高祖在一定意义上是承认秦正统的存在的,司马迁立《秦始皇本纪》,《汉书》更有汉高帝诏:"秦皇帝、楚隐王、魏安釐王、齐愍王、赵悼襄王皆绝亡后。其与秦始皇帝守冢二十家,楚、魏、齐各十家,赵及魏公子亡忌各五家,令视其冢,复亡与它事。"② 从高祖称呼秦始皇为秦皇帝可以看出,西汉初期是承认秦朝的存在的,汉承秦制的事件更为佐证。迁都关中与汉承土德可以看出汉初是承认秦的正统地位的。《史记·封禅书》载:"鲁人公孙臣上书曰:'始秦得水德,今汉受之,推终始传,则汉当土德,土德之应黄龙见。宜改正朔,易服色,色上黄。'"③ 汉在正朔方面承认了秦的存在,因此迁都秦之故地也是正统的一种体现。但之后随着儒学的不断发展,土德与水德正朔之辩的产生,秦的正统地位也就受到了质疑。

总的来说,西汉初期,正统因素在高祖定都和迁都选址的过程中是具有一定作用的。受秦的影响,正统的意思被具化为大一统,大一统的政治目的实现以后,高祖虽受周人王朝正统论的影响定都洛阳,但在社会形势的影响下迁都关中。后来随着儒学的影响越来越大,西汉对正统的重视也越来越大。

二 东汉都城选址与正统论

西汉经过200多年的延续,得到了世俗的认同,已经具有正统性地位。虽王莽篡汉造成了短暂的政权丢失,但刘秀建立东汉使汉政权恢复。在政权建立过程中,刘秀以汉室的名义进行全国政权的争夺与收拢。因此,史家将西汉和东汉当作一个整体看待,《通鉴纪事本末》称刘秀建立东汉的过

---

① 从秦统一六国、获取大一统、建立秦朝可以看出,秦认为的正统与大一统等同。
② 《汉书》卷一下《高帝纪下》,第76页。
③ 《史记》卷二八《封禅书第六》,第1381页。

程为"光武中兴",① 说明东汉政权已经具有正统合法性，那么刘秀为何定都洛阳而非长安？东汉定都在周之故都洛阳而非西汉长安是否与正统因素有所关联？其后西京旧臣引发迁都之争是否也与正统有关？

（一）东汉建立与天命

东汉政权的建立有承续西汉的意思，刘秀以汉室的名义进行全国政权的争夺与收拢，但在收拢的过程中，不止刘秀一人打着汉室的旗号，并且"社会上存在着一股解除汉家危机的强烈思潮"。《汉书·眭弘传》载："汉家尧后，有传国之运。汉帝宜谁差天下，求索贤人，禅以帝位。"② 这句话的意思是汉帝是否为刘姓宗室都无所谓，只要是贤能的人，就可以继承皇位。眭弘是宣帝时期的官员，说明在宣帝时期，"求索贤人，禅以帝位"的思想已经开始出现，后霍光处死眭弘，但这种思想流传下来。皇帝是否为汉宗室对于当时人来说并不是那么重要，因此西汉宗室的正统地位岌岌可危。

由于汉武帝罢黜百家，独尊儒术，儒学的社会地位越来越高，儒学发展得越深入，正统的作用也越大，儒家尊崇周，周朝的地位也越来越被后世推崇。因此光武帝定都洛阳似乎有效仿周朝的意思，周人王朝正统论对光武帝也产生了一定的影响。而周人王朝正统论中的天地人三端，天为天命，地为地理，洛阳作为正统性的地理自证也是光武帝选择洛阳而非长安为都的正统因素之一。而两汉之际，天命谶纬之说在政权争夺的过程中得到了极大的发展，王莽以"符命"篡汉，刘秀以谶纬复汉，其他各方政治势力也纷纷运用谶纬证天命，神意史观在这一时期影响着正统的归属。刘秀通过"刘氏复起，李氏为辅"③ 的谶言，以及顺应"天下咸思汉德"的社会潮流，占据了舆论优势。但两汉之际，"依谶纬证天命是各方政治势力的常见情况，非刘秀独然"，所以"思汉反莽斗争不仅是一次武力大角逐，更是一场天命的竞夺赛"。④ 这场竞夺赛以刘秀与公孙述之间的天命之争最为激烈。在政权的争夺中，宗室后裔已经不是天下归顺的决定性因素。天

---

① 袁枢：《通鉴纪事本末》卷五，中华书局，1964，第418页。
② 《汉书》卷七五《眭弘传》，第3154页。
③ 《后汉书》卷一上《光武帝纪第一上》，中华书局，1965，第2页。
④ 冯渝杰：《从"汉家"神化看两汉之际的天命争夺》，《历史研究》2015年第1期。

命在何方，何方就占据了绝对的正统地位。而周人对于王朝正统性天命以及洛邑"居天下之中"地理观的构建，是解释政权合法性的主要依据。

（二）天命与都城

《太平御览·叙京都下》载："昔周公营洛邑以宁姬，光武卜东都以隆汉，天之所启，神之所安。大业既定，岂妄有迁动，以亏四海之望也！"[1] 这一段话发生在东汉末年，董卓想要迁都长安，黄琬与杨彪上谏，董卓不同意后黄琬又驳议，谈论定都洛阳的好处，其中提到"光武卜东都以隆汉"，说明光武帝定都洛阳是占卜的结果，而占卜的结果是天命的体现，光武帝定都洛阳也就获取了天命。明代欧大任的《裕州光武庙》中也提出"崤函西锁卜东都"，成为光武定都洛阳是天命正统的佐证。而史书将卜东都的记载追溯到西周，周公卜东都是天命的体现，因此光武帝卜东都的说法也有可能是借鉴自西周，体现了周人王朝正统论的天命内涵。

另外，"天下之中"的理论发展越来越成熟。尽管西汉初年迁都关中似乎阻碍"王者必居天下之中"的理论发展，但司马迁《史记·货殖列传》又载："夫三河在天下之中，若鼎足，王者所更居也，建国各数百千岁。"[2] 这个材料说明在汉武帝时期，"王者必居天下之中"的理论又慢慢抬头。《白虎通·京师》载："王者京师必择土中何？所以均教道，平往来，使善易以闻，为恶易以闻。"[3] 意思是说，都城为何要选在土中（即中土）？是要使善恶都容易被知道，才能"明当惧慎，损于善恶"，说明在东汉时期"王者必居天下之中"的理论得到了进一步的发展，而作为天下之中的洛阳地区，其正统性也越来越受重视，光武帝定都洛阳很大程度上也是受到这一影响。

（三）迁都与正统论

东汉定都洛阳以后，因在正朔上承自西汉，因此朝中许多人请求迁都回长安，而光武帝也几次行幸长安，如《后汉书·光武帝纪》中载："夏四

---

[1] 李昉、李穆、徐铉等纂《太平御览》卷一五六《州郡部二·叙京都下》，中华书局，2000，第757页。
[2] 《史记》卷一二九《货殖列传第六十九》，第3262—3263页。
[3] 班固撰集，陈立疏证《白虎通疏证》卷四，中华书局，1994，第157—158页。

月丙子，幸长安，始谒高庙，遂有事十一陵。""五月己未，至自长安。""修理长安高庙。""修西京宫室。""二十二年春闰月丙戌，幸长安，祠高庙，遂有事十一陵。二月己巳，至自长安。"① 光武帝多次行幸长安、修理旧京之举，让许多西京旧臣闻风而动，这就爆发了东汉的迁都之争。

此次迁都之争以迁都长安和定都洛阳为主要争论，杜笃以"关中表里山河，先帝旧京，不宜改营洛邑"，②上《论都赋》为迁都代表，此篇中以旧都为引："经营宫室，伤愍旧京，即诏京兆，乃命扶风，斋肃致敬，告觐园陵。"③ 引出"凄然有怀祖之思，喟乎以思诸夏之隆"的感叹，希望能唤起光武帝的怀祖之情。并抨击山东豪强："是时山东翕然狐疑，意圣朝之西都，惧关门之反拒也。"④ 后又回忆西汉历代帝王的丰功伟业：

非夫大汉之盛，世借雍土之饶，得御外理内之术，孰能致功若斯！故创业于高祖，嗣传于孝惠，德隆于太宗，财衍于孝景，威盛于圣武，政行于宣、元，侈极于成、哀，祚缺于孝平。⑤

引出长安为都的优势："夫雍州本帝皇所以育业，霸王所以衍功，战士角难之场也。"⑥ 最后说出自己的用意："客以利器不可久虚，而国家亦不忘乎西都，何必去洛邑之漳潛与？"⑦ 希望迁都于西京。而杜笃如此希望迁都回长安，似乎与两汉之间的正统传承有着一定的关联。

东汉时期这次迁都之争，代表了不同政治势力的诉求。光武帝时期杜笃上《论都赋》请求迁都长安，"关中耆老犹望朝廷西顾"，⑧ 而山东豪强"惧关门之反拒也"，⑨ 反映出山东豪强与西汉旧臣之间的政治斗争，其背后正是受到正统思想的影响。西汉旧臣认为东汉承自西汉，两者之间是正统

---

① 《后汉书》卷一下《光武帝纪第一下》，第48、56、72、74页。
② 《后汉书》卷八〇上《文苑列传第七十上》，第2595页。
③ 《后汉书》卷八〇上《文苑列传第七十上》，第2596页。
④ 《后汉书》卷八〇上《文苑列传第七十上》，第2598页。
⑤ 《后汉书》卷八〇上《文苑列传第七十上》，第2600页。
⑥ 《后汉书》卷八〇上《文苑列传第七十上》，第2603页。
⑦ 《后汉书》卷八〇上《文苑列传第七十上》，第2609页。
⑧ 《后汉书》卷四〇上《班彪列传第三十上》，第1335页。
⑨ 《后汉书》卷八〇上《文苑列传第七十上》，第2598页。

的传递，因此，长安是西汉正统的地理象征，并且西汉旧臣的根基都在长安，所以出于各方面的因素，请求迁回长安。

《太平御览·州郡部》载："杜笃上《论都赋》，欲令车驾迁还长安。耆老闻者，皆动怀土之心，莫不眷然伫立而望。景以宫庙已立，恐人情疑惑，会时有神雀诸瑞，乃作《金人论》，颂洛邑之美，天人之符，文有可采。"①王景上《金人论》赞扬洛邑，与杜笃《论都赋》相抗衡，虽迁都之议未再进行但相关言论不绝如缕，"关中耆老犹望朝廷西顾"，②班固以"感前代相如、寿王、东方之徒，造构文辞，终以讽劝，乃上《两都赋》，盛称洛阳制度之美，以折西宾淫侈之论"③为终，结束了有关迁都的争议。

综上所述，东汉定都洛阳的主要原因是谶纬天命之说的影响，"班固《东都赋》继承《尚书》'天命观'，将光武帝定都洛邑看作是上应天命、下应民心之举"。④周人王朝正统论中的天命之说以及天下之中的地理观也起到了重要作用。只要占据天命，就是正统。天命正统因素在这一时期对东汉都城选址有着重要的影响。后爆发的迁都之争，只是不同势力的政治斗争，主张迁都长安一派的都是西京旧臣，主张定都洛阳一派的以山东豪强为主。从光武帝几次拜谒西京，修复旧都的举动来看，不乏有迁都长安的想法，但由于山东豪强势力膨大以及谶纬正统的影响，迁都之争无疾而终。由此可见，与西汉相比，东汉王权势力较弱，谶纬之说在东汉影响较大，正统色彩较深。

三　北魏都城选址与正统论

与两汉政权不同的是，北魏政权既处于南北朝分裂时期，又是少数民族政权。随着儒学发展的深入，孔子提出的夷夏之防被越来越多人所接受。由于两汉时期大一统思想的发展，使得一统疆域成为分裂时期每一个政权的目标，但是夷夏之防为北魏政权向大一统目标迈进增添了一条巨大的鸿

---

① 《太平御览》卷一五六《州郡部二·叙京都下》，第757页。
② 《太平御览》卷一五六《州郡部二·叙京都下》，第757页。
③ 《太平御览》卷一五六《州郡部二·叙京都下》，第757页。
④ 王德华：《早期中国洛邑为"天下之中"地理观的构建》，《中国高校社会科学》2023年第5期。

沟。为消除这一鸿沟，孝文帝进行了改革，除政治方面的改革，汉化措施与迁都洛阳也是关键因素。需要注意的是，汉化措施是如何为实现大一统目标助力的呢？迁都洛阳的过程中，正统因素起了什么样的作用？孝文帝为何对迁都洛阳的政策执行得如此果断？与汉族政权相比，少数民族为何那么执着地追求正统呢？

（一）汉化与正统论

北魏孝文帝的汉化举措一直为后世人津津乐道，其中原因学术界研究颇丰，据研究发现，孝文帝汉化主要集中在：改称汉姓，如皇族拓跋氏改为汉姓元氏；改易汉俗，如改变服饰、[①] 婚俗习俗；等等，在此不做过多论述。那么孝文帝进行汉化政策的目的是什么呢？这就要从当时的社会形势说起。与两汉建立全国性中央政权不同，北魏政权是在南北分裂时期建立的。东汉末年至三国时期，魏蜀吴三国争霸，曹魏政权以汉帝禅让的名义建立起新朝。此举被晋效仿，也以魏帝禅让的名义建立起西晋。后西晋八王之乱引发五胡入华，北方陷入混乱。虽前秦苻坚短暂统一北方，但随后又陷入分裂，直到北魏道武帝拓跋珪统一北方，在398年迁都平城，正式称帝，北方统一政权就此建立。

到了孝文帝时期，北魏与南齐相对抗。分裂时期的政权将大一统当作最终目标，孝文帝也不例外。那么汉化政策是如何为实现大一统的目标助力的呢？汪文学先生在《正统论——中国古代政治权力合法性理论研究》一书中说道："大一统和天命论是论证一个政权是否为正统的主要依据，天命论是其手段，大一统是目的。"[②] 那么为实现大一统这一目的，孝文帝就要比附天命与正统，其中获取正统之名是最紧迫的事情之一。而正统的含义经过儒学的不断发展与解释，含义变得丰富，但夷夏之别是阻碍北魏实现大一统目标最直接的阻力，为消除夷夏之别，获取正统之名，汉化改制政策就应运而生。其中迁都洛阳是最重要的一个节点，孝文帝不惜借南伐之名，行迁都之实。

---

① 李晶：《北魏"孝文改制"中的服饰"改制"》，《山西大同大学学报》2013年第2期。
② 汪文学：《正统论——中国古代政治权力合法性理论研究》，贵州人民出版社，2019，第51—52页。

（二）迁都与正统论

北魏自道武帝起定都平城，到后来北魏孝文帝时迁都洛阳，北魏就一直在洛阳定都，这是北魏历史上存在的两个都城。对于平城与洛阳两个都城，学术界也有相关说法：平城是武治之城，洛阳是文治之城。《魏书》载孝文帝与任城王元澄的对话：

> 乃独谓澄曰："今日之行，诚知不易。但国家兴自北土，徙居平城，虽富有四海，文轨未一，此间用武之地，非可文治，移风易俗，信为甚难。"①

这段话的意思是孝文帝认为平城是用武之地，不能进行文治，与要实行的汉化政策相悖，此为孝文帝迁都的原因之一。

平城一共历经六任北魏皇帝，是当时北方的政治与文化中心。孝文帝迁都到洛阳的原因，学术界研究颇丰。② 其实从《魏书》中可以看出，孝文帝对于迁都洛阳之事谋划已久，《魏书·高祖纪》载："幸洛阳，周巡故宫基址。帝顾谓侍臣曰：'晋德不修，早倾宗祀，荒毁至此，用伤朕怀。'遂咏《黍离》之诗，为之流涕。"③ 这件事发生在太和十七年（493）秋七月庚午，在孝文帝迁都之前，由此可见孝文帝对迁都洛阳的决心。《资治通鉴》记载了魏主孝文帝的整个迁都过程："魏主以平城地寒，六月雨雪，风沙常起，将迁都洛阳。"④ 从这句话可以看出司马光对于孝文帝迁都的原因分析为受环境影响，认为平城的环境恶劣，所以"魏主将迁都洛阳"是客观方面的原因，主观方面还是因为平城不能很好地推行汉化政策。但无论

---

① 《魏书》卷一九中《任城王云附元澄传》，中华书局，1974，第464页。
② 参见葛剑雄《盖世英雄还是千古罪人——元（拓跋）宏及其迁都和汉化》，《读书》1996年第5期；郝松枝《全盘汉化与北魏王朝的速亡——北魏孝文帝改革的经验与教训》，《陕西师范大学学报》2003年第1期；朱兴和《略论北魏孝文帝改革中的朝议》，《上海师范大学学报》2004年第2期；李克建、陈玉屏《再论北魏孝文帝改革——兼谈改革对民族融合规律的启示》，《黑龙江民族丛刊》2007年第2期；王永平《北魏孝文帝之南征战略及其相关争议考论》，《学术研究》2013年第3期。
③ 《魏书》卷七下《高祖纪下》，第173页。
④ 《资治通鉴》卷一三八《齐纪四》，中华书局，1956，第4329页。

是客观还是主观，迁都的最终目的还是"吾方经营天下，期于混壹"，①说明在孝文帝心中，迁都以及改革都是为了"混壹"这一最终目的。

而为何迁都就能成为大一统的助力呢？这与洛阳的政治地位有着直接的联系。洛阳在北魏时期，已经做过东周、东汉、曹魏、西晋四朝的国都，具有天然的正统性地位，是适合迁都的绝佳地区。据周人王朝正统论的说法，定都洛阳是北魏正统性的地理自证，因此北魏要想追求正统与大一统，迁都洛阳是其最佳选择。很难说孝文帝没有受到王朝正统理论的影响。

关于孝文帝在迁都过程中遇到的阻力与助力，崔明德、佟宝锁两位学者在其文章《"怀土"与"变俗"：北魏太和年间关于迁都问题的大讨论》中总结出了三种在迁都过程中表现出不同观点的流派，一种是改革派，一种是守旧派，一种是中间派。② 改革派主要以孝文帝为首；守旧派主要是鲜卑旧臣，是迁都的主要阻力所在。孝文帝为解决这种阻力，"恐群臣不从，乃议大举伐齐，欲以胁众"，③ 以南伐为名胁迫群臣迁都：

>魏主自发平城至洛阳，霖雨不止。丙子，诏诸军前发。丁丑，帝戎服，执鞭乘马而出。群臣稽颡于马前。帝曰："庙算已定，大军将进，诸公更欲何云？"尚书李冲等曰："今者之举，天下所不愿，唯陛下欲之；臣不知陛下独行，竟何之也！臣等有其意而无其辞，敢以死请！"帝大怒曰："吾方经营天下，期于混壹，而卿等儒生，屡疑大计；斧钺有常，卿勿复言！"策马将出，于是安定王休等并殷勤泣谏。帝乃谕群臣曰："今者兴发不小，动而无成，何以示后！朕世居幽朔，欲南迁中土；苟不南伐，当迁都于此，王公以为何如？欲迁者左，不欲者右。"安定王休等相帅如右。南安王桢进曰："'成大功者不谋于众。'今陛下苟辍南伐之谋，迁都洛邑，此臣等之愿，苍生之幸也。"群臣皆呼万岁。时旧人虽不愿内徙，而惮于南伐，无敢言者；遂定迁都之计。④

---

① 《资治通鉴》卷一三八《齐纪四》，第 4339 页。
② 崔明德、佟宝锁：《"怀土"与"变俗"：北魏太和年间关于迁都问题的大讨论》，《民俗研究》2020 年第 5 期。
③ 《资治通鉴》卷一三八《齐纪四》，第 4329 页。
④ 《资治通鉴》卷一三八《齐纪四》，第 4339—4340 页。

《资治通鉴》中记载的这一段史事是有关孝文帝迁都的历史，孝文帝借南伐之名率领大军与朝臣南迁，后又借朝臣反对南伐推辞一步，进而转向定都洛阳。而孝文帝如此迫切地想要迁都洛阳的原因，其实与其少数民族政权的困境有着直接的关联。

（三）少数民族的政治困境

少数民族的政治困境是所有少数民族政权入主中原时都需要面临的问题。由于中国自先秦时期流传下来的夷夏观念，少数民族在汉族士人看来是蛮夷。中原地区自古以来居住的大部分都是汉人，而由于文化、风俗、制度等方面的不同，当少数民族入主中原并期望建立大一统政权时，政治困境就产生了。结合北魏时期孝文帝改革，这种政治困境主要表现为以下几个方面：(1) 汉族士人对北魏的国家认同；(2) 北魏对中原地区的掌控；(3) 南北朝对峙。基于以上三点政治困境，北魏孝文帝实行汉化政策，计划迁都洛阳，以消除这种困境。

北魏虽一统北方，但在汉族士人看来，仍是蛮夷之族的政权，孝文帝对迁都洛阳如此执着，一方面，是为了消除政治困境。为达成此目标，孝文帝进行了以南伐为形式的迁都。而孝文帝之所以为迁都做出如此努力，原因有三：第一，由于周人的王朝正统论理论，洛阳在中原占据极高的正统地位，北魏迁都洛阳，就完成了少数民族政权的地理自证，汉族士人对北魏的正统认同就能促进其对北魏的国家认同；第二，平城地处偏北，北魏政权对于中原地区的掌控较弱，洛阳由于"居天下之中"的地理方位，迁都到洛阳能够加强北魏对中原地区的掌控，并且还能更好地与南朝对峙；第三，由于南北朝对峙，孝文帝如果想完成"期于混壹"的政治目的，就需要增强自身实力，除了军事等硬实力，还有正统、文化等软实力，占据正统就占据了绝对的舆论，而"定都嵩洛就是北魏政权正统的地理自证"。[①] 另一方面，受儒家文化的熏陶，夷夏之防在中原人民的意识形态中处于重要的地位，对于入主中原的少数民族，内心深处加以排斥。因此，孝文帝为了大一统以及巩固政权的目的，对都城重新选址，迁都洛阳。

---

① 王德华：《早期中国洛邑为"天下之中"地理观的构建》，《中国高校社会科学》2023年第5期。

换一个角度来讲，洛阳是中原地区汉族士人的正统性象征，那么平城就是鲜卑族的正统性象征，鲜卑族尚武，平城是其进行武力训练的最佳地点。孝文帝迁都洛阳进行文治与其他鲜卑贵族的尚武理念相悖，政治目标的不同很可能导致内乱，其后的平城叛乱与太子恂之死就是最好的证明，在此不做过多论述。可以看出，不同文化、不同民族中，正统的意义也大不相同，需要具体事件具体分析。

在正统论中，尤其是处于分裂时期时，大一统是其最终的现实目的，而大一统有地域大一统和文化大一统之分，文化大一统为实现地域大一统而服务。孝文帝实行鲜卑汉化政策，目的就是比附汉族文化正统，为地域大一统提供理论依据。为实现这一目标，孝文帝借南伐之名行迁都之实，使诸臣被迫南迁，体现了孝文帝在政治方面的魄力。自孔子提出夷夏之防，夷夏之间界限越发清晰。两汉时期的和亲政策，将中原文化以和平的方式带入少数民族地区，夷夏文化进行了一次短暂的融合；西晋时期五胡入华，少数民族用战争的方式进入华夏腹地，到北魏太武帝拓跋焘统一北方，夷夏文化在相互碰撞中得以融合；孝文帝迁都洛阳，北方地区的文化融合加深，大体是朝着汉族文化发展，鲜卑族被汉化，少数民族与中原汉族融合的过程完成，北方文化也完成了大一统。

结　语

正统论只是统治者为自己的政权增加筹码的工具，尤其是在地域分裂时期，为完成地域大一统的目的，正统论的工具作用愈加重要。西汉自成立之初便完成了中原地域的统一，虽因高祖受到周人对洛邑"天下之中"地理观的构建和王朝正统论的影响，定都在洛阳，但由于种种现实因素，最后迁都关中。东汉能够成立的主要原因就是谶纬之学的辅助，谶纬之学以洛阳为神学正统地域，宣扬正统论就成为了大一统的一个重要手段，大一统为正统提供依据，反过来，正统论也为大一统提供保障。在分裂时期，两者缺一不可，但到了统一时期，政权取得合法性之后，正统论的作用逐渐淡化，以致引发两汉之初以迁都为名，行争权之实的西迁事件。北魏是三朝中最需要用正统论的名义武装自己的政权，北魏孝文帝迁都，是历史上的一大事件。

政权的长存不灭是各个朝代的统治集团关注的核心话题。统治集团为实现这一目的，或进行改革，或依托天命，或比附正统。西汉、东汉、北魏三朝都城选址背后的实质就是为了政权的兴盛。统治者或定都洛阳，或迁都洛阳，政策的背后都有正统论的支撑。正统论是统治者标榜政权合法性的理论依据，在都城选址过程中影响着统治者，在三朝都城选址之时，发挥着重要的作用。由于汉魏时期在历史上的特殊性，这一时期政策背后的思想、统治者的理论依据值得我们探讨，又由于都城在国家之中的特殊性，三朝都城选址背后的理念支撑也就异常重要。

作者简介：韩宏韬，江苏丰县人，河南科技大学人文学院教授，主要研究方向为隋唐五代史；李蕊，河南商丘人，河南科技大学中国史研究生，主要研究方向为中国历史文献学。

河洛文献

编辑语

河洛地区以其丰富的石刻文化而闻名，其中墓志、碑铭、题记等文献资料数不胜数。本栏目邀请了多位著名学者和青年才俊，他们对河洛石刻文献进行了深入研究，并撰写了四篇专题论文。以下是对这些论文的简要介绍：

1. 刘祥辉、赵振华先生的《洛阳北宋墓志刻官录述》：这篇论文首次对洛阳出土的北宋时期墓志中的玉册官进行了系统性的论述，为研究该时期的官制提供了宝贵的资料。

2. 郭洪义、陈小钰先生的《〈龙门石窟碑刻题记汇录〉佛教造像记释文校读札记》：该论文对《龙门石窟碑刻题记汇录》中的佛教造像记进行了校对和解读，纠正了原书中的缺文、脱文、衍文以及文字误释等问题，提高了文献的准确性。

3. 权玉峰、王佳梅先生的《墓志所见高宗武则天时期户部尚书籍贯、郡望考论》：这篇论文通过分析墓志资料，对唐高宗和武则天时期户部尚书的籍贯与郡望进行了详尽的考证，为研究唐代官僚体系提供了新的视角。

4. 赵耀辉先生的《洛阳白马寺佚失铭石文物考》：该论文对洛阳白马寺中已佚失的碑记、敕牒、题名等文物进行了细致的探索和研究，为了解白马寺的历史提供了重要的文献支持。

这些论文均基于扎实的石刻文献，进行严谨的学术论证，提出了有根据的观点，具有较高的学术价值和参考意义。

——特邀编辑　王双怀（陕西师范大学历史文化学院教授）

洛阳北宋墓志刻官录述*

刘祥辉　赵振华

摘　要　洛阳地区出土北宋墓志石刻有署名玉册官等25人，制作镌刻宗室和官宦人家的墓志等38件，是石工领域身怀绝技者。玉册官长年专精于一业，随时遵奉官府调遣奔赴各地干活，作品散布地域广，且往往联袂作业并勒其官匠职衔于文尾，彰显身份地位，是囿于一地的民间石工所莫可比拟的。

关键词　洛阳；北宋；墓志刻官

北宋西京河南府是四大京府之一，地位仅次于东京开封府，是重要的区域政治中心、文化中心和繁华的京府大都市。《宋史·地理志》记载河南府有县十六，[①]其辖县时有变化，大于今洛阳市的行政区划，如皇陵所在的永安县，以及颖阳、巩、密、登封县，今属于郑州市。本文所谈的主要是今洛阳市辖境七县七区地域内出土的墓志，[②]兼及他地，而百年来以孟津区（原孟津县）和偃师区（原偃师县）出土的墓志数目最多。

河南府各县多石山，开山采石，为官民所用。如东接嵩岳，西达伊阙（龙门石窟），延绵百里的万安山盛产石材，今偃师区大口镇翟湾村东四道沟口就是著名的北宋帝陵采石场遗址所在地，出产之石色青而润泽，质地

---

*　本文系2018年度教育部人文社科艺术学项目"宋代墓志书法研究"（18YJC760052）、2019年度国家社科基金考古学一般项目"中国古代墓志纹饰整理与研究"（19BKG037）阶段性成果。

[①]　《宋史》卷八五《地理一》："河南府，洛阳郡，因梁、晋之旧为西京。熙宁五年，分隶京西北路。崇宁户一十二万七千七百六十七，口二十三万三千二百八十。贡蜜、蜡、瓷器。县十六：河南，洛阳，永安，偃师，颍阳，巩，密，新安，福昌，伊阳，渑池，永宁，长水。寿安，河清，登封。监一，阜财。"中华书局，1977，第2115页。

[②]　截至2021年3月，洛阳市下辖7个区、7个县：涧西区、西工区、老城区、瀍河回族区、洛龙区、偃师区、孟津区、新安县、宜阳县、伊川县、洛宁县、嵩县、栾川县、汝阳县。

纯净细腻，是制作大型石雕和碑刻墓志的优质石灰岩。①

一 刻官概述

就丧葬制度而言，皇帝和宗室的凶礼有专门的衙署管理、专职的伎术官操办。由《北宋皇陵》一书所载89方墓志（另有21方墓志盖）录文便可知其大略。② 皇陵陪葬墓出土宗室及其眷属的墓志，奉敕撰书者规格最高。一般由具备翰林学士承旨、知制诰、侍读、修国史的文官和中书舍人撰志；由翰林书艺局艺学、讲筵应奉御书官员，翰林书艺局御书院祗候书丹、篆盖；由少府监玉册官、御书院玉册官、中书省玉册官和镌字祗应刻石。若《宋皇从侄赠金州观察使追封新兴侯（赵从郁）墓志》（庆历四年四月）由"中书省玉册官御书院祗候臣高恭、臣孙文吉刻"（第524页）。《宋宗室赠彰信军节度观察留后济阴郡公（赵令襄）墓志》（元祐九年二月）由"少府监玉册官臣赵隐刻"（第538页）。《宋皇叔故魏王（赵頵）墓志》（元祐九年二月）由"翰林艺学兼皇弟祁国公阎掌章奏祗候臣王宗仅模勒。翰林书艺局镌字祗应臣曹惠良奉圣旨刻"（第541页）。模勒是将毛笔书于纸的字迹依照原样勾勒上石，然后用铁刀将字刻出，是制作墓志的两道工序。即宋代朝廷专设有刻石衙署：中书省玉册官、少府监玉册官和隶属御书院与翰林书艺局之刻工，为皇帝和宗室服务。③ 河南汝州市的宋太祖赵匡胤之弟赵廷美及其家族墓地亦出土了一定数量的宗室与家眷的墓志，如《宋宗室赵叔雉妻宋氏墓志》和《宋宗室左班殿直赵叔琈墓志》由"少府监玉册官臣齐士明刻"，④《宋宗室西头供奉官赵讽墓志》和《宋宗室赵裕之妻卢氏墓志》由"少府监玉册官臣朱焕刊"。⑤

---

① 郭宏涛、周剑曙编著《偃师碑志选粹》，中州古籍出版社，2014，第259页。
② 河南省文物考古研究所编《北宋皇陵》附录三"北宋皇陵出土墓志、墓记录文"，中州古籍出版社，1997，第522—560页。
③ 程章灿：《石刻刻工研究》第五章"宋代刻石文化与民间及官署刻工考"，上海古籍出版社，2008，第91页。
④ 赵文成、赵君平编《秦晋豫新出墓志蒐佚续编》，国家图书馆出版社，2015，第1397、1403页；郭茂育、刘继保：《宋代墓志辑释》，中州古籍出版社，2016，第366页。
⑤ 齐运通编《洛阳新获七朝墓志》，中华书局，2012，第384、388、390页；郭茂育、刘继保：《宋代墓志辑释》，第438页。

1978年出土于偃师区城关镇窑头村的《宋楚王赵元佐夫人冯氏墓志》记载，冯氏以至道三年（997）正月二十日"敕葬于河南府巩县之南原，礼也"，是入葬宋陵茔域者。赵元佐是太宗赵光义长子，真宗赵恒同母兄。冯氏之祖为大臣名将朔方节度使冯晖，其父冯继业拜定国军节度使，亦出身显贵。墓志由"朝散大夫、行尚书屯田员外郎、充秘阁校理同编修、上柱国臣舒雅奉敕撰，翰林待诏、将仕郎、守太仆寺丞兼御书院祗候、赐绯鱼袋臣裴瑀奉敕书并篆额"。文末缀以"宫苑使、内侍省入内内侍都知、同勾当皇城翰林司、金紫光禄大夫、检校司空兼御史大夫、上柱国、陇西郡开国侯、食邑一千户李神福。御书院潘进镌字"。① 所谓"御书院"是"中书省玉册官御书院祗候"的简称。② 朝廷指派宦官李神福主持冯氏丧葬仪轨，故其职衔姓名署于志后。这方墓志是北宋朝廷专职衙署制作的最高规格的墓志之一，高77厘米，宽75.5厘米，现藏偃师博物馆。

中书省玉册官，是给碑碣墓志刻字的低秩伎术官，雕型镌花亦基本功。洛阳出土有少量玉册官镌刻的墓志，或受有司指派，或得丧家礼聘。其服务的对象往往是具有一定身份的官员，而且往来于不同的州县。将诸玉册官所刻石件联系起来看，可知其活动地域与年代。"物勒工名，以考其诚"是先秦以来的镌刻工人姓名于所造器物上，以察其诚信确保产品质量的制度，后代沿袭。北宋朝廷依旧，即所谓"勒名制"，民间效仿。③

二　刻官与作品表示

清代以来，碑刻墓志的石工向有学人检寻梳理，以曾毅公《石刻考工录》、程章灿《石刻刻工研究》为代表，搜集、整理了海量的中国历代石刻

---

① 洛阳市第二文物工作队编《洛阳新获墓志》，文物出版社，1996，第139、323页；河南省文物考古研究所编《北宋皇陵》，第522页；郭宏涛、周剑曙编著《偃师碑志选粹》，第207、283页。
② 曾毅公辑《石刻考工录》，书目文献出版社，1987，第38页。
③ 《宋史》卷一六五《职官五·少府监》："元丰官制行，始置监、少监、丞、主簿各一人。监掌百工伎巧之政令，少监为之贰，丞参领之。凡乘舆服御、宝册、符印、旌节、度量权衡之制，与夫祭祀、朝会展采备物，皆率其属以供焉。庀其工徒，察其程课、作止劳逸及寒暑早晚之节，视将作匠法，物勒工名，以法式察其良窳。"第3917页。

刻工资料，以镌匠为中心，依朝代和年代先后梳理排序，将同一人的多件作品集中于其名下。沿此风习，或以单篇文章续补。此据前人成果和发现的新资料，依照洛阳出土墓志碑碣制作年代先后为序，集中其中的刻官列表展示，便于知其刻品名称、从业年限与合作者等情况。各表中"刻官"栏系照抄，之后三栏择要摘出人名职务。年代栏墓志为葬年，碑刻经幢为建立年附公元年，出处栏亦缩略语，以省篇幅。

表1中的玉册官主要活动于真宗和仁宗朝，往往两人或三四人结伴合刻一件墓志。

表1　王文秀、沈庆、晋文宝、沈政、邹义、王守清作品

序	刻官	志主	撰文	书丹　篆盖	年代	出处
1	臣王文秀刻	北岳安天元圣帝碑	翰林学士陈彭年奉敕撰	翰林待诏邢守元奉敕书丹	大中祥符九年（1016）四月	北图汇编38，P44[1]
2	中书省玉册官御书院祗候臣沈庆、晋文宝刻	中岳醮告文	御制（真宗赵恒撰）	行少府监主簿臣刘太初奉敕书并篆额	天禧三年（1019）九月	北图汇编38，P49
3	玉册官王文秀、晋文宝刻	西京作坊使潘惟正	守光禄寺丞李昭述撰	门吏乡贡进士张评书并篆盖	天禧四年（1020）四月	洛阳市文物考古研究院2022年发掘资料
4	御书院祗候沈政刻字	左班殿直检校国子祭酒宋文质	馆客国学进士蔡宗道撰	秘阁守选楷书李天锡书	天禧五年（1021）七月	千唐志斋 P1263[2]　北图汇编38，P56
5	御书院祗应臣沈政、臣邹义等刻	大宋增修中岳中天崇圣帝庙碑铭	陈知微奉敕撰	邢守元奉敕书并篆额	乾兴元年（1022）六月	中国国家图书馆·碑帖菁华[3]
6	中书省守阙玉册官、御书院祗候晋文宝、王守清、沈政、邹义刊字	武胜军节度邓州管内观察处置等使使持节邓州诸军事邓州刺史冯拯	尚书户部郎中知制诰史馆修撰判昭文馆同知审官院事宋绶撰	翰林待诏朝请大夫秘书丞同正骑都尉刘太初书并篆盖	天圣元年（1023）十二月	《书法》2012年第10期　宋志辑释 P118[4]　北宋卷 P103[5]　宋文遗录 P180[6]
7	中书省守阙玉册官、御书院祗候晋文宝、王守清、沈政、邹义刊字	朝奉郎守殿中丞骑都尉赐绯鱼袋冯恕己	宣德郎守殿中丞集贤校理聂冠卿撰	翰林待诏朝请大夫秘书丞同正骑都尉刘太初书并篆盖	天圣元年（1023）十二月	北宋卷 P104

续表

序	刻官	志主	撰文	书丹　篆盖	年代	出处
8	中书省玉册官御书祗候邹义、王守清刻	赠秘书少监王璘	行尚书兵部员外郎知制诰权判史部流内铨兼判尚书刑部登闻检院丁度撰	翰林书艺文林郎守少府监主簿御书院祗候孔令仪书并篆	卒于雍熙元年（984）葬于癸酉年（明道二年，1033）十月	宋志辑释 P58宋文遗录 P213

注：［1］北京图书馆金石组编《北京图书馆藏中国历代石刻拓本汇编》，中州古籍出版社，1989。
　　［2］武志远、郭建邦编《千唐志斋藏志》，文物出版社，1984。
　　［3］中国国家图书馆·碑帖菁华，http://read.nlc.cn/OutOpenBook/OpenObjectPic? aid = 418&bid = 33436.0&lid = gd0203&did = %E5%90%84%E5%9C%B0203。
　　［4］郭茂育、刘继保：《宋代墓志辑释》。
　　［5］何新所编著《新出宋代墓志碑刻辑录·北宋卷》，文物出版社，2019。
　　［6］李伟国编《宋文遗录》，上海书店出版社，2022。

邹义参与5号登封碑刻（1022）和8号河北临城县出土的墓志（1033）的镌刻，王守清参与6号偃师出土墓志（1023）和8号的镌刻，则二人的刻龄分别是11年和10年。可见刻官随时受派遣于各地，劳作不辍。

1号是河北省曲阳县的《北岳安天元圣帝碑》，由"臣王文秀刻"。名前冠臣者为朝廷官员，即其是专职刻字的玉册官。可由3号、2022年洛阳邙山发掘出土《潘惟正墓志》予以证实。2号是河南登封嵩山的《中岳醮告文》，刻官沈庆、晋文宝。前者见于《大宋皇弟追封安王谥文惠赵元杰墓志》（景德三年）："御书院沈庆、王钦镌字。"① 以及《大宋检校太保左卫上将军赵玄祐墓志》。② 后者参与了3号的制作。三位官匠既为朝廷镌丰碑，又为亡故官员刻墓志。

6号墓志2010年偃师出土，墓志主人是太平兴国三年（978）进士，历知数州，咸平四年自枢密直学士迁右谏议大夫、同知枢密院事。景德二年拜参知政事。大中祥符四年知河南府，后除御史中丞，出知陈州。天禧四年拜吏部尚书、同平章事，充枢密使，进左仆射。卒年六十六，谥文懿。《宋史》卷二八五有传。墓志叙天圣初元闰九月己亥冯拯薨亡，"两宫震嗟，

---

① 河南省文物考古研究所编《北宋皇陵》，第524页。
② 郭茂育、刘继保：《宋代墓志辑释》，第108页。

殄我哲艾。永惟恩旧，勤劳王家。赞伊陟而弗忘，悼柳庄而增歔。废朝三日，以太师、中书令告其第。近臣吊祠，法赙殊等，优加襚之典，厚恤孤之渥。申遣内省副监与大鸿胪职丧，太常考行，易名文懿。冬十二月十一日，有司具卤簿鼓吹，归葬于河南府偃师县，礼也"。体现了朝廷高品秩官员辞世，朝廷下诏安葬，丧具官给，凶礼隆重的场景。墓志由冯拯生前的属员撰文书丹篆盖，由4位"中书省守阙玉册官、御书院祗候"刊字，"守阙"是守候于宫门随时待诏之意。7号是其子冯恕己的墓志，因父丧，时伤巨创，于十月辛巳积哀至毁，享年三十五。冯府同时举办父子葬礼，有司选派4位伎术官为两位故人制作墓志镌刻文字，落款全同，十分罕觏，也表示了当年登基的仁宗皇帝对亡故大臣的顾怀之情。

宋朝官府对于何等人使用何等形制尺寸的墓志，向无规定。观察青石墓志可知其与志主官职的大小，财力的厚薄有关。左相冯拯，官正一品，墓志92厘米见方，行书2605字；子殿中丞冯恕己，官从五品上，墓志60厘米见方，楷书810字。因经由官府同时制作，于是可见官品高下和墓志尺寸相关联之一斑。

表2中两人生活于仁宗朝。1号墓志1993年洛阳伊川县出土，2号墓志河南省汝州市出土，3号墓志洛阳邙山出土，《河洛墓刻拾零》误作《石中立墓志》。孙信刻龄5年，陈永昌刻龄8年，两位主要活动于仁宗时期，所镌志主官品高下不等。

表2 孙信、陈永昌作品

序	刻官	志主	撰文	书丹 篆盖	年代	出处
1	玉册官孙信刊	殿直马奕	大理寺详断官杜俣撰	侄男守尚书比部员外郎马寻书，侄孙男太庙斋郎马中庸篆盖	景祐三年（1036）十月	新获墓志P140[1]
2	御书院玉册官 臣孙信、臣陈永昌刊	宋宗室故左领军卫大将军高州团练使赠青州观察使乐安侯赵承遵	朝奉郎行右言知制诰权判大理寺兼权提举在京诸司库务骑都尉赐紫金鱼袋臣吴育奉敕撰	翰林书艺御书院祗候臣冯熙奉圣旨书	康定二年（1041）五月	中国国家图书馆·碑帖菁华[2]

续表

序	刻官	志主	撰文	书丹　篆盖	年代	出处
3	玉册官陈永昌刊	朝奉郎守国子博士上骑都尉石从简	子婿朝奉郎行将作监主簿广平宋定国撰	侄婿朝奉郎守殿中丞新差通判西京留守司兼畿内劝农事王珣琇书并篆盖	皇祐元年（1049）十二月	河洛墓刻 P671[3] 七朝墓志 P382[4] 宋志辑释 P158 北宋卷 P142

注：[1] 洛阳市第二文物工作队编《洛阳新获墓志》。
[2] 中国国家图书馆·碑帖菁华，http://read.nlc.cn/OutOpenBook/OpenObjectPic?aid=418&bid=36891.0&lid=muz03730&did=%E5%A2%93%E8%AA%8C3730。
[3] 赵君平、赵文成编《河洛墓刻拾零》，北京图书馆出版社，2007。
[4] 齐运通编《洛阳新获七朝墓志》。

表3　彭余庆、逯灵龟、王克明、阎永、寋亿作品

序	刻官	志主	撰文	书丹　篆盖	年代	出处
1	彭余庆刻石	行尚书工部侍郎知河南府兼西京留守司畿内劝农使王曙	朝散大夫右谏议大夫参知政事王举正撰	守殿中丞通判天雄军府兼管内河堤劝农同群牧事宋选篆盖，守太子右赞善大夫周延让书	庆历元年（1041）十一月	宋志辑释 P138 宋文遗录 P224
2	中书玉册官逯灵龟、王克明、彭余庆刻	王拱辰妻宜芳县君薛氏	右谏议大夫权御史中丞充理检使王拱辰撰	朝奉郎守太子右赞善大夫薛仲孺书，朝奉郎守大理寺丞邵必篆盖	庆历四年（1044）九月	新获墓志 P143
3	王克明、阎永镌	龙图阁直学士朝奉郎尚书吏部员外郎兼侍读知谏院兼提举万寿观公事杨畋	朝奉郎行右正言同判司农寺骑都尉王陶撰	三司度支判官朝奉郎尚书刑部员外郎充集贤校理宋敏求书，朝奉郎尚书祠部员外郎李寿朋篆盖	嘉祐七年（1062）七月	中国国家图书馆·碑帖菁华[1]
4	中书省玉册官王克明、寋亿刊	行右谏议大夫韩国华神道碑	检校太师行礼部尚书同中书门下平章事富弼撰	尚书吏部郎中知制诰充史馆修撰判馆事王珪书，武宁章友直篆额	嘉祐八年（1063）十一月	《金石萃编》卷一三五，P2531—2535[2]

续表

序	刻官	志主	撰文	书丹　篆盖	年代	出处
5	浔阳寒亿刊字	昼锦堂记	尚书吏部侍郎参知政事欧阳修记	端明殿学士尚书礼部侍郎蔡襄书丹，尚书刑部郎中知制诰邵必题额，太子宾客知相州赵良规立石	治平二年（1065）三月	《金石萃编》卷一三六，P2537
6	中书省玉册官王克明镌	邕州管内观察使使持节邕州兼军事邕州刺史石元孙	守尚书比部员外郎李端卿撰	守尚书比部郎中薛仲儒书，尚书屯田员外郎杨南仲篆盖	治平二年（1065）五月	河洛墓刻 P672 宋文遗录 P464
7	中书省玉册官寒亿镌	许州长社县令崔公妻李氏墓志（崔程母）	婿东头供奉官邕州太平寨监押侍其瓘撰并书		熙宁二年（1069）闰十一月	北宋卷 P191 蒐佚三编 P1177[3]
8	中书省玉册官臣王克明镌	宋宗室赠定武军节度观察留后赵仲伋妻刘氏	行右正言知制诰判秘阁秘书省兼知审官东院事章惇撰	翰林书艺御书院祗候臣黄杰书并篆盖	元丰三年（1080）三月	北图汇编 39，P131 北宋皇陵 P534
9	中书省玉册官臣王克明镌	宋宗室右千牛卫将军赵士诗第四子	行右正言知制诰判秘阁秘书省兼知审官东院事章惇奉敕撰	翰林书艺御书院祗候臣黄杰奉圣旨书	元丰三年（1080）三月	蒐佚续编 P1384[4]

注：[1] 中国国家图书馆·碑帖菁华，http://read.nlc.cn/OutOpenBook/OpenObjectPic?aid=418&bid49841.0&lid=muz07551&did=%E5%A2%93%E8%AA%8C7551。
[2] 王昶：《金石萃编》，《石刻史料新编》第 1 辑第 4 册，新文丰出版公司，1977。
[3] 张永华、赵文成、赵君平编《秦晋豫新出墓志蒐佚三编》，国家图书馆出版社，2020。
[4] 赵文成、赵君平编《秦晋豫新出墓志蒐佚续编》。

表 3 中 1 号墓志系河北临城县出土，镌刻者彭余庆未署职衔。2 号墓志洛阳出土，74 厘米见方，系夫君王拱辰为妻薛氏撰作，由 3 位中书省玉册官镌刻，弥补了 1 号刻者的官称。此墓志原随薛氏葬于尉氏县柏子冈。元丰八年（1085）七月，王拱辰去世，其子王晋明迁母坟于洛阳合葬，在《薛氏墓志》后之空白处加刻迁葬过程与日期："元丰八年七月二十三日，烈考太师薨于魏，以其年十二月二十四日甲申葬于河南府河南县教忠乡府下里之原，乃自尉氏奉夫人之柩以合祔焉。"程章灿据以分析，元丰五年以后，

刻工或者自署"玉册官",或者自署"少府监玉册官",而未见自署"中书省玉册官"者。"在元丰改制以后,原隶中书省的玉册官以及中书省的镌刻职责被撤并到少府监中去了。"①

洛阳所出2号、3号墓志和立于安阳的4号神道碑由王克明和他人同刻。6号是邙山出土《石元孙墓志》,撰文、书丹、篆盖者皆一时英髦。志主之祖是秦王石守信,父是赠尚书令石保兴,勋臣后裔,嘉祐八年(1063)病亡,享年七十二。"天子闻之嗟悼,特遣中使赐束帛赗赠,以恤诸孤",官办丧葬礼仪非同一般。与葬于巩义宋陵茔域的8号墓志和传偃师出土9号墓志,皆由王克明镌,为宗室刻志而称"臣"。时神宗改制初起,衔署依旧。从王克明所镌6件墓志碑刻的年代看,其职业生涯长达36年。2009年安阳韩琦墓出土《宋韩琦妻安国夫人崔氏墓志》(嘉祐七年十一月),55厘米见方,墓志由陈荐撰文,陆经书丹,章友直篆盖,"中书省玉册官王克明镌"。② 皇陵出土墓志亦有其镌刻者。③

5号是安阳的《昼锦堂记》,是尚书吏部侍郎、参知政事欧阳修为曾以武康节度使的身份治理相州的丞相魏国公韩琦建的昼锦堂而写的记,书丹、题额、立石者亦显宦大吏。名碑立于堂前,由"浔阳蹇亿刊字",彼时其已是玉册官,然而落款示以刻工,自我谦卑,为一时起意,名前冠以祖籍"浔阳"。前贤认为是私家所刻而不署官称,④ 实不尽然。因偃师出土7号墓志,蹇亿结衔依旧,且落款和正文字体同大,比较少见。2009年安阳市殷都区皇甫屯村出土《宋司徒兼侍中赠尚书令魏国公谥忠献韩琦墓志》(熙宁八年十一月)由龙图阁直学士陈荐撰,充集贤院学士、史馆修撰宋敏求书,河东节度使、守司徒、检校太师兼侍中文彦博篆盖,"中书省玉册官郭翼、蹇亿摹镌"。朝廷诏葬大臣,制作1.55米见方的大型墓志,6000余字,是目前发现的宋代最大墓志之一。⑤

---

① 程章灿:《石刻刻工研究》,第106页。
② 孔德铭等:《河南安阳市宋代韩琦家族墓地》,《考古》2012年第6期,第51页。
③ 河南省文物考古研究所编《北宋皇陵》,第534页。
④ 叶昌炽撰,柯昌泗评《语石·语石异同评》卷六:"《韩国华神道碑》(嘉祐八年)题'中书省玉册官王克明、蹇亿刊',而亿刊《昼锦堂记》,但曰'浔阳蹇亿刊字',不署衔。盖一则奉敕,一则私家所刻耳。"陈公柔、张明善点校,中华书局,1994,第416页。
⑤ 孔德铭等:《河南安阳市宋代韩琦家族墓地》,第50页。

表3中，王克明与他人合作3种碑志，独刻3种，刻龄长达36年。这几位刻官主要活动于仁宗和英宗时期。

表4　郭中和、丁用得、郭中立作品

序	刻官	志主	撰文	书丹　篆盖	年代	出处
1	御书院玉册官郭中和刊石	宋宗室赵从约妻华氏（赵思齐母）	守尚书职方郎中□□说撰	供备库使曹□书并盖	庆历元年（1041）十一月	宋志辑释 P228 宋文遗录 P492
2	御书院祗候丁用得刊	守太子中允充集贤校理同知太常礼院石居简	三司盐铁判官尚书刑部郎中齐廓撰	子婿守殿中丞王珣琦书并篆盖	皇祐元年（1049）十二月	蒐佚 P1115[1]
3	中书省玉册官臣郭中立镌	宋宗室右监率府率赵士编第二女	翰林学士知制诰李清臣撰	翰林书艺御书院祗候臣李鼎臣书	元丰四年（1081）九月	蒐佚续编 P1386

注：[1] 赵君平、赵文成编《秦晋豫新出墓志蒐佚》，国家图书馆出版社，2012。

表4中1号宗室家人墓志于洛阳邙山出土。2号墓志刻官前缀"御书院祗候"是"中书省玉册官御书院祗候"的省称。3号宗室家人墓志传偃师出土，刻官郭中立习见于皇陵出土墓志。① 他和1号的郭中和先后间隔40年，许是来自同一石匠家族。

表5　司马锐、李仲宣、陈永宣作品

序	刻官	志主	撰文	书丹　篆盖	年代	出处
1	司马锐、李仲宣刊	尚书刑部郎中知越州军州兼管内劝农事晁宗简	给事中集贤殿脩撰知郑州军州事管内河堤劝农使同群牧事李淑撰	承奉郎守大理寺丞充国子监直讲邵必篆盖。男晁仲偃书	庆历五年（1045）九月	北宋卷 P132
2	中书省玉册官司马锐刊	旌贤崇梵院三贤堂赞	宋起居舍人知制诰刘敞撰	嘉祐四年己亥重阳日纬书	嘉祐四年（1059）九月	新郑金石志 P222[1]
3	玉册官臣陈永宣、臣李仲宣镌	皇从侄右武卫大将军道州团练使赵宗望妻张氏	翰林学士行尚书兵部员外郎知制诰臣贾黯奉敕撰	翰林书艺御书院祗候臣武昌奉圣旨书	嘉祐五年（1060）十月	宋志辑释 P182 北宋卷 P169

---

① 河南省文物考古研究所编《北宋皇陵》，第534—535页；程章灿：《石刻刻工研究》，第244页。

续表

序	刻官	志主	撰文	书丹 篆盖	年代	出处
4	玉册官臣司马锐刊	宋宗室左屯卫大将军江州团练使赵宗立之第四女	翰林学士行起居舍人权判吏部流内铨臣王珪奉敕撰	翰林书艺守新州新兴县主簿御书院祗候臣虞温奉圣旨书	嘉祐五年（1060）十月	巩县金石志P65[2]北宋皇陵P525
5	中书省玉册官司马锐刊字	赠宫宛使兴州刺史冯宪	无为军判官将仕郎试秘书省校书郎充国子监直讲钱藻撰	彭城刘仲方书，沛国朱德新篆盖	嘉祐六年（1061）正月	新获续编P284[3]北宋卷P171宋文遗录P540
6	中书省玉册官 御书院祗候李仲宣刻	宋赠尚书驾部员外郎傅现	翰林学士尚书户部郎中知制诰充群牧使吴奎撰	龙图阁直学士尚书刑部郎中兼侍讲卢士宗书，龙图阁直学士尚书右司郎中兼侍讲钱象先篆盖	嘉祐八年（1063）十月	《临沂师专学报》1997年第2期[4]宋文遗录P400
7	御书院玉册官臣李仲宣刊	宗室右龙武军大将军使持节怀州诸军事怀州刺史充本州团练使赵世哲	翰林学士给事中知制诰兼侍讲知通进银台司臣吕公著奉敕撰	翰林书艺御书院祗候臣武世静奉圣旨书	治平四年（1067）八月	北宋皇陵P529宋志辑释P208

注：[1] 黄本诚：《新郑金石志》，《石刻史料新编》第3辑第28册，新文丰出版公司，1986。
[2] 张仲文：《巩县金石志》卷三，《石刻史料新编》第3辑第30册，新文丰出版公司，1986。
[3] 洛阳市第二文物工作队编《洛阳新获墓志续编》，科学出版社，2008。
[4] 于联凯、马庆民：《宋赠尚书驾部员外郎外郎傅府君墓志铭并序考释》，《临沂师专学报》1997年第2期，第23页。

表5中1号晁宗简墓志，78厘米见方，楷书1054字。始葬于开封祥符，大观四年改葬济州任城县。由司马锐、李仲宣在京城同刊，以非公派而不署职衔。2号三贤堂赞碑在新郑市成皋寺。4号墓志民国年间于北宋皇陵茔域（河南府永安县）出土，刻官名字残留"金"失"兑"，《北宋皇陵》径作"□"，程章灿认为就是司马锐。① 5号冯宪墓志，76厘米见方，楷书525字。记葬于河南府洛阳县，1997年于洛阳孟津区送庄乡营庄村出土，皆由司马锐刻。由以上4方墓志纪年知，司马锐镌刻工龄16年。

1号墓志李仲宣参与合刻，3号宗室眷属墓志，归葬于河南府永安县之

---

① 程章灿：《石刻刻工研究》，第236页。

新莹，由陈永宣和李仲宣同镌，皆排名第二。6号、7号两志由其独刻。6号傅现墓志一盒，长75厘米，宽73厘米，1959年秋出土于山东省莒县。墓志盖篆书圆劲流畅，刻石者刀法纯熟。顶部四边线刻卷云纹，顶部至四边的斜面上分别刻青龙、白虎、朱雀、玄武四神图。7号宗室墓志，75厘米见方，字周围以蔓草纹，奉敕制作，规格最高。4方墓志间隔22年，刻石者也是一位经验丰富的老匠。《石刻刻工研究》列出李仲宣所刻3方墓志，第一方《傅现墓志》（嘉祐八年）是出自张永强撰《从莒县所出傅现墓志略谈宋代的玉册官和御书院》（《书法丛刊》2011年第5期，第54页），[1] 刻官走南闯北遍布手迹。名字习见于皇陵出土墓志，[2] 刻官陈永宣亦然。[3]

表6 赵隐作品

序	刻官	志主	撰文	书丹 篆盖	年代	出处
1	少府监玉册官臣赵隐刻	宋宗室定国军节度观察留后持节同州诸军事同州刺史赵仲晔	翰林学士知制诰范祖禹撰	翰林艺学吴舜臣奉圣旨书并篆盖	元祐九年（1094）二月	宋志辑释 P354
2	少府监玉册官臣赵隐刻	宋宗室右监门卫大将军赵士祶妻孙氏	翰林学士知制诰顾临撰	翰林艺学吴舜臣奉圣旨书并篆盖	元祐九年（1094）二月	蒐佚续编 P1398
3	少府监玉册官臣赵隐刻	宋宗室左屯卫大将军赵仲䎖妻康氏	翰林学士知制诰范祖禹撰	翰林艺学吴舜臣奉圣旨书并篆盖	元祐九年（1094）二月	蒐佚续编 P1399
4	少府监玉册官臣赵隐刻	宋宗室右监门卫大将军赵士琦第八子	翰林学士知制诰钱勰撰	翰林艺学臣靳□□书	绍圣二年（1095）七月	蒐佚续编 P1404 宋志辑释 P364
5	少府监玉册官臣赵隐刻	宋宗室右武卫大将军陇州刺史赵不矜	翰林学士知制诰蔡卞撰	翰林艺学臣靳中植书	绍圣二年（1095）七月	蒐佚续编 P1405

表6中5方宗室人物墓志传偃师缑氏镇出土，刻官赵隐，结衔相同。皇陵茔域尚出土有其镌刻的13方墓志，[4] 以及北宋皇陵碑刻《大宋故昭孝禅院主

---

[1] 程章灿：《石刻刻工研究》，第238页。
[2] 河南省文物考古研究所编《北宋皇陵》，第527、528页。
[3] 河南省文物考古研究所编《北宋皇陵》，第525、527、530页。
[4] 河南省文物考古研究所编《北宋皇陵》，第536—539、541—542、551、558—559页。

辩证大师塔铭》（元祐八年六月）等。① 《石刻刻工研究》录其刻墓志塔铭12方。② 又河南汝州市出土《宋宗室东头供奉官赵叔拊墓志》（大观元年，1107）亦由"少府监玉册官臣赵隐刊"。③ 表6中5方墓志刻期2年余，考察其镌刻的已知墓志，最早的在元丰八年，最晚的在大观三年，则其刻龄24年。

表7 骞思作品

序	刻官	志主	撰文	书丹 篆盖	年代	出处
1	少府监玉册官骞思刻	宋宗室右监门卫大将军赵士颎第四子赵不挟	翰林学士知制诰蔡京撰	翰林书艺局艺学兼讲筵应奉御书臣李安中书	元符三年（1100）八月	蒐佚续编 P1406
2	少府监玉册官骞思刻	宋宗室三班奉职赵子荐	翰林学士知制诰蔡京撰	翰林书艺局艺学兼讲筵应奉御书臣李安中书	元符三年（1100）八月	蒐佚续编 P1407 宋志辑释 P396
3	少府监玉册官骞思刻	宋宗室保大军节度使第十九男左班殿直赵士㠭	翰林学士知制诰许光疑撰	翰林书艺局艺学臣张舜卿书	大观二年（1108）四月	蒐佚续编 P1414
4	少府监玉册官骞思刻	宋宗室内殿承制赵令玥妻李氏	翰林学士知制诰许光疑撰	翰林书艺局艺学臣张舜卿书并篆盖	大观二年（1108）十二月	蒐佚续编 P1417 宋志辑释 P434

表7中1、2、3号墓志作弧顶碑形，下部有榫可立置，仅4号是方形。4方墓志记载志主均葬于河南府永安县，在皇陵和宗室茔域而偃师出土，可见其墓地范围广大。"少府监玉册官骞思"习见于皇陵出土墓志。④

表8 武宗古作品

序	刻官	志主	撰文	书丹 篆盖	年代	出处
1	姚文、武宗古镌	内园使上骑都尉李宗师	充集贤殿修撰提举嵩山崇福宫李周撰	前知合州军州兼管内劝农事刘随书并篆盖	绍圣三年（1096）七月	户县碑刻 P313[1]

---

① 河南省文物考古研究所编《北宋皇陵》，第513页。
② 程章灿：《石刻刻工研究》，第246页。
③ 张永华、赵文成、赵君平编《秦晋豫新出墓志蒐佚三编》，第1199页。
④ 河南省文物考古研究所编《北宋皇陵》，第544—550、554—557页；程章灿：《石刻刻工研究》，第254—256页录骞思刻墓志23方。

续表

序	刻官	志主	撰文	书丹　篆盖	年代	出处
2	京兆武宗古刊	朝散郎致仕护军任拱之	监西京伊阙镇酒税兼管勾本镇烟火公事李焘撰	权管勾西京留司御史台公事吴安行书，新差知泗州军州兼管内劝农事李夷行篆盖	崇宁元年（1102）正月	北宋卷 P334
3	少府监玉册官武宗古刻	韩粹彦妻陈氏	……国史安阳县开国伯食邑七百户王□撰	……提举万寿观编修道史参详官蔡绦书	宣和元年（1119）九月	安阳墓志选编 P72、204[2]
4	玉册官武宗古刊	随州大洪山崇宁保寿禅院十方第二代楷禅师塔铭	新差知北外都水监丞公事王彬撰	新授都水监丞范寅亮书，京西路转运司管勾文字张好古篆额	靖康二年（1127）四月	《湖北金石志》卷一〇，P12140[3]

注：[1] 刘兆鹤、吴敏霞主编《户县碑刻》，三秦出版社，2005。
[2] 安阳市文物考古研究所、安阳博物馆编著《安阳墓志选编》，科学出版社，2015。
[3] 张仲炘辑《湖北金石志》卷一〇，《石刻史料新编》第1辑第16册，新文丰出版公司，1977。

表 8 中 1 号墓志于陕西西安市鄠邑区出土，长 84 厘米，宽 82 厘米，武宗古与姚文合刻。2 号墓志于洛阳出土，70 厘米见方，刻官名前缀郡望"京兆"。也许制作这两件墓志时武宗古还是民间石匠。

武宗古镌 1 号墓志 23 年之后刻 3 号安阳世家大族韩粹彦妻陈氏墓志。该志 93.5 厘米见方，行书走弧线，笔道多宽窄。武宗古结衔少府监玉册官，是民间优秀匠师擢拔为衙署刻官者。31 年后他赴随州治楷禅师塔铭，是一位刻龄较长的玉册官。

表 9　□□作品

序	刻官	志主	撰文	书丹　篆盖	年代	出处
1	玉册官□□刊	楚通叔妾朱氏	承议郎致仕云骑尉李焘撰	奉议郎武骑尉赵钦明书	崇宁二年（1103）十月	《古志石华》卷二八[1]

注：[1] 黄本骥：《古志石华》卷二八，《石刻史料新编》第2辑第2册，新文丰出版公司，1979，第1384—1385页。

表 9 中此志出土年代较早，著录于清代黄本骥（1781—1856）《古志石华》，是书专门抄录各地出土墓志。黄氏定名为《宋楚通叔妾朱氏墓志》，

说"志在洛阳县",由玉册官镌刻,惜遗失姓名。墓志记朱氏八十一岁亡故,于崇宁二年十月二十七日"葬于河南府河南县尹樊田万安山之阳",就所叙葬地可知在今洛阳市伊川县彭婆乡万安山南麓。当地出土墓志多称"尹樊里",则朱氏墓志的地名有残泐。

表10　张惟几作品

序	刻官	志主	撰文	书丹　篆盖	年代	出处
1	少府监玉册官臣张惟几刻	宋宗室建宁军节度观察留后赵仲聘第九女	翰林学士知制诰郑居中撰	翰林书艺局艺学臣梁安世书	大观元年（1107）三月	蒐佚续编 P1411
2	少府监玉册官臣张惟几刻	宋宗室右武卫大将军惠州防御使赵士窑第八男	翰林学士知制诰郑居中撰	翰林书艺局艺学臣梁安世书	大观元年（1107）三月	蒐佚续编 P1412
3	少府监玉册官臣张惟几刻	宋宗室右金吾卫大将军赵令穆第七女	翰林学士知制诰邓洵仁撰	翰林书艺局艺学臣梁安世书	大观元年（1107）三月	蒐佚续编 P1413 宋志辑释 P428

表10中3方墓志记载志主皆葬于河南府永安县,墓志出土于偃师缑氏镇,是皇陵茔域的边缘地带。刻官张惟几亦数见于皇陵出土墓志。①

另外有任职"西台知班、驱使官"者为士人镌刻墓志:

表11　王德明作品

序	刻官	志主	撰文	书丹　篆盖	年代	出处
1	西台知班王德明刊	职方郎中刘公夫人窦氏	次子殿中侍御史刘元瑜撰	孙郊社斋郎王镒书	皇祐二年（1050）十一月	补千唐 P468[1]
2	西台知班驱使官王德明刊兼填讳	威武军节度推官王九言	守秘书丞监嘉州丰远监李师锡撰	次子尚书驾部员外郎王信民篆盖,长子尚书驾部员外郎王正民书	嘉祐二年（1057）四月	宋志辑释 P176 北宋卷 P159 宋文遗录 P427

注:[1] 陕西省古籍整理办公室编《全唐文补遗·千唐志斋新藏专辑》,三秦出版社,2006。

① 河南省文物考古研究所编《北宋皇陵》,第557—558页;程章灿:《石刻刻工研究》,第259页收录其所刻5方墓志。

表11中1号、2号墓志是洛阳邙山出土的。西台是官署御史台的通称，这里是西京留守司御史台的简称。知班是掌管朝班仪节的官吏，① 驱使官为本台差使官，递送文书、催办有关寺事等，② 是有吏额的流外官。据《宋史·职官志》，小吏躬勤于公事有年，依照官员循资磨勘制度，③ 获得了文散官二十九阶中的最低阶将仕郎，相当于从九品，成为流内官。然而名义上擢拔为蓬山县主簿而实际上依旧勒留于故曹担任吏职，④ 注授勒留官是流外出官的必需环节，⑤ 真宗朝后，诸色伎术官的升迁之道基本封死。王德明身怀刻字技艺，虽然不是其先后担任知班和驱使官的必备职能，却应约请为亡故官员镌刻墓志。就王九言的葬年和王德明的结衔看，苏颂奉命撰王德明升阶将仕郎任职县主簿（管勾书写）并勒留本司制书在嘉祐二年四月以后。

结　语

辑录墓志碑刻镌刻者的专文，或录一个朝代各地工匠，或录一地历代工匠，或录一地一代工匠，或录一地所藏石刻中的历代工匠，状况多样，各有特色。洛阳地区出土的北宋时期墓志约386件，约59%的墓志文字为有姓名的镌刻者所作，多数为民间刻工，少数为衙署刻官，本文仅裒辑简介后者的作品，身份清晰，刻件明确。上文11个表格所列玉册官有王文秀、沈庆、晋文宝、沈政、邹义、王守清、孙信、陈永昌、彭余庆、逯灵龟、

---

① 龚延明：《宋代官制辞典》："知班官，吏人名。隶御史台前司。四参等朝会，下殿编排侍立班次，及祠祭大礼纠察禁卫导从秩序（《宋会要》职官55之17、21）。"中华书局，1997，第385页。
② 龚延明：《宋代官制辞典》："驱使官，吏人名。隶御史台前司。赍牒追取与所推勘公事有关人或文字、物事等（《宋会要》职官55之2）。"第385页。
③ 《宋史》卷一六九《职官九》："御史台令史七选补正名，驱使官九选授勒留官，并出簿、尉。"第4043页。
④ 苏颂：《西京留司御史台正名知班驱使官王德明可将仕郎守蓬州蓬山县主簿勒留制》："敕某：隶名宪府，给事西台，阅岁再周，勤公寡过。命勾书于远邑，尚留职于故曹。弥思恪恭，无怠朝夕。可。"《全宋文》卷一三一七，上海辞书出版社、安徽教育出版社，2006，第382页。
⑤ 杨恒平：《宋代流外官制度初探》，《贵州文史丛刊》2012年第2期，第12页。

王克明、阎永、寒亿、郭中和、丁用得、郭中立、司马锐、李仲宣、陈永宣、赵隐、寒思、武宗古、□□、张惟几，共24人，另有西台知班驱使官王德明1人。计制作镌刻宗室和官宦人家的墓志塔铭43件，公私所立碑刻6件，其中38件是在洛阳完成的，11件出自其他不同地域，是石件制作和刊字专业领域中身怀绝技者。其姓名在《新中国出土墓志·河南卷（壹）》和《郑州金石志·宋代编》著录的拓本中多可见到，[①] 不再摘录。

就刻官作品的数目和时间，考察其先后镌刻间隔的年限较长者，表示于下：

表12　镌刻间隔年限较长的刻官及其作品件数

姓名	王克明	武宗古	李仲宣	司马锐	邹义	王守清
件数	6	4	4	4	4	3
间隔年限	36	31	22	16	11	10

小吏听命于衙署，勤勉于工场，凿石丁东，长年专精于一业。幸存于世的墓志，为后人留下了一批难得的历史文献。"就宋代中央官署石工而言，他们的职责主要是负责御书翰墨刻石、朝廷仪式等国家重要事务刻石、后妃宗室与京城高官显贵的丧葬碑志刻石、石经刻石、官署题名碑及寺观碑刻石等镌刻事务。"[②]

就洛阳出土墓志看，由专职衙署管理的玉册官为百官刻志的现象相对较少，而且往往联袂作业。玉册官随时遵奉官府调遣奔赴各地干指派的石活，作品散布地域广，并于文尾勒其官匠职衔，彰显身份地位，是囿于一地的民间石工所莫可比拟的。官吏月俸，伎术官待遇垫底。身后还享有一次性的丧葬费用。宋代的赙赠制度规定，"玉册官、系笔祗候、诸色祗应、镌字祗应"，亡故，朝廷赙恤"绢三匹"以助丧葬，他们的父母、妻、兄弟之丧，仅给"绢二匹"。[③] 王栐《燕翼诒谋录》说："应伎术官不得与士大

---

① 郝本性、李秀萍主编《新中国出土墓志·河南卷（壹）》上册，文物出版社，1994，第290—348页；郑州市地方史志办公室编著《郑州金石志·宋代编》，中国水利水电出版社，2022。
② 罗昌繁：《大历史与小人物：北宋晚期党争视域下的官私石工考察》，《浙江大学学报》2019年第3期，第49页。
③ 徐松辑《宋会要辑稿》礼44，上海古籍出版社，2014，第1697、1698页。

夫齿，贱之也。至道二年正月，申严其禁，虽见任京朝，遇庆泽只加勋阶，不得拟常参官。"是官员团体中享受最低待遇、最难以升迁的一类。

作者简介：刘祥辉，山东诸城人，陕西科技大学设计与艺术学院教授、博士生导师，主要研究方向为金石文献与美术考古；赵振华，上海人，洛阳师范学院历史文化学院特聘教授，主要研究方向为古代墓志石刻。

《龙门石窟碑刻题记汇录》佛教造像记释文校读札记

郭洪义　陈小钰

摘　要　《龙门石窟碑刻题记汇录》存在文字误释、缺文、脱文、衍文及体例稍有瑕疵等问题，或因文字形体形近而误释，或因错识异体而误释，抑或因未明文化词语出现"破词"进而导致误释；再加之部分碑文存在剥蚀残泐或漫漶模糊等情况，也容易造成文字误释或缺文。释文移录过程中，稍不注意就会出现漏录某字或径增某字，从而亦会造成脱文或衍文。通过考辨字形、举证传世文献及碑刻文献用例，纠正文字误释、缺文、脱文、衍文及体例稍有瑕疵等问题，以使这些宝贵文献资料得到更为科学有效的利用。

关键词　佛教造像记；文字校正；缺文补释；脱文勘补；体例指瑕

刘景龙、李玉昆主编《龙门石窟碑刻题记汇录》收录龙门石窟历代碑刻题记释文2800余篇，每通石刻下刊载完整题名和释文，并刊布了部分拓本图版以供核验。作为龙门石窟碑刻题记释文整理之集大成者，该书兼具历史学、文献学、文学、语言文字学、民俗学等诸多研究价值，为研究龙门石窟历代碑刻题记提供了真实可靠的宝贵文献资料。然而，稍有遗憾的是，释文整理者受误认形近字、未辨明异体字、未明文化词语以及拓本字形泐蚀模糊等多种因素的影响，导致部分释文存在文字误释、缺文、脱文、衍文及体例存在一定瑕疵等问题，需要进一步加以校补勘正。因此，我们不揣浅陋，通过亲自目验拓片，细辨字形，考释字义，并举证传世文献及碑刻文献用例，从而纠正该书佛教造像记释文存在的文字误释、缺文、脱文、衍文及体例稍有瑕疵等问题，以期为学界提供一份更为完整、准确、可靠的文本资料。

一　文字校正

不辨形近字、未辨异体字、未明文化词语以及受碑刻文字本身存在的泐蚀模糊影响等原因，均可能造成文字误释，这就需要整理者在进行碑文释读与释文整理时格外小心，稍不注意就容易出错。有时候往往会因文字形近而认作别字，有时候会因错识异体而误释，有时候还会因未明文化词语而出现"破词"进而导致误释；再加之碑文本身有时候会存在泐蚀模糊的情况，进一步加剧了碑文准确释读的难度，进而也容易导致文字误释，需要进行校正。

（一）误认形近字而误释

碑刻文献整理释文工作繁杂琐碎，移录释文费时费力，稍不注意很容易误认形近字，造成上下文义不通。这就需要我们在移录释文过程中反复目验拓片，细心勘验字形，注意区分和考辨形近字，并辅以核检传世及碑刻文献材料字例进行校正。

1. 唐永徽元年（650）《刘氏造像记》："一忉含灵，同发菩提，俱登正觉。"①

按："忉"为"忧愁、忧伤"之义，将其放入上下文语境，"一忉含灵"，前后文义不通，必有误释。"忉"误，原拓作"𠛮"，应是"切"，释文整理者不辨形近字而误释。考其字形，"切"作"𠛮"者，佛教造像记有字例。唐显庆五年（660）《赵玄庆造像记》"为一切众生七世父母"之"切"作"切"，唐龙朔二年（662）《刘元礼等造像记》"愿为皇帝陛下一切含生俱登斯福"之"切"作"𠛮"。考其义，"含灵"指含有灵性者、含有生命者，"一切含灵"为佛教语，指世间所有含有灵性的万物，佛教造像记常见。唐垂拱三年（687）《刘孝光造阿弥陀像记》："上为皇帝天后、所

---

① 刘景龙、李玉昆主编《龙门石窟碑刻题记汇录》，中国大百科全书出版社，1998，第227页。

生父母及以业道众生、一切含灵，俱免盖缠，同蹬正觉。"武周天授二年（691）《观世音菩萨像铭并序》："下为七代父母，法界苍生，及一切含灵。乘是福力，等逢善友，发菩提心，一时共成佛。"传世文献亦见用例。唐道宣《续高僧传·齐邺西龙山云门寺释僧稠传》："忽遇一僧，言从泰岳来，稠以情告，彼遂苦劝修禅，慎无他志，由一切含灵皆有初地，味禅要必系缘，无求不遂。"① 宋普济《五灯会元·云峰光绪禅师》："但以众生日用而不知，譬如三千大千世界，日月星辰，江河淮济，一切含灵，从一毛孔入一毛孔，毛孔不小，世界不大。"② 清厉鹗《辽史拾遗·列传第三十四文学下》："一切含灵，同沾利乐；一切惑溺，并向真如。"③ 因此，"切"应释作"切"无疑。

2. 唐总章元年（668）《柳常桂造菩萨像记》："柳常桂为己身造像，总章元年。柳常桂为如陀音造菩萨。"④

按：正文中两个"桂"字均误，原拓作"柱""柱"，右构件清晰作"主"，应释为"柱"，释文整理者不辨形近字而误释。考其字义，"柱"由"支撑屋宇的直立构件"引申出"支撑，拄持"之义，符合人名用字习惯。清缪荃孙《缪荃孙全集·金石·金石分地编目》载："柳常柱题字三段。正书。总章元年。"⑤ 是为证。

"如"字误，原拓作"伽"，左构件"亻"微泐，但整体轮廓尚存，右构件清晰作"加"，应是"伽"，原释文不辨形近字而误释。"伽陀"为佛教语，乃是梵语"gāthā"之译音，亦作"伽他""偈佗""偈"，意译为"偈颂""孤起颂""不重颂"等，十二部经之一，广义指歌谣、圣歌，狭义则指于教说之段落或经文之末，以句联结而成之韵文，内容不一定与前

---

① 道宣：《续高僧传》卷一六《齐邺西龙山云门寺释僧稠传》，郭绍林点校，中华书局，2014，第574页。
② 普济：《五灯会元》卷八《云峰光绪禅师》，苏渊雷点校，中华书局，1984，第455页。
③ 厉鹗：《辽史拾遗》卷二一《列传第三十四文学下》，孔祥军、张剑点校，浙江古籍出版社，2019，第479页。
④ 刘景龙、李玉昆主编《龙门石窟碑刻题记汇录》，第278页。
⑤ 缪荃孙著，张廷银、朱玉麒主编《缪荃孙全集·金石》，凤凰出版社，2014，第659页。

后文有关。传世文献亦有用例。南朝陈徐陵《徐陵集·东阳双林寺傅大士碑》："言无重颂，句备伽陀，音会宫商，义兼华藻。"① 碑刻文献亦见用例。唐广德元年（763）《衢州龙兴寺故律师体公碑》："妙光之法，我敬行之。爰请伽陀，式播元烈。"因此，"㭴""柱"应释为"柱"，"伽"应释作"伽"无疑，题名也应校正为《柳常柱造菩萨像记》。

3. 唐贞观二十一年（647）《杨宣政造像记》："大唐贞观廿一年十一月十五日，登仕郎梁国公府长史杨宣政并妻唐为此丘僧道□，敬造阿弥陀像一躯。"②

按："此"字误，原拓作"比"，应是"比"，释文整理者不辨形近字而误释。考其字形，唐永隆元年（680）《光相造像并记》"比丘尼光相敬造弥陀像一铺"之"比"作"比"，其与上举造像记拓本字形相合；而武周大足元年（701）《阎门冬造像记》"以此造像功德普及法界苍生"之"此"作"此"，字形写法与"比"字差异明显，这里显然应是"比"字。考其义，"比丘"为佛教称谓语，俗称和尚，乃是已受具足戒的男性，佛教造像记习见。北魏孝昌二年（526）《法起造像记》："孝昌二年四月廿三日，比丘尼法起敬造观世音。"武周证圣元年（695）《神春造像记》："比丘神泰上报四恩，又为亡姜婆敬造廿五佛，法界苍生共同斯福。"传世文献亦见用例。北魏杨衒之《洛阳伽蓝记·城内》："时有三比丘，赴火而死。"③ 元脱脱等《宋史·镇王竑传》："妻吴氏为比丘尼，赐惠净法空大师，月给钵钱百贯。"④ 因此，"比"应释作"比"字无疑。

（二）未辨异体字而误释

佛教造像记多俗讹字、异体字，部分俗讹字、异体字写法较为怪异，不易被识，为释文的准确释读设置了不小的文字障碍，亦容易引起误释。

---

① 徐陵撰，许逸民校笺《徐陵集校笺》卷一〇《东阳双林寺傅大士碑》，中华书局，2008，第1230页。
② 刘景龙、李玉昆主编《龙门石窟碑刻题记汇录》，第48页。
③ 杨衒之撰，周祖谟校释《洛阳伽蓝记校释》卷一《城内》，中华书局，2010，第31页。
④ 《宋史》卷二四六《镇王竑传》，中华书局，1985，第8737页。

《龙门石窟碑刻题记汇录》佛教造像记释文校读札记

1. 唐咸亨四年（673）《惠简造像记》："伏愿皇业圣花无穷，殿下诸王福延万伐（代）。"①

按："业"字误，原拓作"㒵"，即"㦯"，应是"帝"之异体，释文整理者未辨异体字而误释。"业"，唐垂拱三年（687）《思亮等造像记》"女伽业"之"业"作"㸉"，其字形写法与"㦯"明显有别，故这里的"㦯"显非"业"字，应是"帝"之异体。考其字形，"帝"之异体作"㦯"者，传世字书有载。清邢澍《金石文字辨异·去声》引唐《惠简造像记》"帝"作"㦯"，②是其证。考其字义，"帝"有"君主"之义，而"皇帝"乃是对帝王的尊称，传世及碑刻文献习见。李修生《全元文·玉虚观记》："黄帝老子之教，恐不如是之隘也。"③东魏武定七年（549）《兴化寺高岭诸村造像记》："上为皇帝陛下、渤海大王延祚无穷，三宝礼隆，累级功德。"因此，"㦯"应释作"帝"字无疑。

2. 唐载初元年（689）《刘大奖妻姚氏造像记》："弟子刘大奖妻姚为亡姑及身患，敬造阿弥陀像。"④

按："敬"字误，原拓作"顩"，即"顩"，应是"愿"之异体，释文整理者未辨异体字而误释。考字形，"愿"之异体作"顩"者，传世字书有载。唐张参《五经文字·页部》作"顩"，⑤清邢澍《金石文字辨异·去声》引魏《钟繇宣示帖》作"顩"，是其证。⑥碑刻文献亦见字例，唐贞观十五年（641）《豫章公主造像记》"愿己身平安"之"愿"作"顩"，唐显庆四年（659）《马伏陁及妻刘婆造像记》"弟子马伏陀及妻刘婆愿身平

---

① 刘景龙、李玉昆主编《龙门石窟碑刻题记汇录》，第179页。
② 邢澍：《金石文字辨异》，上海古籍出版社，1996，第633页。
③ 李修生主编《全元文》卷八《玉虚观记》，江苏古籍出版社，1998，第180页。
④ 刘景龙、李玉昆主编《龙门石窟碑刻题记汇录》，第162页。
⑤ 张参：《五经文字》，中华书局，1985，第67页。
⑥ 邢澍：《金石文字辨异》，第683页。

安"之"愿"作"![愿]",唐乾封元年(666)《丁孝范王玄观造像记》"愿法界苍生咸同斯福"之"愿"作"![愿]",皆其比。考其义,"愿",谓发愿,发起誓愿。"愿造"为佛教常见习语,谓发愿敬造,传世及碑刻文献常见。宋李昉等《太平广记·释僧护》:"高齐时,有释僧护,守道直心,不求慧业,愿造丈八石像。"① 北齐武平元年(570)《鲁思荣造像记》:"青州乐安郡高阳县人鲁思荣,为亡父母愿造弥勒像一躯。"因此,"![愿]"应释作"愿"无疑。

3. 唐贞观二十三年(649)《赵才造像记》:"同志菩提,共登正觉。"②

按:"志"字误,原拓作"![发]",即"發",应是"发"之异体,释文整理者未辨异体字而误释。考其字形,"发"之异体作"發"者,传世字书有载。唐颜元孙《干禄字书·入声》:"發、发,上俗下正。"③《宋元以来俗字谱·十三画》引《古今杂剧》作"![发]"。④ 碑刻文献亦见字例。北魏景明四年(503)《侯太妃自造像记》"昏愚未悟,咸发菩提"之"发"作"![发]",北魏永平四年(511)《法兴造像并记》"悟发大解,所愿如是"之"发"作"![发]",唐永淳二年(683)《好因造像记》"唐州觉意寺尼好因发心造"之"发"作"![发]"。考其义,"发"乃"发起"之义,"同发菩提"为佛教常见习语,指一同发起菩提之心,传世及碑刻文献常见。明蕅益智旭《净信堂初集·女科要领序》:"阅是书者,同发菩提心,同为菩萨友也。"⑤ 北齐天统二年(566)《比丘法晕造像记》:"愿法界众生,同发菩提,共取正觉。"因此,"![发]"应释作"发"无疑。

(三)径改假借字而无说

作为一种普遍的社会用字现象,假借在文字使用过程中大量存在,书

---

① 李昉等编《太平广记》卷一一四《释僧护》,中华书局,1961,第793页。
② 刘景龙、李玉昆主编《龙门石窟碑刻题记汇录》,第25页。
③ 颜元孙:《干禄字书》,国际文化出版公司,1993,第168页。
④ 刘复、李家瑞编《宋元以来俗字谱》,中央研究院历史语言研究所,1930,第128页。
⑤ 蕅益智旭撰,释明学主编《净信堂初集》卷五《女科要领序》,巴蜀书社,2014,第91页。

写者往往会使用书写较为简便的音同或音近字形来替代形体复杂的另一用字，进而造成字词关系的不一致。因此，识假借、破通假，往往成为考辨字形、厘清字词乃至沟通字际关系的重要途径，但如果径改假借字而无说，很容易引起误解，有必要加以澄清。

  1. 北魏正始五年（508）《张英周妻苏文好造像并记》："正始五年四月廿日，阙□关功曹史张英周妻苏文好造石像一区，为所生父母合门大小常与善居，愿愿从心。"①

  按："功"，原拓作"⼯"，应是"工"。"工"在这里通"功"。《正字通·力部》："功，通作工。"②晋陈寿《三国志·魏书·管辂传》："至于辨人物，析臧否，说近义，弹曲直，拙而不工也。"裴松之注："工，通功。"③北齐刘昼《刘子·法术第十四》："术以神隐成妙，法以明断为工。"陈应鸾："工通功。"④考其义，"功曹史"为职官名，选署功劳之曹以史为长，故名。《中国古代职官大辞典》"功曹史"条："汉朝郡县官府所属功曹之长，亦称功曹，主吏。"⑤《中国历史大辞典》"功曹史"条亦载："功曹史，简称功曹，官名。"⑥因此，当录"工"并附注假借字"功"为佳。

  2. 唐永徽元年（650）《刘氏造像记》："梦中惶惧，愿造千佛，悟便思惟，心开情悦。"⑦

  按："悟"，原拓作"寤"，应是"寤"。"寤"在这里通"悟"。清焦循《孟子正义·孟子题辞》："可以寤疑辩惑。"焦循正义："寤与悟通。"⑧

---

① 刘景龙、李玉昆主编《龙门石窟碑刻题记汇录》，第439页。
② 张自烈：《正字通》，中国工人出版社，1996，第100页。
③ 《三国志》卷二九《魏书·管辂传》，中华书局，1982，第827页。
④ 刘昼著，杨明照校注，陈应鸾增订《增订刘子校注》卷三《法术第十四》，巴蜀书社，2008，第252页。
⑤ 张政烺主编《中国古代职官大辞典》，河南人民出版社，1990，第252页。
⑥ 胡守为、杨廷福主编《中国历史大辞典》，上海辞书出版社，2000，第150页。
⑦ 刘景龙、李玉昆主编《龙门石窟碑刻题记汇录》，第227页。
⑧ 焦循：《孟子正义》卷一《孟子题辞》，沈文倬点校，中华书局，1987，第27页。

清段玉裁《说文解字注·寤部》:"寤,古书多叚寤为悟。"① 原释文不辨异体字而误释。考其字义,"寤"为"醒悟,明白"之义。汉毛亨《诗·国风·泽陂》:"寤寐无为,涕泗滂沱。"郑玄笺:"寤,觉也。"② 清孙诒让《周礼正义·春官·占梦》:"四曰寤梦。"孙诒让正义:"徐铉校本《说文》寤字注引此作'悟梦'。"③ 清王照圆《列女传·楚成郑瞀》:"必寤太子之不可释也。"虞思征点校:"寤,与'悟'同,觉也。"④ 因此,当录"寤"并附注假借字"悟"为佳。

(四) 未明文化词语而误释

佛教造像记具有独特的文化特征与宗教属性,碑文中常有特殊文化词语出现,如果未明这些文化词语,也容易造成误释。

1. 唐显庆五年(660)《杨君植造像记》:"洛州偃师县凤□乡□任县尉。"⑤

按:"县"字误,原拓作"副",应是"副"字,释文整理者恐未明职官词语而误释。"副尉"为唐代设武散官,如旅威、致果、翊麾、宣节、御侮、仁勇、陪戎八校尉、八副尉,官阶自正六品至从九品,下阶为副尉,后代沿之,传世及碑刻文献均有用例。《旧唐书·职官一·正第六品下阶》:"昭武副尉。武散官。"⑥ 宋王溥《唐会要·阶》:"六品阶承议郎昭武副尉以下。"⑦ 武周时期(690—705)《冯法师造像碑》:"发心主谦军招武副尉冯海遇。"唐开元十四年(726)《李安定墓志》:"曾祖道,祖遇陪,二副尉。"因此,"副"应释为"副"无疑。

---

① 许慎撰,段玉裁注《说文解字注》,上海书店,1992,第347页。
② 毛亨传,郑玄笺,陆德明音义《毛诗传笺》卷七《国风·泽陂》,孔祥军点校,中华书局,2018,第180—181页。
③ 孙诒让:《周礼正义》卷四八《春官·占梦》,汪少华整理,中华书局,2015,第2373页。
④ 王照圆:《列女传补注》卷五《节义传·楚成郑瞀》,虞思征点校,华东师范大学出版社,2012,第189页。
⑤ 刘景龙、李玉昆主编《龙门石窟碑刻题记汇录》,第322页。
⑥ 《旧唐书》卷四二《职官一·正第六品下阶》,中华书局,1975,第1796页。
⑦ 王溥:《唐会要》卷八一《阶》,中华书局,1960,第1497页。

2. 唐永徽二年（651）《崔元裕兄弟造像记》："见存越爱河福，业地胜报具兴愿海渡众生。"①

按："渡"字，原拓作"度"，应是"度"之异体，当照录"度"为佳。"度"为佛教术语，谓"度化"，释文整理者未明佛教文化词语而误释。考其字形，唐永隆元年（680）《处贞造像记》"从今生至成佛以来，普作菩提眷属，誓相度脱"之"度"作"度"，唐景龙三年（709）《启吉造像记》"愿相□引度脱，一志供养"之"度"作"度"。考其义，"度"指"度化"，谓从此处渡经生死迷惑之大海，而到达觉悟之彼岸。因此，"度众生"为佛教常用语，谓度化众生，传世及碑刻文献习见。清钱大昕《潜研堂文集·轮回论》："一生受人供养，自觉素餐，乃借普度众生为辞，以诳惑檀越，诡言兼爱，实则为我也。"② 唐龙朔三年（663）《常才合家造经像记》："汝等勿谓如来作是念，我当度众生。"因此，此处应照录"度"字为佳。

（五）文字泐蚀模糊而误释

佛教造像记多为摩崖，石面因自然风化容易导致部分字形泐蚀、模糊，进而造成误释。

1. 唐大历七年（772）《党晔等香山题名》："大历七年一月十二日，同宿此土。"③

按："同宿此土"文义不通，令人费解。"土"字误，原拓作"寺"，应是"寺"字，因字形微泐较为模糊而误释。核原拓，"寺"之下半构件"寸"清晰可识，应是"寺"字无疑。通过字形比勘来看，武周圣历二年（699）《大方广佛花严经石幢》"三藏沙门大福先寺僧义净证译梵本"之

---

① 刘景龙、李玉昆主编《龙门石窟碑刻题记汇录》，第228页。
② 钱大昕著，陈文和主编《潜研堂文集》卷二《轮回论》，凤凰出版社，2016，第58页。
③ 刘景龙、李玉昆主编《龙门石窟碑刻题记汇录》，第635页。

"寺"作"![寺]",明万历十八年(1590)《董基诗一首》首题"题大塔院寺"之"寺"作"![寺]",皆其比。考其义,"寺"指"寺院","同宿此寺"指"一同住在此座寺庙",传世及碑刻文献中有高度相近用例。作"同居此寺"者,《中西交通史料汇编》第八编《印度来中国之僧人·释阿你真那》:"门徒学侣,同居此寺,精诚所感,灵应实繁。"① 作"共住此寺"者,南唐乾德三年(965)《重镌玉兔寺实录》:"至圣历元年正月十五日敕令改观为寺,度仙灵等皆悉为僧,别赐钱绢各是一千,敕补京师大法师仁暎共住此寺。"可互勘。因此,"![寺]"应释为"寺"无疑。

2. 唐《王怀忠等造像并记》:"张四娘、荆十等,一心供养。"②

按:"养"字误,原拓作"![侍]",应是"侍"字,因字形较为模糊而误释。核原拓,"侍"左构件"亻"可识,右构件上半部分虽有微泐,下半构件"寸"则清晰可辨,应是"侍"字无疑。通过字形比勘来看,唐龙朔元年(661)《龙朔元年造像残记》"奉议郎行内侍省宫闱局令骁骑尉师"之"侍"作"![侍]",唐光宅元年(684)《莫古造像记》"承议郎行内侍省宫闱局令骑都尉"之"侍"作"![侍]",皆其比。考其义,"供侍"为"供养侍奉"之义,传世与碑刻文献均有用例。《宋史·刑法志三》:"田产并归崇绪,冯合与蒲同居,供侍终身。"③ 唐大和九年(835)《魏叔元墓志铭》:"府君只有一弟,名之士,则同气比肩,齐心竭力,供侍父母,尝无欠阙。"可互勘。因此,"![侍]"应释为"侍"无疑。

二 缺文补释

自然风化或人为毁坏都会导致碑刻产生石花,使字迹泐蚀模糊难辨,

---

① 张星烺编注,朱杰勤校订《中西交通史料汇编》第八编《印度来中国之僧人·释阿你真那》,中华书局,2003,第2008—2009页。
② 刘景龙、李玉昆主编《龙门石窟碑刻题记汇录》,第455页。
③ 《宋史》卷二〇一《刑法志三》,第5005—5006页。

《龙门石窟碑刻题记汇录》佛教造像记释文校读札记

从而造成缺文，情有可原。但如果整字清晰可辨而未识，或据残余笔画及整字轮廓可识而未识等主观原因造成的缺文，则应当避免或尽量补充完整。有时候我们可以通过考察整体字形轮廓，结合上下文语境，补释缺文，从而获得更为完整可靠的文本资料。

1. 唐永徽二年（651）《王伦妻陈女婆造像记》："庆□赛酬，往愿遍及群生。"①

按："庆"后一字，原释文作缺文处理，原拓作"訖"，字形清晰可识，应是"讫"字无疑，当补。

2. 唐永隆元年（680）《严氏造像记》："□□元年十一月八日。"②

按："元年"前两字，原释文作缺文处理，原拓作"永隆"，应是"永隆"二字。二字虽有微泐，但整字轮廓尚存，隐约可识。此处为年号用字，唐代年号中以"隆"为第二字结尾的只有"永隆"这一年号。"永隆"是唐高宗李治之年号，"永隆元年"即公元680年，因此，"永隆"二字可补。

3. 武周万岁通天元年（696）《郑□□造像记》："万岁通天元年□月。"③

按："月"前一字，原释文作缺文处理，原拓作"五"，应是"五"字，当补。

4. 唐永隆二年（681）《妙义造像记》："大唐永隆二年四月九日，

---

① 刘景龙、李玉昆主编《龙门石窟碑刻题记汇录》，第393页。
② 刘景龙、李玉昆主编《龙门石窟碑刻题记汇录》，第149页。
③ 刘景龙、李玉昆主编《龙门石窟碑刻题记汇录》，第548页。

· 93 ·

□□□寺比丘尼妙义敬造阿弥陀像一铺供养。"①

按："九日"后两字，原释文作缺文处理，原拓清晰存"許""州"，应是"许州"二字，当补。

5. 唐贞观二十三年（649）《崔贵本造像记》："贞观廿三年十一月八□，弟子崔贵本造佛一区。"②

按："八"后一字，原释文作缺文处理，原拓作"日"，应是"日"字，当补。

三 脱文勘补

释文整理工作琐碎繁复，在抄录过程中稍不注意就容易漏录个别字形，很容易造成脱文。为确保造像记释文内容的完整性，应仔细目验拓片，对脱文进行必要的勘补。

1. 唐贞观二十一年（647）《杨宣政造像记》："登仕郎梁国公府长史杨宣政并妻唐为此丘僧道□，敬造阿弥陀像一躯。"③

按：核原拓，"一躯"后脱"供养"二字，原拓清晰存"供養"。二字虽有微泐，但整字轮廓尚存，隐约可识，当补。"供养"为佛教用语，谓佛教徒以香花、饮食等物品或种种善行，献给佛、法、僧或一切众生，佛教造像记习见。唐总章元年（668）《王尹农造像记》"为合家眷属大小敬造阿弥陀像一龛供养"之"供养"作"供養"，唐永隆元年（680）《仁义等造像记》"愿万劫千生无亏供养"之"供养"作"供養"，可供比勘。

---

① 刘景龙、李玉昆主编《龙门石窟碑刻题记汇录》，第146页。
② 刘景龙、李玉昆主编《龙门石窟碑刻题记汇录》，第732页。
③ 刘景龙、李玉昆主编《龙门石窟碑刻题记汇录》，第48页。

2. 唐龙朔元年（661）《吴吉甫造像记》："吴吉甫敬造石像一躯，七代父母合大小并愿平安。"①

按：核原拓，"七"前一字，原拓清晰作"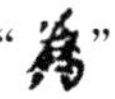"，应是"为"字，当补。"为"即"为了"，乃是表目的介词，后常接造像对象，佛教造像记习见。唐永徽四年（653）《郭爱同造像记》"涪州司马息郭爱同为亡婆敬造观音菩萨一躯供养"之"为"作""，唐龙朔二年（662）《刘元礼等造像记》"愿为皇帝陛下一切含生俱登斯福"之"为"作""，皆其比。

3. 唐贞观二十二年（648）《佛弟子清信女造像记》："弟子愿在眷属，愿法界众生，共同正觉。"②

按：核原拓，"弟子愿"后脱一"现"字，原拓片清晰存"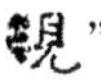"，当补。"现"，为"现今，现世"之义。作为佛教造像记程式化套语，"现在眷属"指现今活着的亲属、家属，佛教造像记习见。北魏普泰二年（532）《樊道德造像记》："愿现在眷属，常生富乐，并及有形，共同斯福。"东魏元象二年（539）《姚敬遵造像记》："上为七世父母，现在眷属，常与善居，值佛闻法。"可供比勘。

四　衍文剔除

有时候释文整理者在移录释文过程中一时疏忽而出现增字，从而造成衍文，应予以剔除。

1. 唐显庆二年（657）《□副为七代父母造像残记》："为七代父母造弥陀佛像，显庆二年三月四日功讫。"③

① 刘景龙、李玉昆主编《龙门石窟碑刻题记汇录》，第216页。
② 刘景龙、李玉昆主编《龙门石窟碑刻题记汇录》，第49页。
③ 刘景龙、李玉昆主编《龙门石窟碑刻题记汇录》，第398页。

按：核原拓，"佛"字后并未出现"像"字，"像"字衍，当删。"弥陀佛"即"弥陀佛像"，乃是佛教造像记中常出现的造像题材之一，佛教造像记常见。如唐乾封三年（668）《高思福造像记》："高思福为合家大小平安敬造弥陀佛一区，一心供养。"武周圣历二年（699）《马福贵造像记》："洛州河阳县佛弟子马神贵为父母及身并亡妻共敬造弥陀佛一铺。"

2. 唐乾封二年（667）《孟善应及妻赵氏造像记》："乾封二年四月六日，佛弟子孟善应、妻赵，夫妻身无常，敬造阿弥陀像一龛。"①

按：核原拓，"弟子"前并未出现"佛"字，原释文衍"佛"字，当删。这里的"弟子"为"佛弟子"之简称，佛教造像记常见。北魏延昌二年（513）《张氏界造释迦像记》："弟子张氏界为七世眷属一切含生敬造释迦像一区。"唐贞观二十三年（649）《崔贵本造像记》："弟子崔贵本敬造像一龛并二菩萨，装严成就。"

3. 唐总章元年（668）《柳常柱造菩萨像记》："总章元年，柳常柱为伽陁僧造菩萨像一铺。"②

按：核原拓，"常柱"前并未出现"柳"字，原释文衍"柳"字，当删。究其原因，该造像题记前文已出现过"柳常柱"这一造像主，为避免重复啰嗦，这里当是蒙前省而省略掉了姓氏"柳"，故作"常柱"。

4. 唐开元二年（714）《任令瓛造像记》："佛弟子任令瓛为亡者任六娘敬造救苦观世音一躯，开元二年四月八日成。"③

按：核原拓，"佛弟"后并未出现"子"字，原释文衍"子"字，当

---

① 刘景龙、李玉昆主编《龙门石窟碑刻题记汇录》，第237页。
② 刘景龙、李玉昆主编《龙门石窟碑刻题记汇录》，第278页。
③ 刘景龙、李玉昆主编《龙门石窟碑刻题记汇录》，第219页。

据原拓实录"佛弟"为佳。这里的"佛弟"为"佛弟子"之简称，佛教造像记有用例。北齐天保二年（551）《李妃造像记》："清信士女佛弟李妃造像一区。"武周天授二年（691）《姜□□造像记》："佛弟姜□□敬造千佛并菩萨一躯。佛弟石大娘敬造千佛并菩萨一躯。"

五　体例指瑕

该书"凡例"明言："录文文字一律用现代规范字排印，某些错别字或异体字在其后［（　）］中注明正字。"① 而书中录文并未做到完全贯彻"凡例"，部分释文存在未据原拓实录异体并括注正字、释文存在繁简不一等问题，稍有一定瑕疵，容易引起误解，当予以澄清。

（一）未照录异体而径改正字

唐永徽元年（650）《王师德等三十人造像记》："今有洛阳乡望父老等卅人，并修因往劫，生在太平，思念大圣，无犹得睹。"②

按："睹"字，原拓作"覩"，应是"覩"，为"睹"之异体。明张自烈《正字通·见部》："覩，同睹。"③《增广字学举隅·古文字略》："覩，古睹字。"④ 考其义，"覩"为"看见，察看"之义。宋朱熹《周易本义·乾》："圣人作而万物覩。"⑤ 宋薛居正《旧五代史·唐书二十一·闵帝纪》："陛下久居哀毁，臣等咸愿一覩圣颜。"⑥ 因此，应按照"凡例"实录"覩"并在其后括注正字"睹"为佳。

---

① 刘景龙、李玉昆主编《龙门石窟碑刻题记汇录》，第3页。
② 刘景龙、李玉昆主编《龙门石窟碑刻题记汇录》，第8页。
③ 张自烈：《正字通》，第1042页。
④ 铁珊：《增广字学举隅》，天一出版社，1975，第312页。
⑤ 朱熹：《周易本义》卷一《乾》，廖名春点校，中华书局，2009，第37页。
⑥ 《旧五代史》卷四五《唐书二十一·闵帝纪》，中华书局，1976，第614页。

（二）未实录而造成繁简不一

1. 唐总章二年（669）《孤独造像记》："弟子孤独妻魏早亡，身复失明，作叹辭。"①

按："辭"字，原拓作"辞"，应是"辞"。根据凡例，这里当据原拓实录简体"辞"字为佳。

2. 唐贞元七年（791）《救苦观音石像铭》："如君如父，思报何缘，遂刻全身於此山巅。"②

按："於"字，原拓作"于"，应是"于"。根据凡例，这里当据原拓实录简体"于"字为佳。

总之，《龙门石窟碑刻题记汇录》部分释文虽然存在文字误释、缺文、脱文、衍文及体例稍有瑕疵等问题，但瑕不掩瑜，其对研究佛教造像记提供了不可或缺的宝贵文献资料。我们通过目验拓片，核查校补了部分存在问题的释文，以期为学界提供一份更为完整、准确、可靠的文本资料。

作者简介：郭洪义，河北保定人，西华师范大学蜀道研究院副教授，复旦大学出土文献与古文字研究中心博士后，主要研究方向为碑刻文献整理与碑刻语言文字；陈小钰，四川广元人，西华师范大学文学院硕士研究生，主要研究方向为碑刻文献文字词语。

---

① 刘景龙、李玉昆主编《龙门石窟碑刻题记汇录》，第497页。
② 刘景龙、李玉昆主编《龙门石窟碑刻题记汇录》，第642页。

墓志所见高宗武则天时期户部尚书籍贯、郡望考论

权玉峰 王佳梅

摘 要 高宗武则天时期，户部尚书以北方注籍的士族为主。就道而言，关内道远远超过其他各道，河南道、河北道人数次之。河东道人数最少。虽然高宗以后洛阳地位逐渐提高，籍贯对于洛阳政治地位的变化有一定的滞后性。从出身来看，户部尚书出身士族者超过八成，其中大士族人数略多于普通士族。这些士族中所出户部尚书以1人居多。宗室户部尚书仅1人，且为皇室疏属，这种局面的出现与唐代的宗室政策有关，玄武门之变后中央政府对宗室的严加防范。为巩固皇权，选任户部尚书时皇帝自然将宗室近属排除在外。武则天时期大士族比例低于高宗时期，且出现了庶族2人，说明她重用庶族壮大自己的力量。

关键词 高宗武则天时期；籍贯；郡望

在唐高宗时期，洛阳被提升为东都，与长安并列为唐朝的两大政治中心。武则天临朝执政后，更进一步将洛阳的地位提升为神都，并在称帝后改国号为周，确立了洛阳作为武周政治中心的地位。这一时期的政治风云变幻与洛阳的兴衰密切相关。户部尚书作为财政和民政的主管官员，在这一时期具有不可忽视的影响。严耕望先生曾提出"欲考唐代政局之演变，推究牛李党派之纷争，最彻底之方法莫过于探求朝廷达宦之出身与籍居。人文之方面甚广，而大体言之，政治人才之多寡尤为人文盛衰之表征，故考南北人文之盛衰，亦莫过于探求朝廷达宦之出身与籍居"。[①] 本文在前辈学者对唐代籍贯和郡望研究的基础上，特别关注高宗和武后朝户部尚书的籍贯与郡望。通过文献考证和历史分析，本文旨在揭示这些官员的地域背

---

① 严耕望：《唐仆尚丞郎表》序言，上海古籍出版社，2007，第1页。

景如何影响他们的政治生涯和当时的政治格局。

籍贯，一般来说是指"某家族某家庭居住生活地，编户造籍登记处"。[①] 唐代户籍资料今日多已无法查取，只能依据史料来判断其籍贯所在，而两《唐书》中"望、贯交见"，[②] 多非真实籍贯记载，近期大量墓志的出土为我们系统梳理部尚书的籍贯提供了便利。若史料记载其有家庭迁移者，则以迁移地为准；若知其已迁移，而迁移地不可考者，则以其墓志记载"归葬之地"[③] 为准。郡望，主要指一个人出自士族或庶族的情况。郡望主要反映家族的社会地位，唐代重视郡望，本文对郡望判断的依据以《宰相世系表》所载为主，并结合《元和姓纂》《太平寰宇记》《唐贞观八年条举氏族事件》《新集天下姓望氏族谱》等资料所反映的郡望情况。[④]

一 高宗时期

（一）杨纂

关内道雍州，虢州弘农郡杨氏越公房。杨纂"华州华阴人也。祖俭，周东雍州刺史。父文伟，隋温州刺史。纂略涉经史，尤明时务。少与琅邪颜师古、燉煌令狐德棻友善"。[⑤] 郡望为虢州弘农郡杨氏越公房。杨纂府邸位于长安城内，葬于雍州万年县，其子杨守澹及妻独孤氏卒于外地，归葬雍州万年县。[⑥] 其祖杨俭、父杨文伟皆任高官，杨纂又自幼和颜师古（籍贯为雍州万年县），令狐德棻（籍贯为宜州华原县，有唐一代宜州多次被废，

---

① 郭锋：《晋唐士族的郡望与士族等级的判定标准——以吴郡清河范阳敦煌张氏郡望之形成为例》，载荣新江主编《唐研究》第二卷，北京大学出版社，1996，第245页。
② 岑仲勉：《唐史余沈》卷四《杂述·唐史中的郡与望》，上海古籍出版社，1960，第229页。
③ 毛汉光提出"归葬之地"是唐代籍贯研究的三大标杆之一，详见毛汉光《从士族籍贯迁移看唐代士族之中央化》，载毛汉光主编《中国中古社会史论》分论第八篇，上海书店出版社，2002，第245页。
④ 《新唐书》卷七一上至卷七五下《宰相世系表》，中华书局，1975，第2179—3466页；林宝：《元和姓纂》，岑仲勉校记，郁贤皓、陶敏整理，孙望审定，中华书局，1994；乐史：《太平寰宇记》，王文楚等点校，中华书局，2007。《唐贞观八年条举氏族事件》《新集天下姓望氏族谱》以王仲荦的整理成果为参考，详见王仲荦《隋唐五代史（上）》，上海人民出版社，2003，第507—518页。
⑤ 《旧唐书》卷七七《杨纂传》，中华书局，1975，第2673页。
⑥ 葬地及郡望参见贺华《唐〈杨守澹墓志〉考释》，《文博》2015年第6期，第75—79页。

被废时华原县并入雍州）相识，① 不太可能在华阴相识，因而其家族迁徙至关中的可能性较大，籍贯当为雍州万年县。

（二）高履行

关内道雍州，沧州渤海郡高氏北齐皇室房。高履行为高士廉之子，高士廉"渤海蓚人"，② 渤海为其郡望并非籍贯。高士廉父高劢"入隋为洮州刺史"。③ 家族埋葬地方亦可补充其籍贯情况，高士廉陪葬昭陵，高履行的次弟高昱埋葬于"雍州醴泉县安乐乡"，④ 高履行子高旋及旋妻韦氏合葬于"少陵原"，⑤ 高履行的父及子皆埋在于雍州，可知高履行籍贯为雍州。

（三）唐临

关内道雍州，青州北海郡唐氏。唐临"京兆长安人……其先自北海徙关中"，⑥ 唐临家族由北海迁徙至于关中地区。唐临的从兄（或从弟）为唐逊，《唐逊墓志》记载，唐逊"北海人也。……曾祖永，北地郡守东益州刺史，魏孝武西迁，弃州来谒……（唐逊）葬于京师城东南凤栖原"，⑦ 可作为正史的补证，唐临籍贯为雍州长安县。

（四）杜正伦

河北道相州，雍州京兆杜氏洹水房。杜正伦"相州洹水人也。隋仁寿中，与兄正玄、正藏俱以秀才擢第"。⑧ 杜正玄"其先本京兆人，八世祖

---

① 颜籀"雍州万年人，齐黄门侍郎之推孙也。其先本居琅邪，世仕江左；及之推历事周、齐，齐灭，始居关中"（《旧唐书》卷七三《颜师古传》，第2594页），可知颜师古出生于雍州万年县。令狐德棻"宜州华原人，隋鸿胪少卿熙之子也。先居燉煌"（《旧唐书》卷七三《颜籀传》，第2596页），令狐德棻家族由敦煌迁至宜州华原县，籍贯为宜州华原县。
② 《旧唐书》卷六五《高士廉传》，第2441页。
③ 《新唐书》卷九五《高俭传》，第3839页。
④ 王彬、张沛：《新发现的两盒唐昭陵陪葬墓志——〈高昱墓志〉〈房先忠墓志〉简析》，《碑林集刊》第二十辑，三秦出版社，2014，第90页。
⑤ 董诰等编《全唐文》卷二一五《陈子昂·唐故循州司马申公高君墓志》，中华书局，1983，第2179页。
⑥ 《旧唐书》卷八五《唐临传》，第2811页。
⑦ 马志祥、张安兴：《新见唐〈唐逊墓志〉考释》，《文博》2015年第1期，第51页。
⑧ 《旧唐书》卷七〇《杜正伦传》，第2541页。

曼，为石赵从事中郎，因家于邺"。① 可知其家族居住在邺城一带。北周时分邺县置临漳县，后又分临漳东北界置洹水县，洹水县位于原邺县行政区划内，说明自杜曼以来其家族并未迁徙，这意味着杜正伦籍贯为相州洹水县。

（五）卢承庆

河南道洛州，幽州范阳郡卢氏大房。卢承庆"幽州范阳人"，② 据《新表》可知其出自幽州范阳郡卢氏大房。毛汉光考证卢氏在卢承庆所属房多葬于洛阳。③ 董绍伟利用出土墓志进行考证，进一步补充了毛汉光的论断，他认为"卢承庆家人入唐前已迁至新籍河南道洛阳"，④ 说明卢承庆的籍贯为洛州。

（六）乐质

关内道雍州，邓州南阳郡乐氏。《元和姓纂》云："南阳淯阳，恢子乾，自赵徙南阳。五代孙方，方生广，字彦辅，晋尚书令、信陵公；生凯，益州刺史。六代孙运，隋咸阳令，撰《谏苑》；生质，礼部、户部二尚书。"⑤ 由此可知乐质郡望为邓州南阳郡乐氏。乐姓在邓州南阳郡十七姓中位居第四。⑥ 乐质父乐运"南阳淯阳人，晋尚书令广之八世孙。祖文素，齐南郡守。父均，梁义阳郡守。运少好学，涉猎经史，而不持章句。年十五而江陵灭，运随例迁长安"，⑦ 可知西魏攻克江陵后，乐运十五岁时随其家族迁徙至长安，进而得知乐质当生于长安，籍贯为雍州。

（七）窦德玄

关内道雍州，岐州扶风郡窦氏三祖房。他为窦德明弟，窦德明"太穆

---

① 《隋书》卷七六《文学·杜正玄传》，中华书局，1973，第1747页。
② 《旧唐书》卷八一《卢承庆传》，第2748页。
③ 毛汉光：《从士族籍贯迁移看唐代士族之中央化》，第266—267页。
④ 董劭伟：《唐代吏部尚书研究》，中国社会科学出版社，2012，第153页。
⑤ 《元和姓纂》卷一〇《乐》，第1489页。
⑥ 王仲荦：《隋唐五代史（上）》，第514页。
⑦ 《周书》卷四〇《颜之仪传附乐质传》，中华书局，1971，第721页。

顺圣皇后兄之孙也"。① 窦氏原为鲜卑纥豆陵氏，在北魏孝文帝时期改为窦氏并定居洛阳，窦氏家族"三祖"②（窦岳、窦善、窦炽）在北魏孝武帝时进入关中，居住在长安附近。窦岳子窦毅之女为唐高祖之妻太穆皇后窦氏，是"京兆始平人"。③ 窦善子窦荣定"扶风平陵人"，④ 此为郡望记载，⑤ 郡望详见《新表》。⑥ 窦荣定子窦琎的从父兄（或弟）窦肃以及其侄窦诞卒后皆埋葬于雍州，⑦ 这证实了窦氏新贯为雍州。

（八）杨昉

关内道华州华阴县，虢州弘农郡杨氏越公房。据《新表》可知杨昉为西魏侍中杨俭曾孙，出自虢州弘农郡杨氏越公房。杨俭卒于"华州习仙里"，葬于"华阴之原"。⑧ 此外杨俭妻，子杨鳃、杨胐皆葬于华阴，⑨ 说明杨俭家族籍贯并未迁徙，为华州华阴县。

---

① 《旧唐书》卷一八三《外戚·窦德明传》，第4723页。李昉等撰《太平御览》卷七一《道术一·窦德玄》："窦德玄，河南人也。"中华书局，1960，第440页。在北魏孝武帝迁都洛阳后，窦氏成为洛阳人，后多以洛阳人自居。由上文可知窦氏在隋及唐初居住在关中，当仍以雍州为籍贯。
② 《新唐书》卷七一下《宰相世系表一下》，第2290页。
③ 《旧唐书》卷五一《后妃上·高祖太穆皇后窦氏传》，第2163页。
④ 《隋书》卷三九《窦荣定传》，第1150页。
⑤ 《旧唐书》卷六一《窦威传》记载窦威为窦琎从父，窦威"字文蔚，扶风平陵人"（第2364页）。《新唐书》卷九五《窦威传》记载窦威"岐州平陆人"（第3844页）。"扶风平陵"为扶风窦氏郡望所在，而平陆属陕州，与扶风距离较远，"陵""陆（陆）"字形相近，《新唐书》当属传写之讹。
⑥ 《新唐书》卷七一上至卷七五下《宰相世系表》，第2179—3466页。《宰相世系表》下文简称《新表》。
⑦ 窦肃"葬于万年县少陵之原"（见贺华《唐〈窦肃墓志〉略考》，《碑林集刊》第十五辑，2010，第110页）。窦诞葬于"安陵之侧"（见周绍良、赵超主编《唐代墓志汇编续集》贞观〇六一《大唐故光禄大夫工部尚书使持节都督荆州刺史驸马都尉上柱国莘安窦公墓志铭并序》，上海古籍出版社，2001，第44页）。
⑧ 千唐志斋新藏专辑《魏故骠骑大将军仪同三司都督雍华二州诸军事华州刺史夏阳县开国侯杨（俭）君墓志铭》，吴钢主编《全唐文补遗》，三秦出版社，2006，第443页。
⑨ 千唐志斋新藏专辑《魏使持节骠骑大将军开府仪同三司大都督颍北雍东秦华东雍州五州诸军事东雍州刺史西道大行台尚书右仆射侍中夏阳县开国侯故杨俭夫人罗氏墓志铭》，吴钢主编《全唐文补遗》，第444页；同辑《周故开府仪同三司膳部大夫杨公（鳃）墓志铭》，吴钢主编《全唐文补遗》，第450页；同辑《隋使持节仪同三司义兴县开国公杨公（胐）墓志铭》，吴钢主编《全唐文补遗》，第451页。

（九）戴至德

关内道雍州，亳州谯郡戴氏。戴胄"无子，以兄子至德为后"，① 可知戴至德为戴胄后人。戴胄"相州安阳人"。② 《戴胄墓志》记载其为谯国谯人，戴胄夫人菀氏武阳郡武阳县人，两人合葬于雍州长安县。③ 亳州谯国当是戴胄郡望所在，亳州谯郡八姓以戴姓为首。④ 夫人菀氏籍贯武阳，武阳在相州安阳附近，戴胄的祖、父皆在地方为官（戴胄祖清都郡功曹、父汲县令），证明戴胄可能在身居高官后始居长安，戴胄出生、生长于相州安阳县，其籍贯为相州安阳县，郡望为亳州谯郡戴氏。但戴胄为官后家已迁至长安，死后并归葬长安。戴至德曾孙戴希晋死于洛阳后亦葬雍州乾封县。⑤ 乾封元年分长安县设为乾封县，长安三年复并入长安县。自戴胄起其家族已迁居雍州长安县，故戴至德籍贯为雍州长安县。

（十）许圉师

淮南道安州，安州安陆郡许氏。他是许绍少子，许绍"本高阳人也，梁末徙于周，因家于安陆"，⑥ 这详细记载了许圉师家族的迁徙过程，原居住在河北定州高阳县，在梁末迁徙至安州安陆县。郡望见《新表》。

（十一）崔知悌

河南道洛州，贝州清河郡崔氏鄢陵房。他是崔知温兄，崔知温"许州鄢陵人。祖枢，司农卿。父义真，陕州刺史"，⑦ 鄢陵代表郡望为清河崔氏鄢陵房。毛汉光认为崔知悌家族籍贯在唐朝时已中央化。⑧ 崔知温家族成员

---

① 《旧唐书》卷七〇《戴胄传附兄子至德传》，第2534页。
② 《旧唐书》卷七〇《戴胄传》，第2531页。
③ 张小丽、朱连华：《唐太宗民部尚书戴胄夫妇墓的新发现》，《文物天地》2015年第12期，第115页。
④ 王仲荦：《隋唐五代史（上）》，第509页。
⑤ 周绍良主编《全唐文新编》卷九九五《大周故致果校尉左千牛备身戴君墓志铭并序》载，戴希晋"终于神都修业里……迁窆于雍州乾封县神和原"，吉林文史出版社，2000，第14717页。
⑥ 《旧唐书》卷五九《许绍传附子圉师传》，第2327页。
⑦ 《旧唐书》卷一八五上《良吏·崔知温传》，第4791页。
⑧ 毛汉光：《从士族籍贯迁移看唐代士族之中央化》，第252页。

墓志可进一步对崔知温家族籍贯情况进行补充，杜氏进入崔氏家族后"六房同居，和睦上下，抚诸孤侄……（开元六年）薨于河南府永丰里第，（开元七年）权窆于河南府洛阳县平阴乡迁善里北邙山之原先茔之侧"，① 说明崔义真的六子崔知悌、崔知温等居住在洛州。又崔知温子崔泰之"清河东武城人也……曾祖世枢，皇朝上大将军、散骑常侍、司农卿……（泰之）以开元十一年六月七日寝疾，薨于京平康里第……葬于河南府河南县平乐乡所"。② 崔泰之孙崔备"葬于洛阳县邙山之原旧茔"。③ 说明崔泰之家族墓地位于洛阳县，崔知悌、崔知温籍贯为洛州洛阳县。

（十二）薛元超

关内道雍州，蒲州河东郡薛氏西祖房。薛元超之父薛收"蒲州汾阴人"，曾任秦府主簿，后迁天策府记室参军，武德七年卒于长安家中，"太宗亲自临哭，哀恸左右"，④ 由此观之薛元超进入关中做官时已迁居长安。蒲州汾阴为郡望描述。薛元超生于武德六年，⑤ 当是在长安出生，卒后陪葬乾陵，因而籍贯为雍州长安县。

二 武则天时期

（一）李晦

关内道雍州，宗室成员。⑥ 他是河间王李孝恭次子。武德元年（618）李渊建唐时，作为宗室成员的李孝恭已经进入京城做官并将家迁徙至京城，

---

① 周绍良主编《唐代墓志汇编》开元一五九《唐故中书令赠荆州大都督清河崔府君妻齐国太夫人杜氏墓志铭并序》，上海古籍出版社，1992，第1266页。
② 周绍良主编《唐代墓志汇编》开元一七四《大唐故银青光禄大夫守工部尚书赠荆州大都督清河郡开国公上柱国崔公墓志铭并序》，第1276—1277页。
③ 千唐志斋新藏专辑《张惟素·唐故谏议大夫清河崔（备）墓志铭并序》，吴钢主编《全唐文补遗》，第325页。
④ 《旧唐书》卷七三《薛收传》，第2587—2589页。
⑤ 光宅元年（684）卒，时年六十二，进而得知其生于武德六年（623）。周绍良、赵超主编《唐代墓志汇编续集》垂拱〇〇三《大唐故中书令兼检校太子左庶子户部尚书汾阴县男赠光禄大夫使持节都督秦成武渭司诸军事秦州刺史薛公墓志并序》，第280页。
⑥ 宗室成员籍贯以雍州处之。

卒后"配享高祖庙庭"。① 李晦出生于贞观元年（627），出生在李孝恭进入京城做官之后，且李晦卒后埋葬于雍州"高陵县鹿苑原"，② 说明李晦籍贯为雍州。

（二）魏玄同

河北道定州（存疑），邢州巨鹿郡魏氏东祖房。魏玄同"定州鼓城人也"，③ 籍贯为定州鼓县。其子魏协墓发现于今河南省洛阳市偃师区，魏协卒于"汝州归德里之私第"，葬于"缑氏旧茔东，礼也"。④ 说明至少在魏协一代，他们家族墓地已经迁于洛州。郡望见《新表》。

（三）韦方质

关内道雍州，雍州京兆韦氏彭城公房。韦方质祖韦云起"雍州万年人"，⑤ 籍贯为京兆万年县，属关内道。郡望见《新表》。

（四）王本立

两《唐书》无传，贯望不可考。

（五）格辅元

河南道汴州，非士族。格辅元"汴州浚仪人也。伯父德仁，隋剡县丞，与同郡人齐王文学王孝逸、文林郎繁师玄、罗川郡户曹靖君亮、司隶从事郑祖咸、宣城县长郑师善、王世充中书舍人李行简、处士卢协等八人，以辞学擅名，当时号为'陈留八俊'"。⑥ 其伯父格德仁被称为"陈留八俊"，可知其伯父时家族还居住在汴州。格辅元的父亲格处仁的墓志详细记载了其家族的迁徙过程，其文云："君讳处仁，字处仁，汝南郡人也……曾祖□

---

① 《旧唐书》卷六〇《宗室·河间王孝恭传》，第2349页。
② 焦南峰、王保平、马永赢：《唐〈秋官尚书李晦墓志〉考略》，《碑林集刊》第十辑，三秦出版社，2004，第37页。
③ 《旧唐书》卷八七《魏玄同传》，第2849页。
④ 邓新波：《洛阳唐魏协夫妇墓志浅析》，《洛阳考古》2016年第2期，第74页。
⑤ 《旧唐书》卷七五《韦云起传》，第2631页。
⑥ 《旧唐书》卷七〇《岑文本传附格辅元传》，第2541页。

后魏殄寇将军、雁门郡守,因而家焉。祖显,龙骧将军、云中郡守,□□文皇帝迁洛,授青州刺史。并极天生哲,出地成芬。雁门以智北来游,遂声雄于朔野。(下泐)南可运□□茂于中原。父瓘,齐殿内将军、开府、祭酒、冀州别驾……(处仁)贞观六年五月十五日遘疾于洺州之官第,春秋五十有六……(夫人李氏)永徽四年五月九日遘疾终于里第,春秋五十有二。粤以垂拱元年岁次乙酉二月丁丑朔八日甲申合葬于邙山瀍水之西原,礼也。"① 说明格氏家族在北魏初期因曾祖□在雁门任官,将家迁徙至雁门一带。孝文帝迁都之时,格氏家族又回到中原地区,至此居住在汴州浚仪县,因而格辅元籍贯为汴州浚仪县。汴州陈留郡士族中并无格姓,② 格氏又非魏晋以来的传统士族,当非士族。

(六)狄仁杰

河东道并州,秦州天水郡狄氏。狄仁杰"并州太原人也……其亲在河阳别业",③ 他在河阳县有新的住宅,这说明狄仁杰老宅或旧宅还是位于太原。"狄氏出自姬姓。周成王母弟孝伯封于狄城,因以为氏。孔子弟子狄黑裔孙汉博士山,世居天水。后秦乐平侯伯支裔孙恭,居太原",④ 狄氏最初居住在天水地区,在后秦时迁至太原定居,郡望为天水郡狄氏,籍贯为并州太原县。

(七)杨执柔

关内道雍州,虢州弘农郡杨氏观王房。他是杨恭仁弟杨续之孙,杨恭仁"弘农华阴人,隋司空、观王雄之长子也"。⑤ 杨恭仁乃隋朝宗室,弘农华阴为其郡望,其家族在隋时已迁居关中,杨执柔家族多位成员死后葬于雍州,如其从祖杨恭仁、从祖父杨思纳、弟杨执一等,家族墓地当位于雍

---

① 周绍良、赵超主编《唐代墓志汇编续集》垂拱〇〇一《唐故洺州司户参军事□□格府君墓志铭并序》,第276—277页。
② 王仲荦:《隋唐五代史(上)》,第508、516页。
③ 《旧唐书》卷八九《狄仁杰传》,第2885页。
④ 《新唐书》卷七四下《宰相世系表四下》,第3162页。
⑤ 《旧唐书》卷六二《杨恭仁传》,第2381页。

州咸阳县洪渎原。① 其籍贯当为雍州。

（八）姚璹

关内道雍州，湖州吴兴郡姚氏。姚璹"散骑常侍思廉之孙也"。② 又姚思廉"雍州万年人。父察，陈吏部尚书……陈亡，察自吴兴始迁关中"，③ 可知姚璹郡望为吴兴郡姚氏，其家族在陈灭亡时已迁徙至万年县，新贯为雍州万年县。

（九）韦巨源

关内道雍州，雍州京兆韦氏郧公房。韦安石"京兆万年人"，韦巨源"与安石及则天时文昌右相待价，并是五服之亲"，④ 可知韦巨源籍贯为雍州万年县。郡望见《新表》。

（十）李峤

河北道赵州，赵州赵郡李氏东祖房。李峤"赵州赞皇人，隋内史侍郎元操从曾孙也。代为著姓"。⑤ 李峤子李畅"赵郡赞皇人也……薨于东都宣风里第，春秋五十有二……葬于邙山之原，礼也"。⑥ 李峤父亲最高官职为襄城令说明李峤家族在父亲一代当未曾迁徙，籍贯为赵州赞皇县。李峤在武则天时期官拜宰相，似在此时将家族迁至洛阳，进而其子居住在洛阳，并葬于洛阳。郡望见《新表》。

---

① 《旧唐书》卷六二《杨恭仁传》记载杨恭仁"陪葬昭陵"（第2382页）。杨思纳葬于"咸阳洪度旧茔"（吴钢主编《全唐文补遗》第七辑《大唐故凤州刺史杨府君墓志铭并序》，第269页）；杨执一葬于"京兆府咸阳县洪渎原"（周绍良主编《全唐文新编》卷三〇〇《贺知章·大唐故金紫光禄大夫郦州刺史赠户部尚书上柱国河东忠公杨府君墓志铭并序》，第3397页）。
② 《旧唐书》卷八九《姚璹传》，第2902页。
③ 《旧唐书》卷七三《姚思廉传》，第2592页。
④ 《旧唐书》卷九二《韦安石传》，第2955页；同卷《韦安石传附从祖兄子巨源传》，第2967页。
⑤ 《旧唐书》卷九四《李峤传》，第2992页。
⑥ 周绍良主编《全唐文新编》卷二七三《崔沔·唐正议大夫使持节相州诸军事守相州刺史上柱国赞皇县开国子李公墓志铭并序》，第3102—3103页。

三 特征及影响

（一）籍贯

表1 高宗武则天时期户部尚书籍贯

籍贯	高宗朝	武则天朝	合计
关内道	雍州：杨纂、高履行、唐临、乐质、窦德玄、戴至德、薛元超 华州：杨昉	雍州：李晦、韦方质、杨执柔、姚璹、韦巨源	13
河南道	洛州：卢承庆、崔知悌	汴州：格辅元	3
河北道	相州：杜正伦	定州：魏玄同 赵州：李峤	3
河东道		并州：狄仁杰	1
淮南道	安州：许圉师		1
不可考		王本立	1
总数	12	10	22

户部尚书22人中，籍贯可考者21人，占95.45%。高宗朝12人，籍贯皆可考；武则天朝10人，籍贯可考者9人，占90%。他们的籍贯呈现如下特征：

就南北地域而言，[①] 南北分布差异显著。户部尚书北方注籍者有20人，南方注籍者仅有1人，分别占可考总人数的95.24%、4.76%，北方为南方的20倍，北人占绝对优势。这与唐代宰相的籍贯分布相一致。[②] 具体到不同时期，高宗朝户部尚书北方人为南方人的11倍，武则天朝全为北方人。可见户部尚书主要来自北方，不同时期变化不大。

就唐代区划而言，各道各州人数分布并不均衡。籍贯可考的21人，来自关内道、河南道、河北道、河东道、淮南道5道，陇右道、剑南道、岭南道等5道无人出任户部尚书。其人数及比例依次为：关内道（13人，61.90%）、河南道（3人，14.29%）、河北道（3人，14.29%）、河东道（1人，

[①] 本文南北以道为主体划分，关内道、河南道、河东道、河北道为北方，淮南道为南方。这种南北划分法与今天以秦岭—淮河划分南北基本一致。

[②] 华林甫经过统计发现"唐代宰相，其籍贯分布的最大特点是数量上北方占绝对优势地胜过南方"（华林甫：《论唐代宰相籍贯的地理分布》，《史学月刊》1995年第3期，第35页）。

4.76%)、淮南道（1人，4.76%）。具体到不同时期，高宗朝：关内道（8人，66.67%）、河南道（2人，16.67%）、河北道（1人，8.33%）、淮南道（1人，8.33%）。武则天朝：关内道（5人，55.56%）、河北道（2人，22.22%）、河南道（1人，11.11%）、河东道（1人，11.11%）。不同时期，关内道占比超过一半，与高宗朝相比武则天朝的比例略有下降。河南道、河北道人数次之，河东道、淮南道最少。籍贯可考的21人来自9州，人数及比例依次为雍州（12人，57.14%），洛州（2人，9.52%），华州、汴州、相州、定州、赵州、并州、安州等7州人数相同（1人，4.76%）。就不同时期而言，高宗朝：雍州（7人，58.33%），洛州（2人，16.67%），华州、相州、安州等3州人数相同（1人，8.33%）。武则天朝：雍州（5人，55.56%），汴州、定州、赵州、并州人数相同（1人，11.11%）。与高宗朝相比，武则天朝户部尚书的籍贯更为分散。

关内道人数远远多于河南道，且雍州人数及其占所属道总人数的比例皆高于洛州。究其原因则与用人政策及时局有很大的关系。正如汪篯先生以太宗朝宰相为例进行分析，认为"高祖时的偏重任用关陇人士的政策，到太宗朝时便有了变化"。① 李丹捷认为唐初经历了"从武德朝'承继周隋'到贞观朝的'革隋为唐'"② 的转变。高宗以后洛阳政治地位不断提高，武周朝洛阳成为政治中心，玄宗也在洛阳居住近10年之久，相应地，不少大臣定居洛阳，如武周朝户部尚书王本立籍贯虽然不可考，但其在中央任官时已在洛阳定居，宅院位于宣仁门外街南。③ 他的后人在不迁徙的情况下，就成为了洛州人。籍贯对于政治地位的变化有一定的滞后性。如陆象先祖父一代进入中原做官，不晚于其父陆元方时已将家族墓地迁徙至洛阳，陆元方在武周时一度官拜宰相，玄宗时籍贯为洛阳的陆象先官拜户部尚书。河北道的户部尚书人数与河南道相当，但分散于3个州，不如河南道集中。

---

① 汪篯：《唐太宗之拔擢山东微族与各集团人士之并进》，载唐长孺等编《汪篯隋唐史论稿》，中国社会科学出版社，1981，第132页。
② 李丹捷：《承继还是革命——唐朝政权建立及其历史叙事》，《中华文史论丛》2013年第3期，第124页。
③ 徐松：《唐两京城坊考》卷五《东京·外郭城》，张穆校补，方严点校，中华书局，1985，第171页。

（二）郡望

表2　高宗武则天时期户部尚书郡望

郡望	高宗朝	武则天朝	合计
宗室		李晦	1
虢州弘农郡杨氏	杨纂、杨昉（越公房）	杨执柔（观王房）	3
雍州京兆杜氏	杜正伦（洹水房）		1
雍州京兆韦氏		韦方质（彭城公房） 韦巨源（郧公房）	2
岐州扶风郡窦氏	窦德玄（三祖房）		1
秦州天水郡狄氏		狄仁杰	1
贝州清河郡崔氏	崔知悌（鄢陵房）		1
幽州范阳郡卢氏	卢承庆（大房）		1
赵州赵郡李氏		李峤（东祖房）	1
蒲州河东郡薛氏	薛元超（西祖房）		1
沧州渤海郡高氏	高履行（北齐皇室房）		1
青州北海郡唐氏	唐临		1
邓州南阳郡乐氏	乐质		1
亳州谯郡戴氏	戴至德		1
安州安陆郡许氏	许圉师		1
邢州巨鹿郡魏氏		魏玄同（东祖房）	1
湖州吴兴郡姚氏		姚璹	1
庶族		格辅元 王本立（存疑）[1]	2
合计	12	10	22

注：[1] 王本立官至宰相，在唐朝宰相家谱中，任何一位王姓宰相的家谱都没有将他列入其中，他出自庶族的可能性较大。

（三）阶层分析

从总体来看，户部尚书主要出自士族阶层。我们将高宗武后朝户部尚书22人，按宗室、士族、非士族进行归类，其中宗室1人，占比例为4.55%；士族19人，占86.36%；非士族2人，占9.09%。士族与宗室及非士族相比占绝对优势。仅有的庶族2人，皆出自武则天朝。

宗室仅1人，且为皇室疏属。李晦为唐朝宗室、河间王李孝恭之子，与高宗为五服亲，在中宗第一次即位，武则天掌握大权时任户部尚书，从与当朝皇帝关系来看，已出五服。高祖时期重用宗室，下诏"宗绪之情，义越常品，宜有旌异，以明等级。诸宗姓官宜在同列之上"。① 如李世民任尚书令、李元吉任侍中。但随着宗室争权夺利威胁皇权，如玄武门之变、神龙政变、唐隆政变，朝廷对宗室的限制逐渐加强，如李世民时宗室以任地方官为主，② 至唐玄宗时对宗室严格限制，先是对任职地方的宗室"令到官但领大纲，自余州务，皆委上佐主之"，③ 后来又"禁约诸王，不使与群臣交结"。④ 户部尚书执掌朝廷财政大权，为巩固皇权，选任时皇帝自然将宗室近属排除在外，说明皇帝重视对户部权力的控制。

从士族出身来看，出身大士族的人数超过普通士族。户部尚书出身士族的20人来自16个郡姓。出自16个"大士族"⑤ 的户部尚书有11人，分别是弘农杨氏3人、京兆韦氏2人、清河崔氏1人、范阳卢氏1人、赵郡李氏1人、京兆杜氏1人、渤海高氏1人、河东薛氏1人，占55.00%；出自普通士族的9人，占45.00%。高宗朝出自大士族的7人，占58.33%（7/12）；武则天朝出自大士族的4人，仅占40.00%（4/10）。这些士族中所出户部尚书以1人居多，且多为唐代该士族中的精英，说明户部尚书的选拔极为严格。以区域来划分士族，山东士族、关中士族、江南士族所出户部尚书人数差异显著，山东士族共10人，位居第一；关中士族共8人，仅次于山东士族；江南士族共1人，人数最少。

高宗武则天时期，户部尚书以北方注籍的士族为主。北方注籍者远远超过南方，与宰相情况基本一致。就道而言，关内道远远超过其他各道，又集中在雍州。河南道、河北道人数相同，河南道主要集中在洛州，河北道分散为3州。河东道、淮南道人数最少。虽然高宗以后洛阳地位逐渐提

---

① 宋敏求编《唐大诏令集》卷四〇《宗姓官在同列之上诏》，商务印书馆，1959，第189页。
② 玄宗诏令"宗室勋贤作镇藩部"，令二十一王任地方长官（《旧唐书》卷七四《马周传》，第2614页）。
③ 《资治通鉴》卷二一一《唐纪二十七》，开元二年六月条，中华书局，1956，第6701页。
④ 《资治通鉴》卷二一二《唐纪二十八》，开元八年十月条，第6741页。
⑤ 以毛汉光在考证唐代大士族进士第中的大士族为准（毛汉光：《唐代大士族的进士第》，载毛汉光主编《中国中古社会史论》第九篇，第336页）。

高，籍贯相对洛阳政治地位的变化有一定的滞后性。陇右道、剑南道、岭南道等道未有人出任户部尚书。从出身来看，宗室户部尚书仅1人，且为皇室疏属，这种局面的出现与唐代的宗室政策有关。玄武门之变后中央政府对宗室严加防范，为巩固皇权，选任户部尚书时皇帝自然将宗室近属排除在外。户部尚书出身士族者超过八成，其中大士族人数略多于普通士族。这些士族中所出户部尚书以1人居多，且多为唐代该士族中的精英，说明户部尚书的选拔极为严格。以区域来划分大士族，山东士族位居第一，关中士族人数次之，江南士族人士较少。武则天时期大士族比例低于高宗时期，且出现了庶族2人，说明当时寒门庶族逐渐崛起。

作者简介：权玉峰，河南洛阳人，河南科技大学人文学院讲师，历史学博士，主要研究方向为魏晋隋唐史；王佳梅，河南宜阳人，河南科技大学中国史研究生，主要研究方向为魏晋隋唐史。

洛阳白马寺佚失铭石文物考

赵耀辉

摘 要 作为白马寺文物重要组成部分的铭石文物,是白马寺历史文献的直接记录者和见证者,一直是历代文人学者重点关注的对象。对白马寺内铭石文物的关注,最早可以追溯到中唐诗人张继,其后至金元明清各代均有学者著录,尤以清代为胜。而这些大量的前贤著作,则成为我们探究白马寺佚失铭石文物的重要线索。白马寺佚失铭石文物包括了造像、碑记、敕牒、题名等,基本涵盖了铭石文物主要门类,充分展现了白马寺铭石文物的丰富性。对这些佚失铭石文物进行辑录考证研究,有助于白马寺原始历史文献的补充及完善,对于白马寺的历史叙述,有着重要的意义。

关键词 白马寺;佚失;铭石文物

自东汉永平十一年(68),汉明帝于洛阳西雍门外敕建白马寺,至今已有1950余年的历史,期间佛事不断,文物繁盛,时至今日依旧有着大量的文物遗存,而其中又以铭石文物为大宗。由于自然或人为的因素,一些见诸文献记载的白马寺铭石文物,今已佚失不存。本文兹就相关文献记载,对这些佚失的白马寺铭石文物做一浅显考证,以明其迹。

一 白马寺铭石文物的著录简史

洛阳白马寺作为中国第一所官办寺院,自古及今都有着极为崇高的地位,一直是历代达官贵人、文人学者在洛阳游历时的重要去处。而寺中的历代碑刻作为白马寺历史的记录和见证,则一直是历代文人学者重点关注的对象。经过笔者对相关文献的梳理,最早对白马寺碑刻进行关注的人,当属中唐诗人张继,其在《宿白马寺》一诗中写道"白马驮经事已空,断碑残刹见遗踪",这是对白马寺碑刻信息的首次记录。张继游览白马寺时,因刚刚经历过安史之乱,东都洛阳遭到严重破坏,白马寺也未能幸免,由"断碑残刹见遗踪"可以想象寺中大量碑刻遭到损毁的景象,而战乱也正是造成白马寺碑刻文物佚失的主要原因之一。

张继之后,对白马寺碑刻的关注便沉寂下来,即使是金石学大兴的宋代,以欧阳修《集古录》、赵明诚《金石录》为代表的金石学著作中亦很难觅到有关白马寺碑刻的信息。而反观同样作为洛阳重要访古游历胜地的龙门石窟,其碑刻则被《集古录》《金石录》相继著录。[1] 之所以出现这种情形,笔者推测,可能是因为在宋代时期白马寺内前代碑刻已经损毁佚失殆尽,无可辑录。根据笔者对白马寺内现存古代碑刻的调查,北宋之前的碑刻仅有1件,即位于山门外东南狄仁杰墓冢上的北朝造像碑。除此之外,属北宋淳化年间(990—994)刻立的由翰林学士苏易简撰书的《大宋重修西京白马寺记》为最早。这就可以间接印证前述笔者的推测,即在金石学大兴的宋代时期,白马寺前代碑刻不见著录的原因,主要是当时寺内的前代碑刻已经损毁佚失殆尽,无可辑录。

宋代以后,元代学者、文学家纳新(1309—1368)在其所著《河朔访古记》中,对白马寺内的《大元重修释源大白马寺赐田功德之碑》进行了详细的记录:

> 庭中一巨碑,龟趺螭首,高四丈余,碑首刻曰:"大元重修释源大白马寺赐田功德之碑。"荣禄大夫、翰林承旨阎复奉敕撰。[2]

纳新不但对《大元重修释源大白马寺赐田功德之碑》的形制、尺度进行了详细的记录,同时对碑文进行了抄录。与张继的诗句描述相比,纳新

---

[1] 欧阳修《集古录》载:"右《三龛记》,唐兼中书侍郎岑文本撰,起居郎褚遂良书,字画尤奇伟。在河南龙门山,山夹伊水,东西可爱,俗谓其东曰香山,其西曰龙门。龙门山壁间凿石为佛像,大小数百,多后魏及唐时所造。惟此三龛像最大,乃魏王泰为长孙皇后造也。"上海古籍出版社,2020,第230页。

[2] 纳新:《河朔访古记》卷下,《石刻史料新编》第3辑第25册,新文丰出版公司,1986,第179页。

的文字记录已经具备了碑刻学研究的价值意义。此碑今已不存，成为本文探讨的佚失碑刻之一，而纳新对于此碑的文字记载，则为我们提供了弥足珍贵的原始信息。

纳新之后，明代万历年间（1573—1620）刊刻的《河南府洛阳县佛教源流白马志》，对当时白马寺内保存的宋、金、元、明时期的部分碑刻进行了记录，成为研究白马寺碑刻的重要文献。

到了清代，尤其是乾嘉以后金石学前所未有地兴盛，大批的文人学者参与到金石学的研究中，对碑刻的寻访、拓印、著录成为一时之风气。彼时，各家著作中关于白马寺碑刻的信息也逐渐多了起来，著名金石学家黄易更是亲至白马寺对寺内碑刻进行实地考察记录，并绘有《白马寺访碑图》（图1）。

图1 《白马寺访碑图》

除了上述通过文字和绘图保留下来的信息，在19世纪末20世纪初，来自海外的汉学家们在参访白马寺时，又利用摄影技术对寺内建筑、石刻、雕塑等文物进行了拍摄，拍下的照片成为今天研究白马寺佚失碑刻最为真实直观的资料。

二 白马寺佚失铭石文物信息汇录

根据笔者的实地调查统计，白马寺内现存各类古代碑刻42件，经与前贤著录中的白马寺碑刻名目进行比对，可以辑录出佚失碑刻12处16件。

（一）魏造像幢

毕沅《中州金石记》、黄易《嵩洛访碑日记》、杨铎《中州金石目录》均著录，今已不存，有法国汉学家沙畹于1907年拍摄的照片存世。

（二）苏宝才造像记

毕沅《中州金石记》、黄易《嵩洛访碑日记》、杨铎《中州金石目录》均著录，今已不存，中国国家图书馆藏有顾千里旧藏嘉道时期的拓片。

（三）敕赐白马寺兴教塔牒帖

释如学《河南府洛阳县佛教源流白马志》、常茂徕《洛阳石刻录》均有著录，今已不存，中国国家图书馆藏有清代拓片。

（四）长明灯记

毕沅《中州金石记》、杨铎《中州金石目录》均著录，今已不存，中国国家图书馆藏有清代拓片。

（五）范致君瞻礼摩腾三藏题名

常茂徕《洛阳石刻录》著录，今已不存。中国国家图书馆藏有清代拓片。

（六）晋开运造像

黄易《嵩洛访碑日记》著录，今已不存。

（七）宁远将军造像

黄易《嵩洛访碑日记》著录，今已不存。

（八）齐云塔之东南隅旧碑

李中孚《大金重修洛阳东白马寺塔记》著录，今已不存。

（九）甘露井五通古碑

李中孚《大金重修洛阳东白马寺塔记》著录，今已不存。

（十）三藏赞碑

纳新《河朔访古记》著录，今已不存。

（十一）大元赐田功德碑

纳新《河朔访古记》著录，今已不存。

（十二）释源白马寺禅院住持如学募化重修殿宇、续谱立传疏引

释如学《河南府洛阳县佛教源流白马志》著录，今已不存。

根据上述信息，可以看出白马寺佚失铭石文物包括了造像、碑记、敕牒、题名等，基本涵盖了铭石文物主要门类，充分展现了白马寺铭石文物的丰富性。同时，早期记录的文字与图像信息，为我们探讨考证上述佚失铭石文物的形制、内容，以及还原其历史场景提供了有力的证据。

三 白马寺佚失铭石文物汇考

白马寺佚失铭石文物，按照其遗留信息，可分为图文并存与单纯文字著录两大类。其中图像信息又分为拓片、照片两种形式。下面就按照其分类，分别进行考证。

（一）图文并存类

1. 魏造像幢

毕沅《中州金石记》载：

> 白马寺造像幢。正书，在洛阳寺内。幢无盖坐，在白马寺大殿左侧苑中，钱别驾玷自西安来汴，过寺门，搜得此石，手拓以归，文摩

泐不可读，作五十余佛像，上下左右，俱有题名，但辩邑子某某而已，审其制度笔法，为魏人所作无疑。①

钱别驾坫者，即清代著名学者、书法家钱坫，字献之，号小兰、十兰，为乾隆三十九年（1774）举人，精训诂，明舆地，尤工小篆，著有《十经文字通正书》《汉书十表注》《圣贤冢墓志》《十六长乐堂古器款识考》《浣花拜石轩镜铭集录》《篆人录》《尔雅古义》等。《清史稿》载其"以直隶州州判官于陕，与洪亮吉、孙星衍讨论训诂舆地之学，论者谓坫沉博不及大昕，而精当过之"。②关于钱坫"自西安来汴，过寺门，搜得此石"之时间，可以从两个时间点来确定。一是毕沅任河南巡抚的时间，即乾隆五十年（1785）至乾隆五十二年（1787）。据《清史稿·毕沅传》载："五十年，调河南巡抚。……五十一年，赐黄马褂。授湖广总督。伊阳盗秦国栋戕官，上责沅捕治未得，命仍回巡抚。……五十三年，复授湖广总督。"③二是《中州金石记》成书的时间，即乾隆五十二年。因此，钱坫"自西安来汴，过寺门，搜得此石，手拓以归"的时间当在乾隆五十年毕沅调任河南巡抚后至乾隆五十二年《中州金石记》成书之前的一段时间。

嘉庆元年（1796）九月二十日，黄易到访白马寺时，在日记中记道"大殿前魏造像幢"。④

另，杨铎《中州金石目录》卷二"后周"条下载有"白马氏造像幢，正书无年月，存洛阳"。⑤此处之后周，即北周。其中"白马氏"当为"白马寺"之误。造像幢者，当即前述之魏造像幢。然将其年代定为北周，则不知何据。

法国汉学家沙畹曾于1907年到访白马寺，拍摄有一张造像幢的照片（图2），审其形制，为八棱柱形，柱身满刻佛像，损泐严重，与毕沅在《中州金石记》中记载的"文摩泐不可读，作五十余佛像，上下左右，俱有题名"高度吻合，可以断定沙畹拍摄之照片即前述之魏造像幢。

---

① 毕沅：《中州金石记》，《丛书集成初编》，上海商务印书馆，1936年12月初版，第19页。
② 《清史稿》卷四八一《列传二百六十八·钱坫传》，中华书局，1977，第13196页。
③ 《清史稿》卷三三二《列传一百十九·毕沅传》，第10977页。
④ 黄易：《嵩洛访碑日记》，《粤雅堂丛书》，咸丰四年（1854）刊刻，第9页。
⑤ 杨铎：《中州金石目录》，《丛书集成续编》卷九三，新文丰出版公司，1988，第94页。

图 2　沙畹拍摄的白马寺魏造像幢

2. 苏宝才造像记

据毕沅《中州金石记》载：

> 苏宝才造像记。麟德元年六月立，正书，在洛阳白马寺。文云："弟子苏宝才并妻刘奉为皇帝皇后造石观世音菩萨一区，今得成就，谨共决俾苍生，普同供养。麟德元年六月造。"此石自钱别驾圫搜得之。①

嘉庆元年九月二十日，黄易在《嵩洛访碑日记》中写道"后殿唐麟德年苏宝才造像"。②

杨铎《中州金石目录》亦录有此石："白马寺苏宝才造像铭，正书，麟德元年六月，存洛阳。"③

《苏宝才造像记》的具体佚失时间不可确考，今中国国家图书馆藏有此石之嘉道旧拓（图3），系清代著名校勘学家、藏书家、目录学家顾千里旧藏。拓片高29厘米，宽19厘米。通过拓片，可以看出毕沅在《中州金石记》中对此石的内容有漏释和误释的情况存在，分别是：第二行"皇后"

---

① 毕沅：《中州金石记》，第30页。
② 黄易：《嵩洛访碑日记》，第9页。
③ 杨铎：《中州金石目录》，第98页。

后漏释一"敬"字；第四行末字为"法"字，误释为"决"字；第五行首字为"界"字，误释为"俾"字。笔者根据拓片重新释文录之如次：

弟子苏宝才并妻刘/奉为皇帝皇后敬/造石观世音菩萨一/区，今得成就，谨共法/界苍生，普同供养。/麟德元年六月造。/

此造像记之书法空灵飞动，笔画起伏多姿，跌宕有致，曲直兼用，表现出强烈的节奏感，且刚柔并济，清朗秀劲，遒媚飘逸，力和美、骨与韵趋于一体，有着强烈的褚遂良书法之风神。由此也可以看出，作为"唐之广大教化主"的褚书，在当时流布之广，虽"穷乡儿女造像"，亦着意模仿其书风。

"麟德"为唐高宗李治所用的第四个年号，此年号所用仅两年，此时之皇后为武则天，因此，可知此石观音菩萨像是苏宝才并妻刘为皇帝李治和皇后武则天祈福所造。

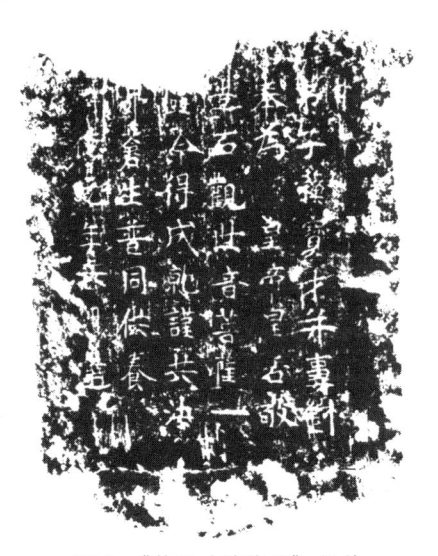

图3 《苏宝才造像记》拓片

3. 敕赐白马寺兴教塔牒帖

常茂徕《洛阳石刻录》载：

敕赐白马寺兴教塔牒帖。天禧五年正月十五日，僧处□书，翟光锐镌。在白马寺。①

现藏于台湾"中研院"傅斯年图书馆的明代万历年间刊刻的《河南府洛阳县佛教源流白马志》中收录有《敕赐白马寺兴教塔牒帖》的文字内容，可作为对常茂徕《洛阳石刻录》的补充。

中国国家图书馆藏有一《白马寺牒》碑的清代拓片（图4），高102厘米，宽76厘米。通过内容比对，即《敕赐白马寺兴教塔牒帖》。

图4 《敕赐白马寺兴教塔牒帖》拓片

根据《敕赐白马寺兴教塔牒帖》的文字记载，兴教塔为西京白马东寺塔，塔本无额，由河南府上奏朝廷后，敕赐以兴教塔为额。按其年代来看，当为《大金重修洛阳东白马寺塔记》中所载的宋初李继勋所建之九层木浮图。②

另外，根据《白马寺牒》碑拓片内容，《敕赐白马寺兴教塔牒帖》仅是其中的一段。另有《敕赐白马寺额牒》《敕赐白马寺舍利塔院额牒》等内容，对于研究北宋初期白马寺的建制及历史有着重要的价值。

此碑书丹人署名损泐一字，不可辨识。镌刻者翟光锐，不见于史，然

---

① 常茂徕：《洛阳石刻录》，《丛书集成续编》卷九六，第484页。
② 洛阳市地方史志编纂委员会编《洛阳市志》第十五卷《白马寺志》，中州古籍出版社，1996，第66页。

北宋时期洛阳的碑石多见署名翟氏刻工者，可推知翟氏镌刻世家之身份。

4. 长明灯记

毕沅《中州金石记》载：

> 长明灯记。至顺癸酉正月立，僧福佑撰，正书，在白马寺。碑记陕西行御史台大夫玥珞博华造寺施钞，充长明灯赀之事。字亦有姿致。考癸酉为元统元年、至顺之四年也。①

按，至顺四年（1333）六月初八，妥懽帖睦尔即位于上都，是为顺帝，改年号元统。因此，若为至顺四年正月的话，则不应为元统元年。

杨铎《中州金石目录》载：

> 白马寺长明灯记。僧福佑撰，正书，至顺四年正月。存洛阳。②

根据中国国家图书馆藏《长明灯记》碑刻的清代拓片（图5），此碑高66厘米，宽94厘米，碑刻自中部竖断为两截。根据文献记载及拓片内容，碑刻记述了陕西行御史台大夫玥珞博华于至顺四年正月十五日访白马寺，

图5 《长明灯记》拓片

---

① 毕沅：《中州金石记》，第123页。
② 杨铎：《中州金石目录》，第141页。

并施钞二千五百缗以充长明灯资为国祈福之事。碑文由白马寺沙门福佑撰，提点僧洪胜等立石，洛阳刘德思刊石。

碑记所载陕西行御史台大夫玥珞博华者，虽不见于史，然亦有迹可循。据《元史》卷三九《本纪第三十九·顺帝二》载："（元统二年十一月）丁巳，遣河南行省平章政事玥珞普华于西番为僧。"① 通过将这两条材料进行比对可知，两人名字只差一字，且生活于同一时期，虽然官职不同，但品级相当，都为从一品。再联系到两者名字中的"博""普"二字，字义可以相通。这就为玥珞博华与玥珞普华两者之间的关系提供了某种可能：即碑记中的玥珞博华与《元史·顺帝纪》中所记的玥珞普华分别为同一人的名和字，其人在至顺四年正月于白马寺"造寺施钞，充长明灯赀之事"后不久，就由陕西行御史台大夫改任河南行省平章政事，并于元统二年（1334）十一月受遣西番为僧。

撰文僧福佑，提点僧洪胜，皆史籍无名，亦不见于白马寺内其他碑石之上，可补白马寺僧史之缺。

5. 范致君瞻礼摩腾三藏题名

常茂徕《洛阳石刻录》载：

> 范致若瞻礼摩腾三藏题名。崇宁三年八月，正书。在白马寺。②

中国国家图书馆藏有该题名碑刻的清代拓片（图6），高36厘米，宽36厘米。经笔者查看拓片文字，"范致若"实为"范致君"之误，石上另有范致虚、范致厚题名。

范致君、范致虚、范致厚三人均见于史，尤以范致虚声名最著，《宋史》有其传。三人之外，另有范致明、范致祥，五人为同胞兄弟，相继登进士第，留下了"五桂"佳话。③

---

① 《元史》卷三九《本纪第三十九·顺帝二》，中华书局，1976，第837页。
② 常茂徕：《洛阳石刻录》，第484页。
③ 南宋周必大《省斋文稿》卷二八《重立芰堂记》："元丰甲子，方城范公掌书记于此官舍西偏有桂甚茂。诸子弦诵其下，榜曰'桂堂'。去之三十年间，致君、致明、致虚、致厚相继登第。"南宋王应麟《小学绀珠·氏族·五桂》记："范致君、致明、致虚、致祥、致厚，相继登第，有五桂堂。"

关于此石的形制，结合存世拓片的尺度及"题名"的内容属性来看，极有可能是题于他碑的碑侧之上。若进一步推测，其既为"瞻礼摩腾三藏"而题名留念，那么最合适的题名位置当在白马寺内宋真宗御制《三藏赞碑》的碑侧上。因两石皆已不存，以上也仅仅是笔者个人的推测而已。

图6 《范致君瞻礼摩腾三藏题名》拓片

（二）单纯文字著录类

1. 晋开运造像

嘉庆元年九月二十日，黄易访白马寺，在《嵩洛访碑日记》中说"晋开运造像在壁间"，[①] 此造像不见他处著录。

"开运"为后晋出帝石重贵年号，所用仅三年，而后晋即为契丹所灭。后晋因国祚短暂，所留石刻稀少，至于佛教石刻更是凤毛麟角，向为学界所珍视。惜黄易对此造像并未过多描述，故难考其面貌，殊为憾事。

2. 宁远将军造像

据《嵩洛访碑日记》载："阶上，宁远将军造像残石。"[②]

因此石未见他处著录，只此寥寥10字，仅可知其嘉庆元年九月二十日

---

① 黄易：《嵩洛访碑日记》，第9页。
② 黄易：《嵩洛访碑日记》，第9页。

黄易到访时已为残石，至于其年代、形制，则无可稽考。

宁远将军，为杂号将军，自曹魏至北宋皆置有此职，多作为武散职存在。始置于曹魏，为第五品。西晋沿用。北魏太和十七年（493）定为五品上。隋初列为散号将军，为从七品上，大业三年（607）罢。唐初复置，为武散官，正五品下。宋代仍为正五品武散官，至元丰中改制罢。

3. 齐云塔之东南隅旧碑

据现存白马寺的《大金重修洛阳东白马寺塔记》碑文记载："塔之东南隅有旧碑云：'功既落成，太祖睹王之乐善，赐以像轮。王之三子，又施宅房廊裹角龟头等仅百间。每遇先大王夫人远忌等日，逐年斋僧一千五百人，以崇追荐。'"[①] 根据《大金重修洛阳东白马寺塔记》的记载，此"塔之东南隅旧碑"当为追记庄武李王创建东白马寺及造九层木浮图的功德碑。段鹏琦先生曾著文考证庄武李王即宋初之李继勋，其人于《宋史》有传。并进一步考证出李继勋创建东白马寺及九层木浮图的竣工时间在开宝九年（976）十月之前。[②] 此外，根据"塔之东南隅旧碑"碑文中"每遇先大王夫人远忌等日，逐年斋僧一千五百人，以崇追荐"的记载，可以得出"塔之东南隅旧碑"之竖立必在李继勋去世以后，即太平兴国二年（977）之后。

4. 甘露井五通古碑

据《大金重修洛阳东白马寺塔记》碑文记载，大定十五年（1175）栖岩彦公在重修白马寺塔时，于"甘露井又立古碑五通"。[③] 关于甘露井的位置，笔者曾专门向汉魏故城文物保管所原所长、白马寺佛教文化研究会原会长徐金星先生请教过，据徐先生的说法，甘露井位于白马寺清凉台上，最初为一眼没有名字的古井，后来因为古井周围常降甘露，遂有甘露井之称，金代以后逐渐废弃。关于"五通古碑"的具体情况，因《大金重修洛阳东白马寺塔记》中没有过多介绍，已不可窥知。但既然在大定十五年时已言其为古碑，则其年代最晚也应在北宋末年。

5. 三藏赞碑

纳新《河朔访古记》卷下"白马寺"条载："又有三藏赞碑一通，撰

---

① 洛阳市地方史志编纂委员会编《洛阳市志》第十五卷《白马寺志》，第66页。
② 段鹏琦：《洛阳东白马寺和庄武李王》，《考古》1992年第2期，第177页。
③ 洛阳市地方史志编纂委员会编《洛阳市志》第十五卷《白马寺志》，第66页。

文、书篆皆宋真宗御制也。"① 宋真宗赵恒为宋太宗第三子，是宋代的第三位皇帝，其爱好文学，且擅长书法，所作碑文多亲自书丹及篆额，被称为"三御碑"。

白马寺《三藏赞碑》的刻立，据《佛祖统纪》载："大中祥符四年三月，上幸洛阳龙门山广化寺，瞻无畏三藏塔，制赞刻石，置之塔所。复幸白马寺，瞻摩腾三藏真身。上谓近臣曰：'摩腾至今千年，而全身不坏，良可尊敬。宜严谕寺僧，用心守护。'因御制以褒之。"② 关于《三藏赞碑》的形制和内容，《河朔访古记》《佛祖统纪》中都未记载。检之《全宋文》，亦未见有宋真宗《三藏赞》。因此，《三藏赞碑》可以作为宋真宗的赞文佚目进行补缺。

6. 大元赐田功德碑

此碑亦见于《河朔访古记》卷下"白马寺"条，且记录比较详细，言："庭中一巨碑，龟趺螭首，高四丈余，碑首刻曰：'大元重修释源大白马寺赐田功德之碑。'荣禄大夫、翰林承旨阎复奉敕撰。"③ 并录有碑文，现将碑文移录如下：

> 圣上大德改元之四年冬十月，释源大白马寺告成。诏以护国仁王寺水陆田在怀孟六县者千六百顷，充此恒产，永为皇家子孙祈福之地。仍命翰林词臣书其事于石，臣复谨按清慧真觉大师文才所具事迹。汉永平中，摩腾、竺法兰以白马驮经，至于西域。初假馆于鸿胪，后即东都雍门外建白马寺，为译经之所。嗣后沙门踵至，若康僧会之于吴，佛图澄之于晋，鸠摩罗什、求那跋摩之于宋，元奘、无畏之于唐。千载而下，经论日繁，教风日竞，北至幽都，南逾瘴海，东极扶桑，西还月窟，莲宫梵宇，弥亘大千，实权舆于此。绵历劫火，寺之兴废有可考者，宋翰林学士苏易简文石在焉。国初，有僧曰英山主，以医术居洛，罄药囊之赀，谋为起废。或讦其规模太广，工用莫继，则曰："兹寺，中华佛教根柢，他日必有大事因缘，余第为张本尔。"至元七

---

① 纳新：《河朔访古记》卷下，第179页。
② 《钦定古今图书集成·博物汇编·神异典》第六十一卷，引《佛祖统纪》。
③ 纳新：《河朔访古记》卷下，第179页。

年,帝师、大宝法王帕克巴,集郡国教释诸僧,登坛演法。从容询于众曰:"佛法至中国,始于何时?首居何刹?"扶宗宏教大师、龙川讲主行育时在众中,乃引永平之事以对,且以营建为请。会白马寺僧行政言与行育,叶帝师嘉纳,闻于世祖。圣德神功文武皇帝,特敕行育综领修寺之役。经度之始,无所取财,遍访檀施于诸方,浃更岁龠而未睹成效。帝师闻之,申命大师丹巴董其事。丹巴请假护国仁王寺田租,以供土木之费,诏允其请。裕宗文惠明孝皇帝时在东宫,亦出帛币为助。于是工役始大作,为殿九楹,法堂五楹,前三其门,傍翼以阁,云房精舍,斋庖库厩,以次完具,位置尊严,绘塑精妙,盖与都城万安、兴教、仁王三大刹比绩焉。始终阅二纪之久,缘甫集而行育卒。诏赠司空、鸿胪卿,谥"护法大师"。文才继主席,酬酢众务,率其属敏于事者,曰净、汴等,以毕寺之余功。落成之际,仁王寺欲复所假田租。文才即遣僧爽言于丹巴曰:"转经颂禧,寺所以来众僧也。有寺无田,众安仰?"丹巴令宣政院官达什爱满等奉请,遂有赐田之命,且敕有司世世勿夺。①

碑文讲述了时任白马寺住持龙川和尚奉元世祖忽必烈之命修葺白马寺,并以护国仁王寺在怀孟六县的田租,作为修葺白马寺的费用,并在大德四年十月白马寺修葺完成后,应继任住持文才之请,将护国仁王寺在怀孟六县的一千六百顷田地赐给白马寺,作为寺院恒产的经过。

关于龙川和尚奉命修葺白马寺的经过,在1978年出土于白马寺的《龙川和尚舍利塔志》中亦有记载:"帝师以释源荒废岁久,遂奏,请命师修葺。仍假怀孟六县官田之租,以供度支。"②

另,《龙川和尚舍利塔志》中载:"其殊勋盛德,具载翰林敕撰之碑也。"③ 此"翰林敕撰之碑"当即佚失的《大元重修释源大白马寺赐田功德之碑》。

撰文者阎复,字子靖,号静轩,山东高唐(今聊城市高唐县)人,著

---

① 纳新:《河朔访古记》卷下,第179—180页。
② 洛阳市地方史志编纂委员会编《洛阳市志》第十五卷《白马寺志》,第99页。
③ 洛阳市地方史志编纂委员会编《洛阳市志》第十五卷《白马寺志》,第66页。

有《静轩集》五十卷，今已不存。《元史》有其本传。据《河朔访古记》所载，阎复撰写《大元重修释源大白马寺赐田功德之碑》时的官职为"荣禄大夫、翰林承旨"，其时在大德四年（1300）十月。而据《元史·阎复传》所载，大德四年，阎复"拜翰林学士承旨，阶正奉大夫"。到大德十一年（1307），才"进阶荣禄大夫"。[①]之所以会出现这种不同，笔者推测当有两种可能性：一种为《元史·阎复传》所误记。之所以说是《元史》误记，而不是碑刻所误，是因为碑刻乃当时所立，且为奉敕所撰，在所具官阶上是不会也不敢出错的。而另一种可能则是《河朔访古记》中所述"荣禄大夫、翰林承旨阎复奉敕撰"一句，并非碑刻上的原文，而是作者以自己的语言在叙述《大元重修释源大白马寺赐田功德之碑》是荣禄大夫、翰林承旨阎复奉敕所撰。《河朔访古记》的作者纳新作为稍晚于阎复时代的人，自然是知道阎复所任的最高官阶的，因此在叙述中并未采用碑刻中所记载的官阶来称呼阎复，而是采用了后来所任的更高官阶。在笔者看来，这种可能性当更合情理。

7. 释源白马寺禅院住持如学募化重修殿宇、续谱立传疏引

《河南府洛阳县佛教源流白马志》录有《释源白马寺禅院住持如学募化重修殿宇、续谱立传疏引》的碑文内容，主要记载了白马寺住持释如学于明万历三十二年（1604）季冬月佛成道日重修殿宇之事，[②]对于研究明代白马寺的发展有着重要的文献价值。碑文所载白马寺住持释如学，不见于其他文献，可补白马寺明代僧史。

结　语

以上12处16件白马寺佚失铭石文物，仅仅是笔者根据目之所及的文献中辑录而出者，实际上白马寺佚失的铭石文物当远不止此。从张继"白马驮经事已空，断碑残刹见遗踪"的诗句中就可以看出，在中唐时期白马寺内的碑刻等铭石文物已经遭到破坏毁弃。其后历五代、宋、元、明、清，随着寺院的兴废，白马寺的碑刻亦屡有创建和毁弃。时至今日，在白马寺

---

① 《元史》卷一六〇《列传第四十七·阎复传》，第3774页。
② 岳昌强：《〈河南府洛阳县佛教源流白马志〉研究》，《锦绣·下旬刊》2019年第6期。

内除了狄仁杰墓冢上的 1 件北朝造像碑外，已经难以看到北宋以前的铭石文物。就本文所辑录 12 处 16 件佚失铭石文物来看，亦仅有《魏造像幢》《苏宝才造像记》《晋开运造像》3 件属于北宋以前，显得尤为珍贵。这些佚失铭石文物作为白马寺历史文化的重要组成部分，不仅具有重要的文物艺术价值，所承载的文字内容更是推动白马寺历史叙述完整性及历史景观重置的重要资料来源。因此，对白马寺佚失铭石文物的全面辑录及考证，其意义是不言而喻的。

作者简介：赵耀辉，河南洛阳人，洛阳应天门遗址博物馆馆长，主要研究方向为金石学、中国美术史。

古都文化

北宋西京洛阳广建佛寺述论*

崔梦妍　张显运

摘　要　北宋时期西京洛阳虽不是首善之区,但其政治、社会和文化影响力依然存在。宋代皇室、地方官员和普通百姓在这里广建佛寺,使得洛阳历史上又一次出现了佛教文化的勃兴。所建寺院有皇家寺院、地方寺院和民间寺院,分布在河南府洛阳及其下辖各州县,规模较大的寺院有150余所。宋政府在洛阳大规模营建寺院,既是利用佛教,巩固统治的需要,又是因西京洛阳乃赵氏王陵所在,地位尊崇,出于这种现实的考量。

关键词　北宋；洛阳；佛寺

洛阳是中国古代佛教文化的圣地,尤其是汉魏以后,佛教寺院鳞次栉比:"招提栉比,宝塔骈罗,争写天上之姿,竞摹山中之影,金刹与灵台比高,广殿共阿房等壮。"① 北魏杨衒之记载,当时洛阳城内外佛寺1367所。② 隋唐时期,东都洛阳佛教地位虽有所下降,但除京师长安外,其他地区仍难望其项背,唐前期仅河南府著名寺院就有56所,③ 洛阳城各坊佛教寺院有26所。④

北宋定都开封,洛阳作为陪都,虽不再是首善之区,但其文化的影响力依然存在。洛阳是众多前朝遗老、迁客骚人以及政治失意官僚们排忧解

---

* 本文是2021年度河南省高等学校哲学社会科学基础研究重大项目"历史时期河洛地区生态环境变迁研究"（编号：2021-JCZD-20）阶段性成果。

① 杨衒之著,范祥雍校注《洛阳伽蓝记校注·序》,上海古籍出版社,1978,第1页。
② 《洛阳伽蓝记校注·序》,第1页。
③ 李映辉：《唐代佛教地理研究》,湖南大学出版社,2004,第88页。
④ 张莹：《唐代两京地区佛教的传播及影响》,硕士学位论文,陕西师范大学,2008,第82—84页。

闷的乐土。彷徨、苦闷、抑郁的人们为了寻求心理和精神上的慰藉,卜居西京,广建寺院,于是"古殿藏竹间,香庵遍岩曲"。① 大肆崇佛对当时社会和民众生活产生了较为深远的影响。据张祥云统计,北宋西京寺院、宫观较为有名的就有260余所。当然,这260余所不全是寺院,也包含了大量的道教宫观和民间淫祠。王振国统计五代、北宋洛阳建立的禅院有33所。② 拙文在前人研究的基础上,对西京洛阳佛教寺院分布区域、数量、类型进行了认真梳理,统计为151所。

一 西京洛阳佛寺分布概况

北宋洛阳佛寺广泛分布于城内及其下辖州县。依据表1统计,前朝修建的寺院有46所,兴建时间不详的有21所。北宋时期兴建的有84所。这些寺院分布在洛阳城的有77所,占1/2左右。

表1 北宋西京洛阳佛寺分布概况

寺院名称	时间	分布	概况	资料来源
白马寺	东汉	洛阳	天宫、白马寺,并营浮图,募众出金钱,费且亿万	尹洙:《河南先生文集》卷一六《韩公墓志铭并序》,第9页
风穴寺	东汉	汝州	汝州风穴延沼禅师,余杭人也	《景德传灯录》卷一三《前汝州宝应和尚法嗣》
香山寺	东汉	汝州	乞汝州香山慈寿禅寺、襄州福圣院并改赐天宁观音禅院名额,每遇天宁节即拨放紫衣恩泽各一名	《宋会要辑稿》道释1之33,第7884页
空相寺	东汉	陕州	西京永宁县熊耳山空相寺住持、传法吉祥大师赐紫释有挺撰奉议郎知永安县事王道书	叶封:《嵩阳石刻集记》卷下
普明寺	东汉	伊川	洛城风日美,秋色满蘅皋	《欧阳修全集》卷五一《初秋普明寺竹林小饮》
少林寺	北魏	登封	六六仙峰绕静居,俗尘至此暂消除……九年面壁昔何如	文彦博:《少林寺》,乾隆《河南府志》卷一○一

---

① 梅尧臣著,朱东润编年校注《梅尧臣集编年校注》卷一《游龙门自潜溪过宝应精舍》,上海古籍出版社,2006,第4页。

② 王振国:《龙门石窟与洛阳佛教文化》,中州古籍出版社,2006,第217—218页。

续表

寺院名称	时间	分布	概况	资料来源
嵩岳寺	北魏	登封	《中天嵩岳寺常住院新修感应圣竹林寺五百大阿罗汉洞记》	文彦博:《少林寺》,乾隆《河南府志》卷一〇一
会善寺	北魏	登封	司马温公既居洛时……尝同范景仁过韩城,抵登封,憩峻极下院,登嵩顶,入崇福宫会善寺	邵博:《邵氏闻见录》卷一一
净土寺	北魏	巩义	兹寺之兴,肇自元魏,规模甚壮,旧容千僧	李洵:《宋西京巩县大力山十方净土寺住持宝月大师碑铭并序》,《宋代石刻文献全编》,第392页
石窟寺	北魏	巩义	今辰忘我劳,幽事随所历。翠麦回一川,黄花明半壁	韩维:《南阳集》卷三《之石窟寺马上作》
乾明寺	北齐	汝阳	在伊阳县城东南四十里,齐天宝间创建,旧名弥陀,唐为天寿,宋改今额	张道超:《重修伊阳县志》卷二
宝盖寺	唐代	洛阳	旧闻宝盖峰,气压群山尊。拂衣事幽讨,烟杉转山根	史尧弼:《莲峰集》卷一《游洛阳宝盖寺赠长老道琼诗》
胜善寺	唐代	洛阳	又以胜善为功德寺,择僧之知医者,为寮主	范祖禹:《太史集》卷三六《龙门山胜善寺药寮记》
化成寺	唐代	洛阳	昔览传心法,知公素学禅。今游化成寺,使我复思贤	《文彦博诗全集·化成寺作》
宝应寺	唐代	洛阳	张子羽《宿宝应》云:"重岩烟霭合,宝阁春风暮……禅房伴客饮,岂外酒中趣。"	张子羽:《宿宝应》,《中州集》卷二
广爱寺	唐代	洛阳	将出洛城,过广爱寺,见三学演师,引观杨惠之塑宝山朱瑶画文殊普贤为赋三首	《苏辙集·栾城集》卷四
伊阙寺	唐代	洛阳	伊阙十五里,唐朝三百年……丹方齐代刻,龛像魏时镌	杨杰:《无为集》卷六《汝直松斋》
圣善寺	唐代	洛阳	则自全忠之篡,凝式即居洛矣。真迹今在西都唐故大圣善寺、胜果院东壁字画尚完,亦有石刻	张世南:《游宦纪闻》卷一〇
岳寺	唐代	登封	寺占嵩颜景最多,奇峰列刹共嵬峨	《文彦博诗全集·游岳寺》
奉先寺	唐代	洛阳	山僧知我思归意,为我临伊创草堂	《文彦博诗全集·寄题龙门临伊堂兼呈现奉先寺兴公》
福昌寺	唐代	洛宁	永宁县西北坊保。唐建,宋淳化四年,僧福熙修	胡谧:《成化河南总志·寺观》
福先寺	唐代	洛阳	福先寺,在积德坊,垂拱中改报福寺	《永乐大典·方志辑佚·洛阳志·寺观》

· 135 ·

续表

寺院名称	时间	分布	概况	资料来源
汝州西院	唐代	汝州	汝州西院思明禅师。有人问如何是伽蓝？师曰："荆棘丛林。"	《景德传灯录》卷一一《前宝寿沼和尚法嗣》
招提寺	唐代	偃师	芙蓉禅师道楷始住洛中招提寺，倦于应接，乃入五度山，卓庵于虎穴之南	《曲洧旧闻》卷四，第130—131页
惠林寺	唐代	洛阳	洛师惠林寺，故光禄卿李澄居第	《苏轼集》卷三九《僧圆泽传》
安国寺	唐代	洛阳	一城奇品推安国，四面名园接月波	《司马温公集编年笺注》卷一一《又和安国寺及诸园赏牡丹》
阁子寺	唐代	洛阳	中有慈氏阁，俗称阁子寺	徐松辑，高敏校《河南志·京城门坊街隅古迹》
天女尼寺	唐代	洛阳	天女尼寺……今有小院二十九	徐松辑，高敏校《河南志·京城门坊街隅古迹》
大字院	唐代	洛阳	一百五将近，千门烟火微。闲过少傅宅，喜见老莱衣	《梅尧臣集编年校注》卷一《寒食前一日陪希深远游大字院》
修行寺	唐代	洛阳	棠棣碑在县西四里修行寺东街	乐史：《太平寰宇记》卷三《河南府·河南县》
香山上方寺	唐代	洛阳	贪奇忘我劳，上上不复省。穷游尽人迹，却立看佛顶	韩维：《南阳集》卷三《游龙门诗十二首·香山上方》
玉泉寺	唐代	洛阳	玉泉寺在县东南四十里，山内有玉泉寺	乐史：《太平寰宇记》卷三《河南府·河南县》
太平禅院	唐代	洛阳	在福胜院后，唐垂拱二年，太平公主建，号太平寺，后废，复建为太平禅院	徐松辑，高敏校《河南志·京城门坊街隅古迹》
观音院	唐代	洛阳	观音院有牡丹，相传唐武后植者	吴曾：《能改斋漫录》卷一一《杨少师李西台书》
佛光寺	唐代	偃师	在缑氏山西南谷内	马蓉等校《永乐大典方志·辑佚河南图经志·寺观》
云门寺	唐代	渑池	在渑池县北，唐时建，宋嘉祐二年修	邹守愚：《河南通志》卷二〇《寺观》
甘露院	五代	洛阳	汉乾祐三年建，周广顺三年赐名。有雕木经藏，其制甚巧丽	徐松辑，高敏校《河南志·京城门坊街隅古迹》
长兴保寿禅院	五代	洛阳	宋开宝五年重修	徐松辑，高敏校《河南志·京城门坊街隅古迹》
长兴土德寺	五代	登封	在登封县东南九里	马蓉等校《永乐大典方志·辑佚河南图经志·寺观》

续表

寺院名称	时间	分布	概况	资料来源
天庆尼院	五代	洛阳	周显德二年,太祖妃李氏为尼,皇城内建院。端拱二年,诏徙于旧宅,因赐名	徐松辑,高敏校《河南志·京城门坊街隅古迹》
普安禅院	五代	洛阳	梁贞明五年建尼院,至宋皇祐四年,始为应天院廨院	徐松辑,高敏校《河南志·京城门坊街隅古迹》
严因院	五代	洛阳	晋天福七年,公主建尼院,九年赐名,至宋淳化三年改为僧院	徐松辑,高敏校《河南志·京城门坊街隅古迹》
洪福尼院	五代	洛阳	晋天福七年建,周广顺元年赐名弘福,至宋避庙讳改	徐松辑,高敏校《河南志·京城门坊街隅古迹》
多宝塔院	五代	洛阳	今两寺壁间题字为多,多宝塔院有遗像尚存	邵伯温：《邵氏闻见录》卷一六
金山寺	五代	汝阳	在伊阳县城北五十里,周天复十一年建	穆彰阿等纂修《大清一统志》卷一七四
庆福尼院	五代	洛阳	立德坊庆福尼院,后唐明宗孙女公主为尼,号弘愿大师永洛。长兴三年建院,赐名长兴积庆庆尼院,命翰林学士李怿为之记	徐松辑,高敏校《河南志·京城门坊街隅古迹》
般州尼寺	不详	登封	在登封县北十五里	徐松辑,高敏校《河南志·京城门坊街隅古迹》
芳桂寺	不详	渑池	在渑池县西五里	徐松辑,高敏校《河南志·京城门坊街隅古迹》
众香寺	不详	伊川	在伊阙县西北一百三十步	徐松辑,高敏校《河南志·京城门坊街隅古迹》
开元寺	不详	洛阳	释义庄,姓张氏,滑台人也……乃于本府开元寺归善财之列,从升戒德	赞宁：《宋高僧传》卷二八《宋西京天宫寺义庄传》
乾元寺	不详	洛阳	乾元古道场,宛在香山阳。实师应请去,无滞于一方	《文彦博诗全集·送乾元寺住持实大师》
西溪寺	不详	洛阳	地占莲花麓,溪环鹫岭巅。密林含细藓,巍刹照清涟	《文彦博诗全集·宿西溪寺》
龙潭寺	不详	洛阳	古寺依青障,高轩俯碧潭。山僧如有侍,先扫侍中庵	《文彦博诗全集·题龙潭寺》
积庆院	不详	洛阳	结厦南归寂照庵,潜移性海入华严。从来野寺门风拙,频与西堂□□□	《文彦博诗全集·送顺师赴积庆院寂照庵结厦偶成二颂□》

续表

寺院名称	时间	分布	概况	资料来源
积庆坟院	不详	汝州	斯干室上上方北，岩伴自为伊叟庵。每到庵中须熟寝，觉来惟共老僧谈	《文彦博诗全集·题伊叟庵》
韶山寺	不详	洛宁	双旌明灭转委蛇，行遍秋山意若何。暗谷路穷平野阔，回峦石断乱泉多	李复：《潏水集》卷一四《分按洛西诸邑登山出永宁西望晚宿韶山寺》
兴国寺	不详	洛阳	雨过风清露气匀，林花变色柳条新。为君作意登高处，试望皇州表里春	司马光：《初春登兴国寺塔》
定力寺	不详	洛阳	玉山偷暇访禅扉，洛社诸英昔所依。三凤同时翔仞去，二龙相继得标归	胡宿：《文恭集》卷四
禹门寺	不详	洛阳	朝游禹门寺，暮历清伊滨。危龛俨金像，远波舒翠鳞	范纯仁：《范忠宣集》卷一《会师宰》
广度寺	不详	洛阳	司马温公悠游洛中……元丰中秋，与乐全子亲洛汭……过轩辕，遽达西洛，留广度寺	江少虞：《宋朝事实类苑》卷四三《旷达隐逸》
宝坛寺	不详	洛阳	予寓洛阳宝坛，有僧悟超类有道者，与语论事，能援古证今	苏过：《斜川集校注》卷五
西寺	不详	宜阳	好景信移人，直连毛骨清。为怜多胜概，尤喜近都城	邵雍：《伊川击壤集》卷三《宿寿安西寺》
峰顶寺	不详	登封	重重山前峰，上上终非顶。行登众岭彻，始得山门迥	《苏辙集》卷四《登嵩山十首·峰顶寺》
缑氏寺	不详	偃师	契阔千里别，恻怆难具言。殷勤一宵语，愿子未即眠	《张耒集》卷六《同杨十二缑氏寺宿草酌张正民秀才见访》
金门寺	不详	洛阳	西台妙迹继杨风，无限龙蛇洛寺中	《苏轼文集》卷五
菩提寺	不详	洛阳	太平兴国戊寅年八月……迁塔于龙门菩提寺西焉	赞宁：《宋高僧传》卷二八《宋西京天宫寺义庄传》
利涉塔院	不详	洛阳	许公读书地，尘像一来拂。门掩僧不归，檐低燕飞出	韩维：《南阳集》卷三《游龙门诗十二首·利涉塔院》
资福院	北宋	洛阳	皇祐初，洛阳南资福院有僧录义琛者，素出尹师鲁门下	邵伯温：《邵氏闻见录》卷一六
福先寺	北宋	洛阳	纪公实为余言，尝闻其父言：王冀公钦若以使相尹洛……一张姓者同观于上东门里福先寺二门上	邵伯温：《邵氏闻见录》卷一七

续表

寺院名称	时间	分布	概况	资料来源
静照堂	北宋	洛阳	宝阁灰寒静照新，马蹄从此踏京尘。金门乞得诗千首，萧寺归时老一身	司马光：《悼静照堂僧》
普明寺	北宋	洛阳	菡萏飘零水寂寥，败荷疏柳共萧条。烟斜雨细愁无限，醇酒千分不易销	司马光：《普明寺荷塘上置酒》
天钵寺	北宋	洛阳	六年，文彦博以使相镇魏府，请文慧禅师重元居天钵寺	《佛祖统纪》卷四五
启圣禅寺	北宋	洛阳	宋太宗，建启圣禅寺，奉优填圣瑞像释迦佛牙	《佛祖统纪》卷五三
昭孝禅院	北宋	巩义	治平四年，又诏赐永定昭孝禅院田十顷，房钱每日一贯	《宋会要辑稿》礼29之50、52、55，第1088页
多庆禅院	北宋	巩义	元丰七年，贤妃邢氏于奉先资福院侧修佛寺，赐名多庆禅院，赐官田十顷	《续资治通鉴长编》卷三四二，元丰七年正月甲寅条，第8225页
应天禅院	北宋	洛阳	西都北寺应天禅院乃太祖诞圣之地，国初为传舍。真宗幸洛阳，顾瞻遗迹，徘徊感怆，乃命建为僧舍	《渑水燕谈录》卷一《帝德》
奉先资福院	北宋	巩义	奉先资福院，即安陵卜定，乾德二年改卜	《宋会要辑稿》道释2之11
洞子院	北宋	汝阳	伊阳县高都村洞子院一所，舍屋共五十间	汤毓倬等：《偃师县志》卷二八《金石录下》，第21—22页
义井院	北宋	巩义	永安县桥西村义井院一所，舍屋共三十二间	汤毓倬等：《偃师县志》卷二八《金石录下》，第21—22页
明教院	北宋	巩义	韦席村明教院一所，舍屋共四十间	汤毓倬等：《偃师县志》卷二八《金石录下》，第21—22页
泗州院	北宋	偃师	偃师县泗州院一所，舍屋共三十五间	汤毓倬等：《偃师县志》卷二八《金石录下》，第21—22页
郭下文殊院	北宋	宜阳	寿安县郭下文殊院一所，舍屋共五十二间	汤毓倬等：《偃师县志》卷二八《金石录下》，第21—22页
影堂院	北宋	新密	密县邢谷村影堂院一所，舍屋共三十一间	汤毓倬等：《偃师县志》卷二八《金石录下》，第21—22页
义井院	北宋	新密	邢谷村义井院一所，舍屋共三十一间	汤毓倬等：《偃师县志》卷二八《金石录下》，第21—22页
张固村院子	北宋	新密	张固村院子一所，舍屋共三十三间	汤毓倬等：《偃师县志》卷二八《金石录下》，第21—22页

续表

寺院名称	时间	分布	概况	资料来源
张固村院子	北宋	新密	张固村院子一所,舍屋共三十一间	汤毓倬等:《偃师县志》卷二八《金石录下》,第21—22页
谢村院子	北宋	新密	谢村院子一所,舍屋共三十二间	汤毓倬等:《偃师县志》卷二八《金石录下》,第21—22页
谢村院子	北宋	新密	谢村院子一所,舍屋共三十三间	汤毓倬等:《偃师县志》卷二八《金石录下》,第21—22页
贾谷塔院	北宋	宜阳	福昌县锺王村贾谷塔院一所,舍屋共七十一间	汤毓倬等:《偃师县志》卷二八《金石录下》,第21—22页
龙泉院子	北宋	洛宁	永宁县缺村安宝龙泉院子一所,舍屋共四十三间	汤毓倬等:《偃师县志》卷二八《金石录下》,第21—22页
南王村院子	北宋	洛阳	河清县南王村院子一所,舍屋共三十三间	汤毓倬等:《偃师县志》卷二八《金石录下》,第21—22页
千秋店东禅院	北宋	渑池	渑池县千秋店东禅院一所,舍屋共三十五间	汤毓倬等:《偃师县志》卷二八《金石录下》,第21—22页
北班村塔院	北宋	渑池	北班村塔院一所,舍屋共三十一间	汤毓倬等:《偃师县志》卷二八《金石录下》,第21—22页
庆空禅院	北宋	渑池	姚村庆空禅院一所,舍屋共三十二间	汤毓倬等:《偃师县志》卷二八《金石录下》,第21—22页
金和尚院	北宋	渑池	万受村金和尚院一所,舍屋共三十二间	汤毓倬等:《偃师县志》卷二八《金石录下》,第21—22页
天王院	北宋	渑池	存留天王院一所,舍屋共一百间	汤毓倬等:《偃师县志》卷二八《金石录下》,第21—22页
中费村寺	北宋	伊川	伊阙县中费村寺一所,舍屋共三十二间	汤毓倬等:《偃师县志》卷二八《金石录下》,第21—22页
平华村寺	北宋	洛阳	河南县平华村寺一所,舍屋共三十三间	汤毓倬等:《偃师县志》卷二八《金石录下》,第21—22页
宫南村寺	北宋	洛阳	宫南村寺一所,舍屋共三十三间	汤毓倬等:《偃师县志》卷二八《金石录下》,第21—22页
蒋村寺	北宋	偃师	缑氏县蒋村寺一所,舍屋共三十间	汤毓倬等:《偃师县志》卷二八《金石录下》,第21—22页
铁佛寺	北宋	洛宁	永宁县西土村铁佛寺一所,舍屋共三十八间	汤毓倬等:《偃师县志》卷二八《金石录下》,第21—22页
广化寺	北宋	洛阳	河清县长泉村广化寺一所,舍屋共三十三间	汤毓倬等:《偃师县志》卷二八《金石录下》,第21—22页
永安院	北宋	巩义	大中祥符五年诏:"永安院近在陵邑,如闻士庶之家不敢辄入,宜令度地别构堂皇,许其斋设聚会。"	《宋会要辑稿》礼23之37

续表

寺院名称	时间	分布	概况	资料来源
兴教寺	北宋	登封	熙宁四年，申公以提举嵩山崇福宫居洛，寓兴教僧舍；欲买宅，谋于康节先生	邵伯温：《邵氏闻见录》卷一二
善觉寺	北宋	洛阳	三至洛，常寓于崇福禅院之东有废寺曰善觉	韩维：《南阳集》卷二九
慈云寺	北宋	洛阳	宋徽宗宣和四年建	嘉庆《河南洛阳志》卷二二《伽蓝记》
月山寺	北宋	洛阳	宋仁宗天圣二年建	嘉庆《河南洛阳志》卷二二《伽蓝记》
隆庆寺	北宋	洛阳	懿德皇后之姊恭禅宗，为比丘尼，王为建道场于洛汭，朝廷赐额隆庆	许光弼：《大宋故武德大夫致仕符公墓志铭》
发祥寺	北宋	洛阳	建隆二年，令岩祖师……长发其祥建	胡谧：《成化河南总志·寺观》
华藏寺	北宋	洛阳	宋开宝四年建，在城南	胡谧：《成化河南总志·寺观》
褒贤寺	北宋	伊川	在彭婆镇，熙宁三年为范文正公香火院	胡谧：《成化河南总志·寺观》
洪恩寺	北宋	洛阳	在县东南司马庄，宋元祐三年建	胡谧：《成化河南总志·寺观》
斑竹寺	北宋	伊川	折花斑竹寺，弄水石楼滩	《苏轼诗集》卷一五《送范景仁游洛中》
华严禅寺	北宋	洛阳	禅师名道楷，沂州沂水人……后迁西洛之招提龙门……政和七年冬，敕赐所居庵额华严禅寺	释惠洪：《禅林僧宝传》卷一七
妙觉寺	北宋	洛阳	熙宁壬子八月，于洛阳妙觉寺考试举人	《苏辙集》卷四《洛阳试院楼上新晴五绝》
招提寺	北宋	洛阳	芙蓉禅师道楷始住洛中招提寺，倦于应接，乃入五度山，卓庵于虎穴之南，昼夜苦足冷	《曲洧旧闻》卷四《芙蓉禅师取虎子暖足》
积庆寺	北宋	洛阳	嘉祐中……伊西竹坞积庆兰若	文彦博：《潞公文集》卷一三《慈照大师真赞》
惠林寺	北宋	洛阳	洛师惠林寺，故光禄卿李橙居第	苏轼：《东坡全集》卷三九《僧圆泽传》
清凉寺	北宋	汝阳	在伊阳县城北五十五里，宋熙宁五年创建	苏轼：《东坡全集》卷三九《僧圆泽传》
法王寺	北宋	登封	宋建隆元年，五院僧顾禅居。庆历八年创建楼阁殿堂、僧房，又造佛像，赐号嵩山大法王寺	胡谧：《成化河南总志·寺观》

续表

寺院名称	时间	分布	概况	资料来源
光林寺	北宋	新密	宋李淑光林寺碑	谢增、白景纶：《密县志》卷七《寺观》
月华寺	北宋	新密	宋崇宁四年建，后为辅，移镇西里许	谢增、白景纶：《密县志》卷七《寺观》
中香峪寺	北宋	新密	宋开宝元年建。……入山口，行五六里，乃至寺	谢增、白景纶：《密县志》卷七《寺观》
下香峪寺	北宋	新密	宋开宝三年建	谢增、白景纶：《密县志》卷七《寺观》
法海寺	北宋	新密	宋咸平四年建，明末毁	谢增、白景纶：《密县志》卷七《寺观》
旌孝寺	北宋	洛阳	寺在府城南，宋皇祐元年建	嘉庆《河南洛阳志》卷二二《伽蓝记》
胜因寺	北宋	宜阳	宋大中祥符二年建	谢应起、刘占卿：《宜阳县志》卷五《建置》
普安寺	北宋	巩义	在巩县治南，宋皇祐三年建	邹守愚：《河南通志》卷二〇《寺观》
廨院寺	北宋	渑池	在渑池县南，宋大中祥符二年建	邹守愚：《河南通志》卷二〇《寺观》
寿圣寺	北宋	伊川	熙宁元年僧善道创建	胡谧：《成化河南总志·寺观》
紫阁院	北宋	洛阳	谏议大夫韩公丕未应举时，尝在洛京，有紫阁院主僧宗渊，能知人	佚名：《分门古今类事》卷一〇《相兆门·韩丕甚贵》
净宝尼院	北宋	洛阳	礼部尚书范雍宅，雍再知府事，葺园亭甚佳	徐松辑，高敏校《河南志·京城门坊街隅古迹》
净惠罗汉院	北宋	巩义	又至天圣五年九月二日奉敕，宜赐净惠罗汉院为额	刘莲青：《巩县志》卷一八《金石志三》
永昌院	北宋	巩义	青龙罗汉泉侧近新修罗汉堂一位，令充永昌院下院所有罗汉堂合用钟、磬、铙钹道具，香炉、香合、供养花果等充常住	刘莲青：《巩县志》卷一八《金石志三》
菩提院	北宋	洛阳	兹亭何岩崿，下瞰伊与洛。惟昔定鼎地，绝云飞观阁。姬公安在哉，气象空回薄	韩维：《南阳集》卷三《游龙门诗十二首》
资圣院	北宋	洛阳	元丰五年，文潞公以太尉留守西都……就资胜院建大厦，曰"耆英堂"	赵善璙：《自警编》卷五

续表

寺院名称	时间	分布	概况	资料来源
月山惠安禅院	北宋	洛宁	天圣六年岁次甲子……乡贡进士崔晓撰文并书	张楷：《洛宁县志》卷二《宋西京河南洛宁县月山惠安禅院记》
宁神院	北宋	巩义	遂以三月二十九日，卒于河南永安之宁神院	邹浩：《道乡集》卷三四《杨都曹墓志铭》
南资福院	北宋	洛阳	皇祐初，洛阳南资福院有僧录义琛者，素出入尹师鲁门下	邵伯温：《邵氏闻见录》卷一六
崇因阁	北宋	洛阳	崇因开宝构，金碧画相辉。禁跸随曦驭，层城转斗机	王珪：《华阳集》卷一《庆寿崇因阁次韵》
荐严院	北宋	洛阳	那堪多难百忧攻，三十衰容一病翁。却把西都看花眼，断肠来此哭东风	《欧阳修全集》卷五六《题荐严院》
迎福院	北宋	宜阳	东风吹面酒楹樽，腊后一番梅柳新。残雪作寒山向晚，横烟不动野浮春	《张耒集》卷二三《同陈器之题迎福院轩》
殊胜院	北宋	洛阳	早悟耆山善，今为洛社豪。有生常寂寞，所得是风骚	王安石：《王文公文集》卷六一《赠殊胜院简道人》
法海院	北宋	新密	河南府密县敕赐法海院新修法华经舍利石塔记	张哲：《河南府密县敕赐法海院新修法华经舍利石塔记》，《宋代石刻文献全编·金石萃编补正》卷二
寿圣禅院	北宋	偃师	宋寿圣禅院卵石塔记	汤毓倬等：《偃师县志》卷二七《金石录上》
天庆禅院	北宋	洛阳	达（大）师熙宁元年掌院钤，至元祐元年知院	佚名：《宋故西京左街天庆禅院住持达大师塔记铭》，《宋代石刻文献全编·芒洛冢墓遗文》卷下
罗汉阁	北宋	洛阳	地高阁迥宜闲望，望尽云山首懒回。林下野僧应笑我，半年旌旆四曾来	寇准：《忠愍集》卷下《留题洛北罗汉阁》
徽安门佛舍	北宋	洛阳	天圣九年三月……于西京徽安门之佛舍	卢震：《宋故朝奉郎尚书司门员外郎柱国赐绯鱼袋任公墓志铭》
奉亲僧舍	北宋	洛阳	治平丁未仲秋，游伊洛二川，六日晚出洛城西门，宿奉亲僧舍，听张道人弹琴	邵雍：《伊川击壤集》卷五
上阳佛舍	北宋	洛阳	以十一月十四日卒哭，奉护归洛，藁窆于上阳佛舍	富弼：《富秦公言墓志铭》，杜大珪：《名臣碑传琬琰之集》卷三九
汉圣庵	北宋	汝州	在城北五十八里罗家凹，宋庆历年间建	张道超：《重修伊阳县志》卷二《秩祀》

注：本表参考了张祥云《北宋西京河南府研究》（河南大学出版社，2012）相关内容。

二　西京洛阳佛寺的类型

北宋时期洛阳虽不再作为首都，但其政治影响力仍然存在。宋建国伊始就在洛阳营建寺院以维护其统治，提高洛阳的政治影响力。就寺院创建的主体和功能来看，可以分为三类：第一类是民间寺院，占绝大多数；第二类是地方官办寺院，由地方政府筹资兴建，如白马寺、净垢院等；第三类是皇家寺院，由皇帝亲自诏令或督导兴建，基本上为皇家服务。如应天禅院、昭孝禅院等。

其一，民间寺院。民间寺院是由民间个人出资或集资兴建的寺院，规模较小，多分布在河南府所辖各州县。在广大农村，寺院基本上是各村集资兴建。

> 河南府奏准敕，应今日以前，诸处无名额寺院宫观，缺盖及三十间已上，见有功德佛像者，委州县检勘，保明闻奏，特与存留，系帐拘管，仍并以寿圣为额，有下项：一十三县各申有无名额寺院，见有盖到舍屋下，有功德佛像，各有僧缺住持。遂委官躬亲点检到见在殿宇廊舍各及三十间已上，并依降敕，目前盖到县司官吏各保明，委是（实），如后异同，甘俟朝典。本府寻委逐县巡检依此点检，今据逐县巡检申点检到见在间椽，结罪保明，开坐如后……伊阳县高都村洞子院一所，舍屋共五十间。永安县桥西村义井院一所，舍屋共三十二间；韦席村明教院一所，舍屋共四十间。偃师县泗州院一所，舍屋共三十五间。寿安县郭下文殊院一所，舍屋共五十二间。密县邢谷村影堂院一所，舍屋共三十一间；邢谷村义井院一所，舍屋共三十一间；张固村院子一所，舍屋共三十三间；张固村院子一所，舍屋共三十一间；谢村院子一所，舍屋共三十二间；谢村院子一所，舍屋共三十三间。福昌县锺王村贾谷塔院一所，舍屋共七十一间。永宁县缺村安宝龙泉院子一所，舍屋共四十三间。河清县南王村院子一所，舍屋共三十三间。渑池县千秋店东禅院一所，舍屋共三十五间；北班村塔院一所，舍屋共三十一间；姚村庆空禅院一所，舍屋共三十二间；万受村金和

尚院一所，舍屋共三十二间；存留天王院一所，舍屋共一百间。伊阙县中费村寺一所，舍屋共三十二间。河南县平华村寺一所，舍屋共三十三间；宫南村寺一所，舍屋共三十三间。缑氏县蒋村寺一所，舍屋共三十间。永宁县西土村铁佛寺一所，舍屋共三十八间；河清县长泉村广化寺一所，舍屋共三十三间。①

由上可知，民间寺院必须在政府的管理下，房屋在30间以上者才可以保留。河南府下辖13县，规模在30间以上的寺院有25所，超过40间者仅有6所，最大者有100间。显然，民间寺院规模较小，但绝对数量很大。宋政府对民间创办寺院存有戒心，担心一些人利用寺院进行非法活动。如宋仁宗时期诏令："是以国家明著法令，有创造寺观一间以上者，听人陈告，科违制之罪，仍即时毁撤。盖以流俗戆愚，崇尚释老，积弊已深，不可猝除，故为之禁限，不使繁滋而已。"② 担心一些别有用心的人利用宗教反对政府的统治，因此创建寺院必须征得政府同意和审批。

其二，地方官办寺院。这些寺院是由地方政府筹建，具有明显的官方色彩，属于官办寺院。如北宋开国大将石守信"在西京建崇德寺，募民辇瓦木，驱迫甚急，而佣直不给，人多苦之"，③ 强令民众建造崇德寺，劳民伤财。宋仁宗天圣四年（1026），留司御史台赵世长重修了缑山仙君庙，"公首捐资用""为福庭，重阶丛楹……轩台西向而可畏"。④ 宋仁宗景祐二年（1035），河南府大肆营造寺观，"募众出金钱，费且亿万……旁郡承风指，涂商里豪，更相说导，附向者惟恐后"。因向民众筹集资金，耗资巨亿，为京西路提点刑狱韩琚所抵制。⑤ 地方政府为了政绩或自己的喜好大建寺院，就其规模而言，远远超过了民间寺院。

其三，皇家寺院。西京洛阳不仅是宋政府的陪都，还是宋代皇陵所在

---

① 汤毓倬等：《偃师县志》卷二八《金石录下·宋敕赐寿圣禅院额碑》，成文出版社，1976，第21—22页。
② 司马光撰，李之亮注《司马温公集编年笺注》卷二四《论寺额札子》，巴蜀书社，2009，第210页。
③ 《宋史》卷二五〇《石守信传》，中华书局，1977，第8811页。
④ 谢绛：《重修升仙太子大殿记》，汤毓倬等：《偃师县志》卷二八《金石录下》，第7页。
⑤ 尹洙：《河南先生文集》卷一六《故两浙转运使朝奉郎尚书司封员外郎护军赐紫金鱼袋韩公墓志铭并序》，河南人民出版社，2011，第9页。

地，自然无比尊崇。为便于祭祀祖先，存奉祖宗神御，管理皇陵事宜，由皇室出资和批准，在河南府陆续修建了一些寺院，即皇家寺院。据王明清《挥麈前录》卷一记载："祖宗圣诞之地建寺赐名：西京应天寺，本后唐夹马营，大中祥符二年，以太祖诞圣之地，建寺锡（赐）名。东（西）京启圣院，本晋护圣营，以太宗诞圣之地，太平兴国六年建寺，雍熙二年寺成，赐名。二寺皆奉祖宗神御。"西京洛阳皇家寺院有15所，其中五代时期建立、北宋重修的有3所，其余均为北宋所建。

表2 西京洛阳皇家寺院

寺院名称	时间	分布	概况	资料来源
天庆尼院	五代	洛阳	周显德二年，太祖妃李氏为尼，皇城内建院。端拱二年，诏徙于旧宅，因赐名	徐松辑，高敏校《河南志·京城门坊街隅古迹》
普安禅院	五代	洛阳	梁贞明五年建尼院，至宋皇祐四年，始为应天院廨院	徐松辑，高敏校《河南志·京城门坊街隅古迹》
严因院	五代	洛阳	晋天福七年，公主建尼院，九年赐名，至宋淳化三年改为僧院	徐松辑，高敏校《河南志·京城门坊街隅古迹》
崇德院	北宋	洛阳	景德四年，"诏西京右街崇德院每年特与度行者三人"，"其产一万二千亩，赁舍钱、园利钱又在其外"	《宋会要辑稿》道释1之19，第7878页
应天寺	北宋	洛阳	祖宗圣诞之地建寺赐名：西京应天寺，本后唐夹马营，大中祥符二年，以太祖诞圣之地，建寺锡（赐）名	王明清：《挥麈前录》卷一
启圣禅院	北宋	洛阳	东（西）京启圣院，本晋护圣营，以太宗诞圣之地，太平兴国六年建寺，雍熙二年寺成，赐名。二寺皆奉祖宗神御	王明清：《挥麈前录》卷一
永昌僧院	北宋	巩义	西京永昌禅院，今后逐年许剃度行者五人。作永昌僧院于三陵之侧，计用钱八百余万，遣中使取诸陵寝宫白金什器四万八千余两充费	《续资治通鉴长编》卷五九，景德二年四月己亥条，第1330页
皇龛寺	北宋	洛阳	涉伊水至香山皇龛，憩石楼，临八节滩，过白公显堂	邵伯温：《邵氏闻见录》卷一一
启圣禅寺	北宋	洛阳	宋太宗，建启圣禅寺，奉优填圣瑞像释迦佛牙	《佛祖统纪》卷五三
昭孝禅院	北宋	巩义	治平四年，又诏赐永定昭孝禅院田十顷，房钱每日一贯	《宋会要辑稿》礼29之50、52、55，第1088页

续表

寺院名称	时间	分布	概况	资料来源
多庆禅院	北宋	巩义	元丰七年，贤妃邢氏于奉先资福院侧修佛寺，赐名多庆禅院	《续资治通鉴长编》卷三四二，元丰七年正月甲寅条，第8225页
永安院	北宋	巩义	大中祥符五年诏："永安院近在陵邑，如闻士庶之家不敢辄入，宜令度地别构堂皇，许其斋设聚会。"	《宋会要辑稿》礼23之37
隆庆寺	北宋	洛阳	懿德皇后之姊恭禅宗，为比丘尼，王为建道场于洛汭，朝廷赐额隆庆	许光弼：《大宋故武德大夫致仕符公墓志铭》
法王寺	北宋	登封	庆历八年创建楼阁殿堂、僧房，又造佛像，赐号嵩山大法王寺	胡谧：《成化河南总志·寺观》
庆福尼院	北宋	洛阳	至宋，昭宪太后女出俗，居此院。太平兴国三年，赐今名，洛人但名公主院	徐松辑，高敏校《河南志·京城门坊街隅古迹》

从表2可知，河南府皇家寺院基本上为北宋前期所建，与地方官办寺院和民间寺院相比，皇家寺院规模宏大，田产丰厚，僧人众多，富丽堂皇，地位尊崇。如宋太宗在洛阳夹马营修建的启圣禅院"六年而功毕，所费巨数千万计，殿宇凡九百余间，皆以琉璃瓦覆之"。[1] 宋真宗景德二年（1005）在皇陵旁边修建的永昌僧院，"计用钱八百余万，遣中使取诸陵寝宫白金什器四万八千余两充费"。[2] 宋仁宗皇祐年间，由慈圣光献皇后资助重修的巩县大力山十方净土寺，"费金无虑两千八百五十余万"，[3] 气势恢宏，香客众多。显然，皇家寺院耗资之巨大，规模之宏伟，地位之尊隆，远非民间寺院和地方寺院所能比拟。

宋政府在僧侣剃度、田产赐予等方面也给予皇家寺院优待。如崇德院，宋真宗景德四年（1007）诏令，"每年特与度行者三人"；永昌禅院，"今后逐年许剃度行者五人"。[4] 宋政府还经常赐予皇家寺院丰厚的田产。如崇德院，"其产一万二千亩，赁舍钱、园利钱又在其外"。[5] 昭孝禅院，嘉祐八年

---

[1] 钱若水修，范学辉校注《宋太宗皇帝实录校注》卷三三，雍熙二年四月己卯条，中华书局，2013。
[2] 李焘：《续资治通鉴长编》卷五九，景德二年四月己亥条，中华书局，2004，第1330页。
[3] 李洵：《宋西京巩县大力山十方净土寺主持宝月大师碑铭并序》，《宋代石刻文献全编》第1册，北京图书馆出版社，2003，第392页。
[4] 徐松辑《宋会要辑稿》道释1之19，上海古籍出版社，2014，第7878页。
[5] 陆游：《老学庵笔记》卷九《政和神霄玉清万寿宫》，中华书局，1979，第115页。

(1063）十月、治平四年（1067）正月，前后诏赐土地40顷，获赐每日1贯的房钱。① 宋神宗熙宁八年（1075），再赐昭孝禅院户绝田，免其税役。② 应天禅院，天禧三年（1019）十二月诏令，在原来常住钱的基础上每日又增加3000文；多庆禅院，元丰七年（1084），赐官田10顷。③

西京河南府广建寺院给国家财政经济带来了沉重的负担，也引起了朝中一些有识之士的反对。张方平讲："今天下十室之邑，必有一伽蓝焉；衡门之下，必有一龛像焉……国家之帑藏耗于上，百姓之财力竭于下。"④ 任伯雨建议停止那些非必要的寺院建造："如西京之类及他修造，甚非急务，一切可停，量时缓急，以办大事。使民力不劳，而国用可足，此实陛下报亲之盛德也。"⑤ 马默认为应该加强礼仪制度建设，停止创建庙宇："况先帝未尝幸洛，而创建庙祀，实乖典则，愿以礼为之节，义为之制。亟止此役，以章清静奉先之意。"⑥ 都认为大肆营建寺院、宫观劳民伤财，危害极大。既然创建寺院带来如此多的危害，宋政府为何还执意而为呢？

三　西京洛阳广建佛寺的原因

（一）利用佛教，维护统治

唐五代时期，由于唐武宗和周世宗对佛教的打压，遣散僧尼，捣毁寺院，佛教势力遭到重创。如周世宗显德二年（955），诏令每州只许存留僧寺、尼寺各一所。在他的打击下，全国只保留了26所寺院，拆毁寺院3万所。⑦ 到了宋初，佛教已曾现衰颓的现象，佛教寺院残破不堪。"浮图之奉养亦衰。岁坏月隳，其居多不克完。"⑧ 为了利用佛教维护统治的长治久安，

---

① 徐松辑《宋会要辑稿》礼29之44、45、50，第1085—1086、1088页。
② 李焘：《续资治通鉴长编》卷二六二，熙宁八年四月戊辰条，第6398页。
③ 李焘：《续资治通鉴长编》卷九四，天禧三年十二月丙申条，第2174页。
④ 张方平：《乐全集》卷一五《原蠹中篇》，曾枣庄、刘琳主编《全宋文》第38册，上海辞书出版社、安徽教育出版社，第117—118页。
⑤ 黄淮、杨士奇编《历代名臣奏议》卷一九六，上海古籍出版社，2012，第442页。
⑥ 《宋史》卷三四四《马默传》，第10947页。
⑦ 《旧五代史》卷一一五《周世宗纪》，中华书局，1975。
⑧ 《欧阳修全集》卷六四《河南府重修净垢院记》，中华书局，2001，第925页。

北宋统治者对佛教大多采取了支持的态度。西京洛阳历来为佛教文化圣地，又是赵氏祖宗的发迹之地和皇陵所在地，统治者对洛阳佛教的发展尤为重视，历任皇帝几乎都在这里兴修寺院，佛教寺院的发展迎来了新的契机。宋太祖上台伊始就诏令"修旧封禅寺为开宝寺，前临官街，北镇五丈河，屋数千间连数坊之地，极于具丽"。① 乾德二年（964）五月，太祖"诏就陵域置院，设宣祖、昭宪太后铜像"。② 修建了奉先资福院。同年，太祖诏令修建嵩山寺观，"杂用二十三处，行廊一百余间，莫不饰以丹青"。许翰曾评论宋太祖大建寺院的原因，"以祖宗之英武，削平五代之乱，即使塔庙错峙于四方，必有深意。盖国家所以栖育豪杰，而导之使归，措天下于无事之一术也"。③ 经历了唐末五代的割据和动乱，人心思定，利用佛教能起到笼络士人，统一人心，维护统治的作用。

宋太宗即位后，深知佛教在维护统治方面的作用。太平兴国七年（982）他诏令在全国普度僧尼，"朕方隆教法，用福邦家……应先系籍童行长发，并特许剃度"。④ 他曾对宰相宋琪说："浮屠氏之教有裨政治，达者自悟渊微，愚者妄生诬谤，朕于此道，微究宗旨。"⑤ 僧尼数量的激增促使太宗在全国兴修寺院："释老之教，崇奉为先，名山大川，灵迹胜景，仁祠仙宇，经之营之。"⑥ 在这一背景下，河南府洛阳佛寺得以大规模重修和建造。

太宗以后，其他皇帝沿袭了前朝的做法。如宋真宗时大搞神道设教，东封西祀，先后修建了应天寺、启圣禅院、永昌禅院、永安院等。宋仁宗则曾一度重修洛阳天宫寺和白马寺，"费且亿万"。⑦ 此后的宋神宗、宋徽宗等一再修葺之，香火甚盛。⑧ 总之，有宋一代统治者为了维护统治，对佛教发展较为重视，兴建寺院，并给予僧侣优厚的待遇，使得洛阳的佛寺雨后春笋般发展起来。

---

① 江少虞：《宋朝事实类苑》卷四三《建寺》，上海古籍出版社，1981，第567页。
② 徐松辑《宋会要辑稿》道释2之11，第7894页。
③ 许翰：《襄陵文集》卷四《论释氏札子》，《景印文渊阁四库全书》第1123册，上海古籍出版社，1987，第531页。
④ 李焘：《续资治通鉴长编》卷二三，太平兴国七年九月己丑条，第527页。
⑤ 李焘：《续资治通鉴长编》卷二四，太平兴国八年十月甲申条，第554页。
⑥ 徐松辑《宋会要辑稿》礼29之10，第1068页。
⑦ 李焘：《续资治通鉴长编》卷一〇〇，天圣元年四月丙辰条，第2321页。
⑧ 李攸：《宋朝事实》卷三《御制》，中华书局，1955，第47页。

(二)西京洛阳乃赵氏皇陵所在,地位尊崇

客观而言,宋政府在洛阳大兴佛寺还与西京特殊的地位有关。西京洛阳乃千年帝都,先后十三个朝代在此定都。宋太祖称帝后,多次提及将都城迁到洛阳,虽然在群臣的反对下只好作罢,但迁都洛阳一事并未因此而搁浅,甚至在北宋中期范仲淹等大臣还在旧事重提。洛阳虽然最终没有成为北宋都城,但其政治和社会地位远远高于其他府州。宋政府不仅将皇陵建在河南府永安县,还设置了西京留守,在洛阳举行南郊大礼。广建寺院也是出于提升西京政治地位的考量。

西京是全国的风向标,洛阳的政治稳定,也就意味着国家稳定。诚如司马光《过故洛阳城》中所言:"若问古今兴废事,请君只看洛阳城。"李格非在《书洛阳名园记后》也说"洛阳之盛衰,天下治乱之候也"。因此,加强西京洛阳的佛寺建设,对稳定西京的政治局势,乃至国家的长治久安都相当重要。

不仅如此,西京还是北宋皇陵的所在地,埋葬有7个皇帝和赵匡胤之父赵弘殷,祔葬有22个皇后,还有上千座皇室陪葬墓,总面积达156平方公里。提及西京河南府在宋代政治中的角色定位和功能,人们往往将它与皇陵相提并论:"国之西都,守卫陵寝。"[1]"山陵在焉。"[2] 等。为了便于祈福祭祀、超度亡灵,以及存放一些皇帝圣御,需要营建皇家寺院。考古挖掘发现在河南府永安县皇陵附近有为宋真宗建的"罗汉寺",为宋仁宗、宋英宗建的"宋昭孝寺""会圣宫"等建筑。[3] 另据文献记载:

> 二十五日,诏赐永定院额曰永定昭孝禅院。初,翰林学士贾黯言:"永定院去昭陵不远,乞量加葺饰,别赐名额,兼奉二陵。"故也。

显而易见,昭孝禅院是为宋仁宗的永昭陵,宋英宗的永厚陵服务的配

---

[1] 赵鼎臣:《竹隐畸士集》卷九《代奏芝草状》,《景印文渊阁四库全书》第1124册,第184页。
[2] 《宋史》卷八五《地理志一》,第2103页。
[3] 宫大中:《洛都美术史迹》,湖北美术出版社,1991,第576—580页。

套建筑。这些皇家寺院设置有神御殿,即"古原庙也,以奉安先朝之御容"。[①] 除昭孝禅院外,宋政府在西京设立神御殿的寺院还有应天禅院、奉先寺等。宋真宗临幸应天禅院"顾瞻遗迹,徘徊感怆,乃命建为僧舍。功成赐院额,奉安(太祖)御容"。[②] 皇家寺院的建立提升了洛阳的政治地位。

(三)佛教文化基础厚重

洛阳是我国古代佛教文化的圣地。第一座官方寺院白马寺、中国石窟艺术的瑰宝——龙门石窟、中国历史上名垂千古的高僧玄奘的故乡均在此地。汉魏以来,洛阳作为都城一直是全国佛教文化的中心,寺院数量顶峰时期达1367所。隋唐时期作为东西两京的洛阳和长安更是当时佛教文化的中心,两城掀起了译经高潮,相互辉映,相得益彰。"天下之人,从风而靡,竞相景慕,民间佛经,多于六经数十百倍。"[③]

隋唐东都洛阳高僧云集,隋炀帝时在洛阳建四道场,"召天下名僧居焉。其征来者,皆一艺之士,是故法将如林、景、脱、基、暹为其称首"。[④] 唐初,义褒在洛阳净土寺讲解经论,前来听讲者风起云涌,"七众载驱,群公毕至"。[⑤] 唐朝初年昙光住锡洛阳天宫寺,"四方律学,莫不咨询,故其房宇,门人肩联踵接,成就所举,远近遵承"。[⑥] 此外还有偃师高僧玄奘,丝绸之路交往的标志性人物,"玄奘以自己一生的实践,树立了一种新的文明交往模式。这就是平等、和平、友好,相互学习、彼此吸纳"。[⑦] 总之,河洛地区厚重的佛教文化底蕴为北宋时期洛阳的广建寺院打下了坚实的基础。

综上所述,北宋时期西京河南府洛阳耗资巨大,陆续建立了150余所寺院。它们的建立既有出于国家安全、长治久安、统一人心的政治需要以及西京特殊的政治地位考虑,又有安抚人心、祈福祭祀和超度亡灵的现实考量。尽管统治者想通过崇佛、重佛的举措以提升洛阳的政治地位,但不可

---

① 《宋史》卷一〇九《礼志》,第2624页。
② 江少虞:《宋朝事实类苑》卷三三《应天院建圣像殿》,第416页。
③ 《隋书》卷三五《经籍志四》,中华书局,1973,第1099页。
④ 慧立、彦悰:《大慈恩寺三藏法师传》卷一,中华书局,1983,第7页。
⑤ 道宣:《续高僧传》卷一五《义褒传》,郭绍林点校,中华书局,2014,第546页。
⑥ 道宣:《续高僧传》卷二三《昙光传》,第884页。
⑦ 李芳民:《玄奘对唐代丝绸之路拓展的历史贡献——以〈大唐西域记〉及〈大慈恩寺三藏法师传〉为核心》,《宝鸡文理学院学报》2018年第3期。

否认，唐末五代以迄于宋，洛阳地位的陨落、汴州开封的崛起是不争的事实。开封乃"八荒争凑，万国咸通"之地，便利的水陆交通条件使其一跃而成为五代梁、晋、汉、周和北宋的都城，取代了洛阳政治、经济和文化中心的地位。虽然宋政府出于政治需要与现实的考量加大洛阳佛寺的建设力度，但无可奈何花落去。

作者简介：崔梦妍，河南洛阳人，洛阳师范学院历史文化学院2023级硕士研究生，主要研究方向为河洛文化；张显运，河南信阳人，洛阳师范学院历史文化学院教授，主要研究方向为宋史。

两宋名士与西京少林渊源考

岳晓锋

摘　要　儒家名士与僧侣的交游在唐宋蔚然成风,尤其在两宋达到巅峰。少林寺禅宗祖庭的地位确立后,西京洛阳作为名士的聚集地,辖内的少林寺自然成为参禅悟道的中心之一。本文以诸多王公大臣、名儒诗僧参访少林寺为主线,回顾了北宋时期少林寺的发展历程及南宋诗人对少林的怀念,论述了禅宗与士林的关系,为宋代河洛文化研究提供了一个全新的切面。

关键词　西京洛阳；少林寺；士大夫；禅诗

宋代佛教寺院在一定程度上充当着文化中心,士人谈禅论佛蔚然成风——"士大夫多修佛学,往往作为偈颂,以发明禅理。"[1] 北宋的真宗、仁宗与南宋的高宗、孝宗皆亲近禅僧,周敦颐、王安石、欧阳修、苏轼、黄庭坚、张商英、杨亿、李遵勖与禅僧交往密切。一直以来,学界对朝臣名士与僧人交往的研究并不多见。[2] 迄今还没有学者对宋代少林寺与士人的往来进行专门的研究。北宋的少林寺复兴之后,汇聚在学术文化中心洛阳的公卿名士纷纷前往参访,留下了不少文坛佳话。本文以《少林诗词汇编》和少林

---

[1] 王辟之：《渑水燕谈录》卷三,原载《四库全书总目提要》,河北人民出版社,2000,第36页。
[2] 杜继文、魏道儒在《中国禅宗通史》中对此一笔带过；周叔迦在《中国佛学史》《中国佛教史》中对此鲜有提及；闫孟祥在《宋代佛教史》中只是简单地提及；蒋维乔在《中国佛教史》对此亦没有特别的关注；黄启江在《北宋佛教史论稿》中仅仅对范仲淹的佛教观进行了探讨；麻天祥在《中国禅宗思想发展史》中只是关注了释儒思想的交汇；杨曾文在《宋元禅宗史》中虽然对此单独列章,可惜内容很少。关注名士参禅较多的是孙昌武和日本学者忽滑谷快天。前者在《中国佛教文化史》中对佛教与理学的关系进行了深入的研究,对于佛教与文人的关系进行了较为全面的论述；后者在《中国禅学思想史》中对苏轼、苏辙、张商英、韩琦等人的参禅进行了比较深入的介绍。

寺内现存的宋代塔铭、碑偈为依据，结合《宋史》《居士分灯录》，通过梳理人物的生平，考证两宋名士与少林寺的联系，从一个侧面剖析河洛文化繁荣与发展的脉络。

一　北宋初期的西京佛教

唐武宗时期的会昌毁佛对佛教造成的影响很大。北宋建立后，虽然太祖赵匡胤志在振兴文教，但是即便在汴京开封，佛教的复兴也举步维艰，"士大夫聪明超轶者，皆厌闻名相。而少林一宗，尚未大行"。[①]

太平兴国四年（979），讨伐北汉成功后，太宗赵光义开始有计划地恢复佛寺。由于挂念古都凋零的状况，乃"徙僧道及富商大贾于西京洛阳"，[②]以帮助恢复僧道两教。淳化二年（991），赵光义敕令重建白马寺。

少林寺发展缓慢，很少有僧人入选高僧传及灯录。天圣九年（1031），北宋建国半个多世纪后，河南府河南县主簿梅尧臣游览少林寺，发现寺院依然门可罗雀。他在《少林寺》一诗中略带惋惜地写道：

>禅庭松色寒，石室苔痕古。
>寂寂不逢人，空檐燕方乳。[③]

究其原因在于，禅宗虽于江南、湖北稍盛，但影响并没有抵达洛阳和开封。一直到皇祐元年（1049），太监李允宁奏请将自己的宅第改建为禅寺，宋仁宗赵祯赐额"十方净因禅院"，并任命庐山圆通寺的云门宗僧人大觉怀琏担任住持后，禅宗方才在北方逐渐兴起。

西京洛阳和汴京开封一样设有僧录机构，但洛阳的僧官仅有六人，没有副僧录，也没有分设鉴义、讲经、讲论。开封的僧录由考试选拔产生，洛阳的僧录则是论资排辈。之所以出现这样的情况，当代学者游彪认为，隋唐洛阳佛教兴盛，五代十国的时候，不少政权定都洛阳。到了宋代，政

[①] 纪荫：《宗统编年》卷二〇，康熙二十二年（1683）刻本，第9页。
[②] 黄启江：《北宋佛教史论稿》，台湾商务印书馆，1996，第37页。
[③] 释永信：《少林诗词汇编（上）》，文物出版社，2019，第16页。

治经济中心东移，洛阳佛教中心的地位也随之衰落了。①

欧阳修也曾指出："河南（以洛阳为中心的河南府）自古天子之都，王公戚里、富商大姓处其地，喜于事佛者，往往割脂田、沐邑、货步之赢，奉寺宇为庄严。故浮图氏之居与侯家主第之楼台屋瓦，高下相望，于洛水之南北，若弈棋然。"宋廷定都开封后，洛阳"空而不都，贵人、大贾废散"。② 寺院的供奉也大幅减少。

北宋记载最早的少林寺住持是智浩。从《五灯会元》的记载来看，智浩很可能是天台宗与禅宗双修——他的师父师蕴经常和法眼宗（禅宗五家之一）高僧德韶"结侣遐征，游访名师胜境"，德韶利用自己与吴越王钱俶的亲密关系，为天台宗的复兴做出了很大的贡献。受其影响，师蕴兼修禅宗与天台宗。③

登封知县尹辅认为智浩的修为和才华可以与晋代高僧庐山慧远媲美，同时也让皇帝很佩服——"名高自达帝王听，就降殊恩不假媒。"④

智浩虽然获赐紫衣，但可惜在少林寺没有留下任何痕迹。当时的寺院发展缓慢，经济也很拮据。弟子们为智浩建造的砖塔仅有一级，高度不足2米。

智浩之后的住持是广庆。广庆的生平不见记载，但在举国上下大兴佛塔之际，他在寺内建造了一座释迦佛塔和一座下生弥勒塔。著名学者王得臣访问少林寺，曾写诗给广庆：

> 天入千岩碧，林收曼古春。
> 静中深有境，险外绝无邻。
> 宜牒婴污色，禅关脱世尘。
> 安心无觅处，断臂为何人。⑤

---

① 游彪：《宋代寺院经济史稿》，河北大学出版社，2003，第4页。
② 欧阳修：《河南府重修净垢院记》，《欧阳修全集》卷六四，中华书局，2001，第925页。
③ 《宋高僧传》卷二三，《景印文渊阁四库全书》子部，台湾商务印书馆，2008，第21页。
④ 《八琼室金石补正》卷八四，文物出版社，1985，第35页。
⑤ 郑州市图书馆文献编辑委员会编《嵩岳文献丛刊》第四册，中州古籍出版社，2003，第110页。

从诗中可以看出，王得臣对少林寺的美景十分留恋，对二祖慧可求法的往事十分仰慕。同时，他也认为丛林避世可以超凡脱俗、清净安心。

少林寺受到社会的广泛关注是由于云门宗僧人修颙的到来，从那时候开始，居住在洛阳的名士方才频繁地前往造访。

二　宰相名儒参访少林寺

宋代的士大夫普遍喜欢禅。他们通过参禅引入佛教的世界观、心性理论和禅宗语录，为儒学的发展注入了活力，同时也为政治失意找到了心灵的慰藉。

对于禅和儒的关系，王安石与张方平曾经进行过深入的探讨。王安石问：孔子去世百年而生孟子，之后儒门断绝无人，是什么原因呢？张方平认为儒门代不绝人，而且还有很多人超过孔孟，如："江西马大师、坦然禅师、汾阳无业禅师、雪峰、岩头、丹霞、云门。"看到王安石不解其意，张方平进一步解释说："儒门淡薄，收拾不住，皆归释氏耳。"[1]

王安石对于禅宗的传承与历史非常了解，也曾参访过少林寺。他写诗说："慧可忍寒真觉晚，为谁将手少林叉。""乐全居士"张方平也非常喜欢少林寺，写有"壁观少林寺，门风先洞山"之句。除了参禅拜佛之外，张方平还拿出银两，将自己所藏的《楞伽经》交给好友苏轼，请其书写并刻印流传。[2]众所周知，达摩当初在少林寺传法给慧可，正是以《楞伽经》作为印证。少林寺在北宋士大夫中的影响也因为《楞伽经》的广泛传播而逐渐扩大。

也许正是受到至交张方平的感染，翰林院学士宋祁也曾专门造访少林寺。在写给僧人朋友的诗中，他说"饭从香积取，花续少林开"。

北宋禅宗中最兴盛的是云门宗，其次是临济宗。云门宗一代宗师天衣义怀的弟子遍及天下。其中慧林宗本、法云法秀是著名的宗匠。他们的法嗣先后住持少林寺，少林寺因此成为云门宗的重镇。

元丰六年（1083），神宗赵顼诏请宗本入住开封相国寺并担任住持。两年后，高丽王子僧统义天到开封求法。在礼部郎中苏轼等人的陪同下，义

---

[1] 杜继文、魏道儒：《中国禅宗通史》，江苏古籍出版社，1993，第380页。
[2] 祁小春：《日藏宋刊苏轼写刻本〈楞伽经〉考》，《文物》2023年第2期。

天参拜了宗本。宗本非常仰慕少林,他在与众僧的问答中说了一句意味深长的话:"将谓少林消息断,而今踪迹俨然存。"

正所谓"法不孤生自古同",①法秀上堂说法时也有关于少林的语录,他说:"少林九年冷坐,却被神光觑破。如今玉石难分,只得麻缠纸裹。"②在《祖意》一诗中,法秀又写道:"涉岭登山得得来,少林不意口难开。"

首位住持少林寺的云门宗僧人是宗本的弟子投子修颙。根据《五灯全书》卷三十五记载,修颙,俗姓梁,号证悟,晋州赵城人,拜宗本为师。开悟后先后住持寿州资福寺、西京少林寺、招提寺。

修颙与僧人之间,曾有过一段精彩的公案:

> 僧问:佛法平等,赵州和尚为什么又把人分为三个等级?修颙说:入水见长人——人虽然是平等的,但在关键的时候本领有大小。

修颙在少林寺上堂,机锋辛辣:

> 巍巍少室,永镇群峰。有时云中捧出,有时雾罩无踪,有时突在目前,有口道不得,被人唤作壁观胡僧。诸仁者,作么生免得此过?休!休!不如且持课。③

白马寺的江禅师是修颙的弟子,曾提出要借看师父的"囊中宝",修颙坚决"不借"。他的本意是为弟子绕路说禅:自家本有,何须外借?仁者,本自具足,本自周备,所以"卖金须是买金人"。④修颙要弟子明白,禅是一种自性的参证,外息诸缘,唯有内求。

修颙的资料很少,但是收了很多在家弟子,这些弟子不仅身居高位,而且大多写有与少林寺相关的诗篇。不过,让人疑惑的是,《居士分灯录》

---

① 陆游:《题庐陵萧彦毓秀才诗卷后》,王新霞、胡永杰编著《壮心未与年俱老:陆游诗词》,人民文学出版社,2017,第75页。
② 释普济:《五灯会元》卷一六,《景印文渊阁四库全书》子部,第101页。
③ 释普济:《五灯会元》卷一六,《景印文渊阁四库全书》子部,第61页。
④ 居顶:《续传灯录·西京白马江禅师》,《续藏经》卷六八,新文丰出版公司,1983,第2783页。

把修颙归为华严宗,而非禅宗。为什么会这样呢?

熟悉禅宗史的人都知道,佛教宗派的相互借鉴与融合十分常见。修颙的师爷义怀在云门宗内部首开禅净兼修的风气,师父宗本在修行和说法中经常采用《华严经》的圆融妙义。①

《居士分灯录》中,列入华严修颙禅师法嗣的在家弟子多达七位,而且全部赫赫有名。如郑国公富弼、潞国公文彦博、温国公司马光、申国公吕公著分别担任过宰相。欧阳修曾经当过参知政事(副宰相),范镇是端明殿学士,邵雍则是著名的理学家,名列"北宋五子"之一。

这么多王公大臣、儒门名士信仰佛教并非偶然。在诸位皇帝礼遇禅僧,崇信佛教的大背景下,社会上的共识是"学佛是学儒成为圣贤的捷径"。②也正因为如此,在两宋时期,禅僧与士人的交往频繁,禅学与诗理高度契合。最具代表性的是长期受到佛教思想浸淫,写下诸多禅诗的苏轼。他说"士大夫以佛老为圣人"。③

修颙在亳州的时候很有名气,富弼"时闻修颙法席之盛,往至所疑。见颙登座,顾视如象王,回旋已微有得,因执弟子礼"。④富弼拜修颙为师后"日夕侍奉,闻道闻法"。开悟后,富弼又作偈赞曰:"万木千花欲向荣,卧龙犹未出沧溟。彤云彩雾呈嘉瑞,依旧南山一色青。"⑤

修颙住持少林寺期间,富弼经常到寺内听禅,收获很大。当时,修颙的师父宗本刚刚奉诏住持洛阳的慧林寺,富弼写给在宗本的感谢诗中,欣喜地说:"一见颙公悟入深,夤缘传得老师心。东南谩说江山远,目对灵光与妙音。"⑥

富弼对于佛禅研究非常深入,极有见地。他曾经给将作丞吴处厚写信"书托为访菏泽诸禅僧影像"。吴处厚认为富弼过于注重"相",他以偈语劝阻富弼:"是身如泡幻,尽非真实相。况兹纸上影,妄外更生妄。到岸不须船,无风休起浪。唯当清静观,妙法了无象。"富弼也用偈语作答:"执相

---

① 周叔迦:《中国佛教史》,《周叔迦佛学论著全集》第一册,中华书局,2006,第222页。
② 闫孟祥:《宋代佛教史》,人民出版社,2013,第90页。
③ 王新龙:《苏轼文集》卷二五,中国戏剧出版社,2009,第632页。
④ 《居士分灯录》,《新纂续藏经》第86册,第1607页。
⑤ 释普济:《五灯会元》卷一六,《景印文渊阁四库全书》子部,第72页。
⑥ 释普济:《五灯会元》卷一六,《景印文渊阁四库全书》子部,第72页。

诚非，破相亦妄。不执不破，是名实相。"除此之外，富弼还写信批评过吴处厚，他认为吴处厚根本不懂禅。

跟随修颙学佛修禅让富弼变得宽容大度。有人辱骂富弼，富弼并不生气，他轻松地告诉大家："天下和我同名的人很多，他骂的人，可能刚好跟我同名。"这件事后来被人们列入成语词典，叫作"诟如不闻"。①

汲取老庄思想而形成的禅宗，理论玄妙，文字雅致，思维绵密，修行简洁，从多个方面满足了士林的需要。在富弼的影响下，他的诸多好友纷至沓来，也拜在了修颙门下。

比如文彦博。文彦博是四朝元老，出将入相五十余年，官至太师。学佛让文彦博心胸宽阔，德高望重。他曾发愿说："愿我常精进，勤修一切善，愿我了心宗，广度诸含识。"② 事实上，他不仅是这样说的，也是这样做的。对于修颙住持过的少林寺，文彦博并不陌生。在《宿少林寺》一诗中，他写道：

> 六六仙峰绕佛居，俗尘至此暂销除。
> 西来未悟禅师意，北去还驰使者车。
> 五品封槐今尚在，九年面壁昔何如。
> 心知一宿犹难觉，花藏重寻贝叶书。③

在诗中，文彦博表达了自己对佛教的向往，以及因使命在身而尚未悟禅，不得不驰车北去的遗憾。对于达摩九年面壁的坚韧，文彦博充满了崇敬之心。他知道要达到禅宗所说的顿悟，需要勤读经书，潜心修行。

监察御史唐介曾弹劾过文彦博，说他在蜀州做郡守时，用绸缎讨好过张贵妃。被免职四年接到圣旨回京时，文彦博上书皇帝要求将一同被免职的唐介也官复原职。文彦博之所以这样做，首先出于他拜佛学到的包容和慈悲。此外，他还认为唐介虽有失误，但总的来看还算称职。唐介知恩图报，政绩突出。后来，文彦博又提拔唐介做了自己的副手。

---

① 刘立祥：《宋相富弼的诟如不闻与持诚守真》，《领导科学》2016 年第 3 期上半月刊。
② 张师诚：《径中径又径征义译注》中卷，清代光绪年间刻本，第 55 页。
③ 释永信：《少林诗词汇编（上）》，第 17 页。

文彦博的眼界和格局，受益于参禅拜佛。他曾与龙门寺的兴禅师、天钵寺的重元禅师交往频繁，也曾与净严法师集十万人举办净土法会。正是因为心态淡泊，动静适度，平和健康，在人均年龄仅有40多岁的北宋，文彦博以92岁的高龄无疾而终，引发了举国上下的羡慕。

北宋文坛宗主欧阳修是富弼一生的挚友，也是韩愈"衣钵"的继承者。他声称"韩氏之文之道，万世所共尊，天下所共传而有也"。欧阳修抵制佛教，和韩愈相比有过之而无不及。他声称"千年佛老贼中国"，并对大规模拆毁寺院的唐武宗大加赞赏，说其毁佛"奋然除去浮图之法甚锐"。[①]

与韩愈不同的是，欧阳修对道教宽容一些，他虽然不信神仙之说，但认为道教危害不大，并与少林寺山南的道士许昌龄成了好朋友。

有一次登嵩山的时候，欧阳修让仆吏退回，自己随意而往。来到少林寺，发现"修竹满轩，风物鲜美"，[②]修颙在殿内阅经自若。欧阳修问，你读的是什么经书啊？修颙告诉他，是《华严经》。曾经多病的欧阳修又问，古代的高僧为什么临终前都是自在谈笑，安然而逝呢？修颙说，这不过是定慧之力罢了。欧阳修又问，为什么现在这种情况很少见了呢？修颙回答他说，古人念念定慧，临终安得散乱？今人念念散乱，临终安得定慧？欧阳修听了极为叹服，也因此对佛教尤其是佛经产生了浓厚的兴趣（笔者之所以认定欧阳修在嵩山寺院遇到的是修颙，是因为《居士分灯录》中也把欧阳修列入修颙的法嗣）。

后来，欧阳修担任太子少师时，路过颍州曾专程宴请修颙。修颙专门为他讲解了佛法大义："指妙挥微，优游于华藏法界之都，从容于帝网明珠之内。"欧阳修非常感叹地说："吾初不知佛书其妙至此。"[③] 对于自己曾经诋毁佛教的言行，欧阳修非常后悔。他对弟子们说，我以文章名闻当世，一直批判佛教，现在想来非常后悔，你们千万不要学我啊。

知道愧疚的欧阳修除了拜师修颙，还广泛结交多位禅师并潜心研究佛经。史书记载，欧阳修在临终前还在研读《华严经》，"读至八卷，乃安坐而逝"。

翰林学士范镇和欧阳修一样，本来不相信佛教，但是受到修颙的点拨

---

① 黄启江：《北宋佛教史论稿》，第363页。
② 释惠洪：《林间录》卷上，《景印文渊阁四库全书》子部，第1205页。
③ 《居士分灯录》，《新纂续藏经》第86册，第1607页。

后，经常静心打坐，且受益匪浅。他说："吾二十年来胸中未尝起一思虑，二三年来不甚观书，若无宾客，终日独坐，夜分方睡，虽儿曹欢呼，咫尺皆不闻。"苏轼认为他已经洞彻禅的精髓，夸赞他是"学佛作家"。①

修颙只要在少林寺升座说法，富弼都会前往聆听，很多时候还拉上好友司马光共同听法。司马光当初并不喜欢禅，也不信佛。史载"光于物澹然无所好，于学无所不通，惟不喜释老。曰：'其微言不能出吾书，其诞吾不信也。'"② 嘉祐七年（1062），仁宗赵祯准备为上百所寺院赐额，司马光上书反对："窃以为释老之教无益于治世……依凭释老之教，以欺诱愚民，聚敛其财……方今庶民贫困，衣食不赡，仁君在上，岂可复唱释老之教以害其财乎？"吕公著劝司马光说："佛学心术简要，掇其至要。而识之大率以正心，无念为宗，非必事事服习，为方外人也。"司马光这才心有所触。富弼拜师修颙，并向修颙的师父宗本问法后，司马光"忽有所契"。后来经过范镇引见，司马光也拜在了修颙的门下，并经常出入少林，在《和君贶（王拱辰）少林寺》一诗中，他写道：

达磨自云传佛心，绪言迷世到于今。
既携只履归西域，安得遗灵在少林。
孤月正明高殿冷，清风不断老松深。
谢公自爱山泉美，肯为幽禅此访寻。

在《王君贶宣徽垂示嵩山祈雪诗十章合为一篇以酬之》中，司马光细数嵩山诸寺历史典故：

少林昔为达摩居，达摩英灵今有无。
庾辞流散满天下，竟以两手扪空虚。
法王魏氏离宫旧，玉刻狻猊向犹有。
子孙宗庙皆尘灰，止见伽蓝存不朽。

---

① 愚谷老人：《延寿第一绅言》卷一八，商务印书馆，1937，第46页。
② 牧田谛亮：《赵宋佛教史上契嵩的立场》，张曼涛主编《中国佛教史专辑之三》，北京图书馆出版社，2007，第26页。

会善庭隅千岁松，一根二股凌寒空。
势如鼎足挺秀出，泠泠永夜吟霜风。①

进了佛门的司马光很快发现"近来朝野客，无坐不谈禅"。② 就连布衣之交的邵雍（谥号康节）也是少林寺修颙的弟子。他欣喜地说"人生缘何不安乐，只因未识邵康节"。

快活安乐的理学家邵雍之所以相信佛教，也是受到富弼的感染。痴迷禅宗的富弼常常"重禅轻友"。有一次富弼去少林寺听法，邵雍没有跟上，他很生气地说"三命公公不起，一僧开堂公乃出"。③

邵雍的好友张载、程颢、程颐都曾排斥佛教，但又都从佛教尤其是禅宗中汲取智慧。张载虽然在"五子"中受禅学影响最小，但他的名言"为天地立心，为生民立命，为往圣继绝学，为万事开太平"与佛教中的四弘愿相近，与《六祖坛经》中的"众生无边誓愿度，烦恼无尽誓愿断，法门无量誓愿学，佛道无上誓愿成"相通。

邵雍所说的"天心复处是无心，心到无时无处寻"④ 正是修颙"不借囊中宝"的翻版。邵雍写道：

饱食丰衣不易过，日长时节奈愁何。
求名少日投宣圣，怕死老年亲释迦。
妄欲断缘缘愈重，徼求去病病还多。
长江一片常如练，幸自无风又起波。⑤

学佛修禅，成就了邵雍。他从禅宗的心性学说中得到启发，认为人心即各种象和数的根源，从而创立了基于太极为本体的新儒学——先天学。

敬仰邵雍的吕公著与司马光政见一致，并且同为旧党废新法时的领袖人物。他们先后参拜同一个禅师——少林修颙。对于师父住持的少林寺，

---

① 《居士分灯录》，《新纂续藏经》第86册，第1607页。
② 司马光：《戏呈尧夫》，《传家集》卷一二，商务印书馆，1937，第100页。
③ 黄启江：《北宋佛教史论稿》，第320页。
④ 邵雍：《伊川击壤集》，中华书局，2010，第290页。
⑤ 释心泰：《佛法金汤编》卷一二，万历二十八年（1600）刻本，第367页。

吕公著也曾多次前往，在《和魏教授见赠》①中，他写道：

> 清世文章日月悬，无才唯幸乐丰年。
> 游山太室更少室，看水伊川又洛川。
> 古有孟轲难语觉，时无颜子易为贤。
> 读书每到天根处，长惧诸公问极玄。②

吕公著以六度四摄菩萨行为圭臬，每逢佛教中的十斋日都要请假沐浴斋戒，隔绝欲扰。他曾三次拜相，广用贤士，博采众善，勇于谏诤，宽容大度，哲宗赵煦称赞他"纯诚厚德"。

修颙在少林寺并没有留下任何痕迹，但是这几位在家弟子却受到了世人的高度评价。《居士分灯录》称赞他们"靡不洞明佛理，无异作家禅客"，同时说欧阳修"始虽力排，终能开悟，又讵可与浅根者同日道哉"。③

崇拜修颙的除了上述公卿名士之外，还有被誉为"李白转世"的郭祥正。慧可少林寺断臂求法的往事，让郭祥正非常崇敬。他在诗中写道："何人断臂来求法，庭柏萧萧度岁时。"④ 修颙移居龙眠山的时候，郭祥正闻讯专程前往参拜，并写下了长达36句的长诗，以表达自己的学佛感悟："叩师玄关问至理，心地拂拭菱花明。"

修颙住持少林寺前后的元丰六年（1083）至元祐三年（1088）间，有一位名叫本嵩的开封僧人曾隐居在少林寺。本嵩深通《华严经》玄奥，游历诸祖禅林，洞明宗旨，名声远播京城。张商英"响师德"，多次到少林寺参访，后来又率领京城的众多贤达人士请本嵩到开封为京师的禅、教宗徒讲解《华严经》。

本嵩讲经之余，还撰写了三卷本的《通玄记》，同时受请住持开封夷门大刹，并被哲宗赵煦赐予"广智大师"的称号。

---

① 吕公著此诗出自北京大学古文献研究所编《全宋诗》第八册，北京大学出版社，1992，第5469页。近年来有学者认为他的18首诗中，有14首（包括本文中引用的这一首）是邵雍的作品（见李震《〈全宋诗〉所收吕公著诗辨疑》，原载《中华文史论丛》2016年第4期）。
② 《居士分灯录》，《新纂续藏经》第86册，第1608页。
③ 《居士分灯录》，《新纂续藏经》第86册，第1607页。
④ 释永信：《少林诗词汇编（上）》，第22页。

张商英并非一般的居士。他曾经得到东林常总（苏轼之师）的认可，与兜率从悦、圆悟克勤、大慧宗杲等宗匠来往密切，其中宗杲因为他的举荐而声名鹊起。

张商英追随少林寺的本嵩学习《华严经》的时候，还没有当上宰相。但是学佛已经有些成就，他声称"吾学佛，然后知儒"。

对于少林寺，张商英非常熟悉，因为他曾担任过嵩山崇福宫提举。在《青原山七祖塔》一诗中，他写道：

一派青原出少林，信衣到此只传心。
寻常示众无人会，尽向庐陵米价寻。①

修颙离开少林寺后，住持少林寺的是法秀的徒孙法海智通。智通的传承谱系是：义怀—法秀—子英—智通。从传承上看，修颙是智通的师堂叔。

智通的师兄弟长芦宗赜在中国佛教史上占据重要的地位。众所周知，唐代怀海制定《百丈清规》，帮助禅师从律寺中走出来。怀海提倡的"一日不作，一日不食"生活方式，为禅宗的兴盛和发展提供了根本的制度保障。到了宋代，《百丈清规》原本佚失，禅规紊乱。出于为禅宗发展的长远考虑，宗赜"佥谋开士，遍摭诸方，凡有补于见闻，悉备陈于纲目"，制定了一套完整的禅宗寺院生活规范，名为《禅苑清规》。该书对于寺院的住持和执事制度、法事仪规以及僧众日常生活中的行住坐卧、饮食起居进行了细致的规定，自崇宁二年（1103）刊行后的二百年间，一直被禅宗丛林推广使用，影响深远。此外，宗赜是"禅净合一"思想的践行者，著有《莲华胜会录文》《观无量寿经序》《念佛回向发愿文》《念佛防退方便文》等净土宗著作。

宗赜在《禅苑清规》自序中写道："少林消息，已是剜肉成疮；百丈规绳，可谓新修特地。而况丛林蔓衍，转见不堪，加之法令滋彰，事更多矣。然而庄严保社，建立法幢，佛事门中，阙一不可。"②

为了让少林寺附近的商人、士人及农民信仰佛教，少林寺除了执行《禅苑清规》之外，也常常用宗赜的语录劝慰僧俗。

---

① 释永信：《少林诗词汇编（上）》，第25页。
② 闫孟祥：《宋代佛教史》，第685页。

北宋末年，智通的弟子、少林寺住持惠初在寺内刻立了一通《长芦慈觉宗赜禅师麈中佛事碑》，劝慰商人们皈依三宝，孝养二亲，恳修斋戒，做一个衣食丰足、福慧双修的在家居士。

惠初曾被赐以紫衣袈裟和"佛灯大师"的称号，应该也是一位修为高深的大禅师。河北路转运使李昌孺经常造访少林寺，曾题诗四首。由于他极为佩服惠初的修行，还连写两首《拙颂示少林长老初公》相赠：

昔日曾闻师子音，清风匝地满丛林。
不须更问西来意，晓月亭亭正露金。

一见师来契此心，更于何处问知音。
要寻达磨当年事，只是如今旧少林。①

在云门宗僧人住持少林寺的间隙，曹洞宗高僧也来到了少林寺。

芙蓉道楷的师父投子义青有没有来过少林寺，尚未可知，但是他写有偈语，深情怀念达摩少林传法的往事：

相逢不免问生缘，一句当锋旨最玄。
达摩少林遗只履，却登葱岭不虚传。

道楷曾经在少林寺后山坐禅多年，史书上多有记载。《楷禅师塔铭》上说，道楷"最初住沂州仙洞山、西京乾元、招提"。② 乾元寺在龙门，自唐以来便是名刹，招提寺在洛阳东偃师区府店镇，与少林寺仅有一山之隔。《曲洧旧闻》中说："芙蓉禅师道楷，始住洛中招提寺，倦于应接，乃入五度山，卓庵于虎穴之南。"有一天，天气实在太冷，道楷找不到取暖的衣物，只好把两只小老虎抱过来暖脚。大老虎回来，感召于道楷的佛法，并没有生气，只是走过来叼着小老虎摇尾离开。

---

① 释永信：《少林诗词汇编（上）》，第28页。
② 《湖北金石记》卷一〇，《石刻史料新编》第1辑第16册，新文丰出版公司，1977，第12140页。

很多人并不知道，招提寺附近只有嵩山，五度山应该是五乳峰的笔误。当年达摩面壁九年的洞穴东侧确有虎穴。

在嵩山少林寺，道楷留下了《古今无间偈》一首。在偈中，他写道：

一法元无万法空，个中那许悟圆通。
将谓少林消息断，桃花依旧笑春风。①

道楷的朋友大都是"当世元老名公卿"，② 如宰相韩琦、开封府尹李孝寿、礼部员外郎杨杰等，他们应该都到少林寺拜访过道楷，可惜并没有文字留传下来。

道楷在五乳峰坐禅的同时，他的师弟报恩应宰相韩缜之请正在少林寺担任住持。

报恩到少林寺主要的目的是"革律为禅"。少林寺之所以"革律为禅"，是因为当时的寺院是一座律寺。宋代居士杨忆在《百丈清规序》记中说"百丈大智禅师以禅宗肇自少室，自曹溪以来多居律寺，虽立别院，然于说法住持未合规度，故常尔介怀"。百丈怀海根据禅宗发展需要，别立禅居，改变了以往禅僧没有自己寺院的历史，推动禅宗成为一个独立的宗派。此外禅院不立佛殿，唯树法堂，突出了禅宗的修行特点，又维护了朝参夕聚的禅习制度。绍圣元年（1094），哲宗赵煦召请"洛阳少林寺长老报恩"前往大洪山灵峰寺担任住持，并将该寺"革律为禅"。③

尽管离开了少林寺，但是这座寺院在报恩心目中的位置非常重要。后来他又回少林寺住过一段时间。"崇宁二年（1103），有诏命，住东京法云，从驸马都尉张公请也。师志尚闲远，阅岁恳还林泽。朝廷重违其请许之，径诣嵩山。"④

---

① 释永信：《少林诗词汇编（上）》，第23页。
② 沈国光：《北宋曹洞宗复兴初期的弘布及其时空过程——以芙蓉道楷行迹的复原为中心》，《历史地理研究》2021年第3期。
③ 《大宋随州大洪山灵峰禅寺记》，《湖北金石志》卷一〇，上海辞书出版社，1921年，第20页。
④ 释明河：《补续高僧传·习禅篇》，《续修四库全书》子部第1283册，嘉庆八年（1803）刻本，第20页。

需要特别指出的是，报恩与宰相张商英往来密切，书信不断，是禅门的一段佳话。

三　宋四大家留诗少林寺

宋代影响巨大的云门宗高僧契嵩所著的《传法正宗记》《传法正宗定祖图》《传法正宗论》得到了皇权的认可后，顺利入藏。契嵩将禅宗谓为佛祖的嫡传正宗，确立了禅宗的祖系，嵩山少林寺作为初祖道场得到了公认，众多的儒士接踵而至，寻僧问禅。

在参访少林寺的人群中，自然少不了"宋四大家"苏、黄、米、蔡的身影。

我们先说苏轼。苏轼的父亲苏洵信佛，受到家庭影响，苏轼对禅宗的超越精神非常认同。出仕后，他因与王安石政见不合，屡遭贬谪。宦海沉浮中，禅宗的"安心之法"对苏轼影响很大，支撑他度过艰难岁月。

苏轼流传下来的诗词中并没有提到过少林寺，但是他与少林寺却有着很深的渊源。

书画家文同是苏轼的从表兄，二人来往甚密，诗文唱和多达五十多首（篇）。文同对少林寺有着很深的感情，他在《赠城南观音院庵主广师》中写有"默矣盖自得，其谁知少林"之句。[1] 当文同以太常博士知陵州时，苏轼陪他前往开封的净因院向临济宗的道臻话别。文同画了一幅竹子作为留念，苏轼提笔在画上撰写了被后世称为书法名篇的《净因院画记》。

道臻是名声显赫的高僧，曾应诏为慈圣光献太后说法。他的法嗣元训同样禅学高深，而且驻锡少林寺，苏轼与文同很可能结交元训并访问少林寺。

苏轼经常到寺院居住，也结交了很多僧人朋友。他在赠给弟弟苏辙的诗中写有"先君昔爱洛城居，我今亦过嵩山麓"之句，并在少林寺留下两方梅花石刻及一方观音赞石刻（元代复刻）。[2] 此外，苏轼也引用"少林"指代禅宗。在《兴国寺浴室院六祖画赞》中，他写道：

---

[1]　释永信：《少林诗词汇编（上）》，第19页。
[2]　郑州市图书馆文献编辑委员会编《嵩岳文献丛刊》第三册，中州古籍出版社，2003，第306页。

> 少林僚壁,不以为碍。
> 弥天同挚,不以为泰。
> 稽首六师,昔晦今明。
> 不去不来,何损何增?
> 俯仰屈信,三十一年。
> 我虽日化,其孰能迁之?①

苏辙曾任河南推官、汝州知州。在嵩山留下了大量的诗作。其中与少林寺有关的是《少林寺赠顿起》:

> 一径乔林下黄叶,三山翠壁绕禅居。
> 共君将住还归去,欲问安心知已疏。②

苏轼门下的秦观、李廌、晁补之、张耒、陈师道、黄庭坚并称为"苏门六学士",除了秦观之外,其他五人全部参访过少林寺,并留下了诗文。

李廌以文章得到苏轼的赏识,可惜才华横溢,却屡试不第,这让他的人生非常失意。在少林寺,他借诗抒情:

> 禅老家风古少林,道场遗迹蔽烟岑。
> 山遮石脚斜阳早,云碍钟声出谷深。
> 只履度关天杳杳,九年面壁海沉沉。
> 欲知苗裔能传法,柏树犹明圣主心。③

在这首《少林寺诗》中,李廌把自己郁闷的心态和寺院幽静的环境联系在一起,同时借助初祖庵前六祖慧能的手植柏表明心迹——即使慧能是偏远的南方人,哪怕只是种下一株柏树苗,也照样可以成为禅宗传法的中

---

① 释永信:《少林诗词汇编(上)》,第22页。
② 释永信:《少林诗词汇编(上)》,第23页。
③ 释永信:《少林诗词汇编(上)》,第28页。

坚。言外之意是，自己虽然没有考中进士，照样可以为国效力。

晁补之、张耒经常往来嵩山，其中张耒还担任过嵩山崇福宫提举。晁补之写有"老来山水兴弥深，不在长安侠少林"之句，张耒则在离开嵩山之后，还对少林寺念念不忘——"家人但讶少林观，乡里不知颜子贫。"①

苏轼的诗友陈师道、道潜也与少林寺结下了不解之缘。陈师道因为苏轼的推荐而担任徐州教授，后来又担任了太学博士和颍州教授。道潜即昙潜，是与苏轼、陈师道、秦观交往颇深的南方僧人参廖子。陈师道与道潜经常吟诗唱和，一同出游。苏轼被贬，陈师道和道潜均受牵连，一个被降职，一个被流放。苏轼被贬海南的绍圣年间（1094—1098），"参寥以东坡门人得罪"，被责令还俗。② 之后，道潜又被谪放兖州，编入该地户籍。苏轼闻讯，专门写信给兖州教授楼异（字试可），希望他帮忙照顾落难的僧友。③

元符二年（1099），出身浙江明州望族的楼异担任登封县令。次年哲宗赵煦去世，楼异的好朋友吴居厚被任命为修建永泰陵的桥道顿递使。永泰陵与少林寺仅有一山之隔，楼异请求吴居厚以修陵的余力，为达摩在少林寺西北三华里处创建一座面壁庵（初祖庵）。吴居厚是庐山圆通道旻禅师的在家弟子，对少林寺和达摩非常敬仰，因此奏请徽宗赵佶，很快获得了恩准。

初祖庵建成后，楼异邀请陈师道和道潜到登封做客，三人登嵩山、游少林，吟诗唱对，留下了很多诗文。作为书法家的道潜还专门抄写了楼异所作的《三十六峰赋》和陈师道所撰的《面壁庵记》，立石于少林寺。

与苏轼追求佛教荡相遣执、遗世超俗的精神不同，黄庭坚专注于禅机、禅语的熔炼。他曾向黄龙祖心参禅学道。被降职贬谪到黔州时，他戒掉酒色，阅读大藏经长达三年。作为以儒门弟子透悉禅关的代表人物，黄庭坚主张调和儒释思想。对于禅宗的初祖达摩，黄庭坚非常崇拜，他曾专程到少林寺参拜达摩面壁影石，并写下了"少林九年，垂一则语，直至如今，

---

① 释永信：《少林诗词汇编（上）》，第27页。
② 鲍君惠：《宋代嵩山人文历史研究》，科学出版社，2017，第144页。
③ 鲍君惠：《宋代嵩山人文历史研究》，第144页。

诸方赚举"① 十六个大字。

离开少林寺后，黄庭坚还不断在诗中提到少林。比如，在《奉和公择舅氏送吕道人研长韵》中，黄庭坚写道："缪传黄梅钵，未印少林禅。"在《玉泉长老不受承天衬因作颂》中写道："达磨从西来，不受梁武衬。却面少林墙，衣钵一万贯。"在《次韵盖郎中率郭郎中休官二首》中，他对避世少林充满了向往："黄公垆下曾知味，定是逃禅入少林。"

黄庭坚在遣词造句和构建意境方面，受禅宗思想影响很深。在《渔家傲》中，黄庭坚还把自己学佛感悟与对达摩的崇敬写入词中：

万水千山来此土，本提心印传梁武，对朕者谁浑不顾。成死语，江头暗折长芦渡。

面壁九年看二祖，一花五叶亲分付，只履提归葱岭去。君知否，分明忘却来时路。②

经常与苏轼、黄庭坚唱和的书法家沈辽受到好友的感染，也很喜欢少林寺。他写有"耆窟清谈妙，少林方坐禅""达摩西归不记年，雪山消息更茫然""不将大辩拟天亲，终愧西来面壁人"③等诸多与少林有关的诗句。

米芾与佛禅、嵩山的渊源更深。他"少与禅人摩诘游，诘以为得法。其逝不怛，作偈语有伦"。④

米芾书法的巅峰之作是《天衣义怀禅师碑》。1096年，米芾受天衣义怀的徒孙四祖仲宣之托，为义怀撰写了碑铭。仲宣的传承序列是：天衣义怀—智海清—四祖仲宣。苏轼写有《和田仲宣见赠》，很显然仲宣也是苏轼的好朋友。众所周知，苏轼与米芾关系密切，但是二人参禅精进的程度却相差很远。苏东坡与僧为友，注重吸收禅意，并不真参实悟，因此被称为"口头禅"，米芾非常注重深悟佛理，在修行上所下功夫非常深。

尽管米芾在诗词中没有提到过嵩山和少林寺，但在绍圣元年（1094）

---

① 黄庭坚诗碑，碑在嵩山少林寺碑廊内。
② 释惟白：《建中靖国续灯录》卷一四，刻泊如斋印本，第56页。
③ 释永信：《少林诗词汇编（上）》，第21页。
④ 蔡肇：《故宋礼部员外郎米海岳先生墓志铭》，《清河书画舫·卷九下》，《景印文津阁四库全书》子部卷二七一，第387页。

十月担任雍丘县令时，他因为催租事件得罪上司，被迫担任了"监嵩山中岳祠"的闲职。少林寺近在咫尺，米芾自然前往拜访。虽然米芾在少林寺没有留下墨迹，但是由于米芾与佛国惟白私交甚笃，惟白的弟子法庆担任少林寺住持后，专门摹刻了巨字"第一山"石碑，算是在少林寺内为米芾也留下了纪念。

至于"宋四大家"中的蔡，到底是蔡襄还是蔡京、蔡卞，历史上一直存在争议。枫亭蔡氏中的蔡襄与蔡京是堂兄弟，蔡卞是蔡京的弟弟，三人均以书法闻名。安世凤在《墨林快事》中评论"三蔡"书法时说："卞胜于京，京又胜于襄。"

初祖庵建成之后，河南府知府范致虚邀请曾任宰相与河南府知府的蔡卞为初祖庵题名"达摩面壁之庵"自在情理之中。

主持修建初祖庵的吴居厚有着非凡的理财能力。神宗赵顼曾在手诏中说："今内外财计之臣，政绩著验，未有过居厚者。"① 后来，吴居厚因为同样的原因赢得了宰相蔡京的青睐。初祖庵建成后，吴居厚在庵北创建了一座高大的面壁塔，并赴京请蔡京撰写"面壁之塔"四个大字，蔡京欣然应允。

蔡京、蔡卞因此得以留墨于少林寺初祖庵。

四　南宋名士与少林寺

1127年，金国攻破汴京，赵宋王朝退守江南，史称南宋。少林寺所在地虽然属于金国，但其对佛教和儒门具有非同寻常的意义：赵宋皇陵位于少林寺附近，少林寺的禅宗祖庭地位得到公认，南宋的僧俗两界难免感慨并牵挂之。

南宋临济宗大师还经常以"少林"指代禅宗，并多以"少林无孔笛"为弟子们"绕路说禅"。灵隐慧远在偈语中说："倒吹无孔笛，促拍舞梁州。"松源崇岳写道："少林无孔笛横吹，此曲谁人和得亲。"无准师范说："少林消息绝，大地一团铁。"无独有偶，虚舟普度也说："少林消息断，花绽不萌枝。"②

---

① 《吴居厚传》，王称：《东都事略》，文海出版社，1979，第1880页。
② 北京大学古文献研究所编《全宋诗》卷二三九，北京大学出版社，1998，第232页。

士大夫在怀念故土的同时，更注重内心体验而非宗教的外在形式，他们对禅宗悠闲适意的生活充满了向往。比如，南宋著名的诗人陆游受家族影响信奉佛禅，对嵩山和少林寺有着很深的感情。关于嵩山，他写有"看云庐阜屏风叠，采药嵩山冠子峰""梦断嵩山峰顶寺，暮年心寄洛阳城"等。[①] 眼看北伐无望，宋金长期对峙已成现实，陆游在叹息中怀念着少林寺——"屏风叠邃思庐阜，冠子峰高忆少林。"参禅避世的同时，陆游还牵挂着禅宗"教外别传"的教义——"少林尚忌随人转，老氏亦尊知我稀。"禅室打坐，陆游追溯慧可为法忘形，孜孜以求的精神——"勿为霜寒忆温暖，少林立雪彼何人。"[②]

范成大是与陆游齐名的诗人，曾任资政殿大学士。他虽然没有直接写过与少林寺有关的诗句，但是他对达摩九年面壁，在少林首传禅宗的故事烂熟于心。在《题请息斋六言十首其八》一诗中，他写道：

冷暖旧雨今雨，是非一波万波。
壁下禅枯达磨，室中病著维摩。[③]

崇敬陆游的刘克庄深受理宗赵昀的宠信，被授予龙图阁学士的称号，先后担任过南宋的建阳县知县、枢密院编修官、太常少卿、兵部侍郎、除权工部尚书。官职在身的刘克庄应该没有机会游览嵩山并参访少林寺，但是他却写了五首与嵩山少林寺有关的诗。

在《再和·世味浇漓酒趣深》中，刘克庄写道："吾今会得逍遥义，懒访曹溪问少林。"在《石塘感旧十首·中军晚岁甥辞去》中，他又写道："看取少林诚长老，死生林下伴寒斋。"

居住在江南，刘克庄对北宋的感情十分深厚，他不断以"少林"指代禅宗。如"深碧非少林祖，暴赤疑归宗僧""既具顶门眼，遂得少林髓""塔藏共礼熊耳骨，壁观谁得少林髓"。[④]

---

① 释永信：《少林诗词汇编（中）》，文物出版社，2019，第1页。
② 释永信：《少林诗词汇编（中）》，第1页。
③ 释永信：《少林诗词汇编（中）》，第2页。
④ 辛更儒笺校《刘克庄集笺校》卷二〇至卷二九，中华书局，2011，第35—36页。

当然，也不排除南宋人缅怀北方的故土，将新建的寺庙命名为"嵩山少林寺"。但是，从上述诗句中，我们不难看出刘克庄笔下的少林寺显然指的是金国中京洛阳的少林寺。

在众多怀念少林寺的诗人中，参知政事（副宰相）楼钥可能是唯一得以幸运到达嵩山，并深入寺院探访的人。之所以有这样的机缘，是因为在高中进士后的待阙期间，楼钥曾以书状官的身份跟随舅父汪大猷出使金国。同时，他的祖父正是酷爱嵩山，倡议修建初祖庵的登封知县楼异。在《老来》一诗中，楼钥写道："曲肱时复同尼父，面壁何妨学少林。"

对于南宋的禅僧和士大夫来说，少林是梦境，也是灯塔，是魂萦梦绕的故土，也是精神栖息的港湾。学习达摩在少林面壁开悟，是楼钥开导朋友、化解烦恼、进行自我反省的重要途径。在《见客》一诗中，他再次写道："应酬既了无余事，面壁何妨学少林。"①

结　语

宋代帝王虔诚向佛，官场与丛林结缘，名士参禅，公卿问道让禅风弥漫整个社会。此外，"宋代文人之唯一正式出路为仕宦。仕宦而随波逐流则平安无事；偶或有所建议苟不称旨，或政敌故意中伤，在词句中略加吹求"，贬谪地多为荒蛮落后之地，"侥幸生还者，十无一二"，②唯有禅宗信仰能够为这些士人提供精神的慰藉，少林寺也因此成为怀才不遇者和仕途失意者心目中的精神家园。

本文以诸多王公大臣、名儒诗僧参访少林寺为主线，回顾了北宋时期少林寺的发展历程及南宋诗人对少林的怀念。从中可以看出，少林寺及禅宗对儒士的影响是多方面的：严毅的邵雍引禅入儒，将太极定义为"心为太极"；排佛的欧阳修参禅读经，最终皈依佛门；浪漫的苏轼、陆游援禅入诗，以诗谈禅，引领了宋诗"意胜"的新格调；温和的富弼、文彦博、吕公著学佛仕官，从容面对人生起伏……

---

① 释永信：《少林诗词汇编（中）》，第6页。
② 方豪：《宋代佛教对社会及文化之贡献》，张曼涛主编《中国佛教史论集（宋辽金元篇）》，北京图书馆出版社，2007，第134页。

少林寺对宋代河洛文化的影响十分深远。可惜由于史料的缺失，北宋时期的少林寺历史出现了很大一段空白，笔者不揣浅陋，借此抛砖引玉，希望能够吸引更多专家学者研究北宋洛阳佛教史。

作者简介：岳晓锋，河南登封人，少林寺图书馆研究员，主要研究方向为少林寺历史、中国禅宗史。

叙事的缝合与重构*

——洛阳"云溪观"的几重面相

杨 全

摘 要 云溪观是洛阳一座知名道观,由于其与全真教第四任掌门刘处玄和第五任掌门丘处机关联紧密,故扬名于世。但学界通常认为宋代著名理学家邵雍所居的"长生洞"故址即位于云溪观之中,且考古发掘出的清代碑刻等遗物更进一步佐证了这种"真实性",其实这种看法是史料嫁接后衍生出的结果。经考证,洛阳云溪观与邵雍诗作中的"长生洞"无涉,是清人以讹传讹的结果。长生子刘处玄在下葬其师王重阳后,来洛阳居市中土地庙悟道三年,后迁城东北云溪洞,并在此处传教。刘处玄去世后,长春真人丘处机途经此处,念教门之情,于金贞祐二年(1214)买下此处,并赐名"长生观"。清人误将"长生"之名与邵雍所居"长生洞"相互缝合,并延续至今。

关键词 洛阳;云溪观;长生观;长生洞

云溪观是金元时期洛阳的一座知名道教庙宇,诸如长生子刘处玄、离峰子于道显等全真道名宿都曾于此传道。如今,它的遗址掩盖在洛阳市九龙台中学(原市十一中)的校址之下,难觅昔日之辉煌,但基于它的叙事却繁复异常,颇让人有雾里看花之感。究其原因,是由于后人多次建构的结果,叙事的叠加导致史料的缝合与再创造,唯有剥离层层修辞才能露出原貌,故对云溪观的历史有重新探讨之必要。

---

* 本文为教育部人文社科青年基金项目"宋代墓志书法研究"(18YJC760052)的阶段性成果。

一　层累叠加
——云溪观之历史书写

　　云溪观故址位于明清洛阳城"东北三里、瀍水西岸",今洛阳瀍河回族区三井洞桥西侧,南距东新安街约 30 米,大抵在今洛阳市九龙台中学校址内。[①] 洛阳市文物工作队曾为配合原市十一中基建,先后于 1985 年、1991 年、1996 年、2000 年、2003 年、[②] 2012 年[③]对该遗址进行了 6 次考古发掘,发掘面积共计 572 平方米。在此期间曾出土不少清代碑铭,但这些碑刻的出土并没有很好地考镜云溪观之源流,反而在一定程度上印证了清代方志记载的"真实性"——即它是北宋理学家邵雍在洛居所之一,又是金代全真道随山派的开山祖庭,[④] 也就是说,"二重证据法"在云溪观的历史书写中形成完美闭环,现代考古学的作用被金石学所裹挟,使得云溪观的历史叙述愈加模糊不清。

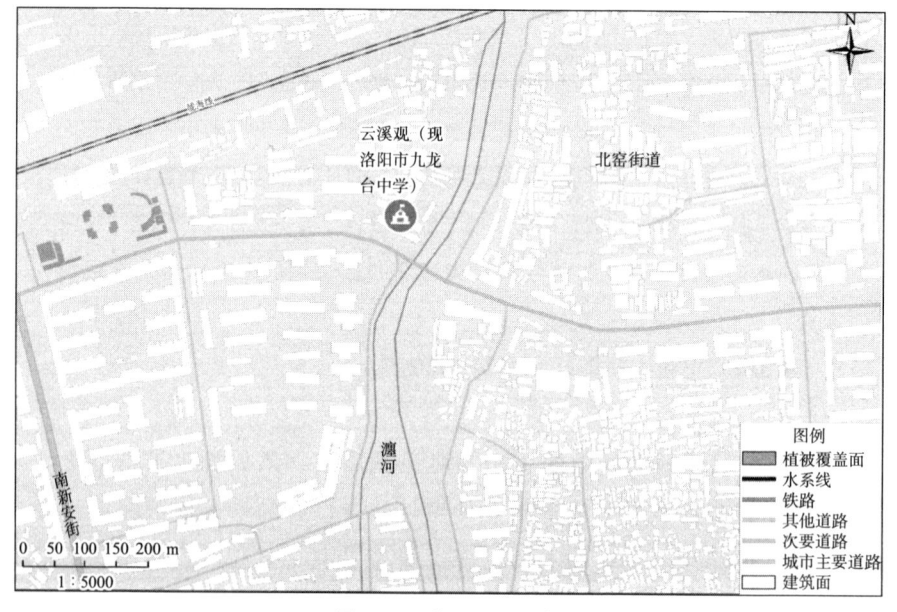

图 1　云溪观位置示意

[①] 霍宏伟、刘连香:《洛阳云溪观遗址出土碑铭考述》,《四川文物》2004 年第 3 期。
[②] 霍宏伟、刘连香:《洛阳云溪观遗址出土碑铭考述》,《四川文物》2004 年第 3 期。
[③] 洛阳市文物考古研究院:《洛阳瀍河区云溪观建筑基址的发掘》,《洛阳考古》2014 年第 3 期。
[④] 霍宏伟、刘连香:《洛阳云溪观遗址出土碑铭考述》,《四川文物》2004 年第 3 期。

叙事的缝合与重构

现存云溪观的最早文献概能追溯到金代,据洛阳古代艺术馆藏金代《长生观敕牒碑记》载,金贞祐二年(1214)"登州栖霞县太虚观住持丘处机今于河南府录事司城东□坊九龙庙后瀍河西岸上,旧有三清圣像云溪庵道堂一所,未有名额。今于官中买到宇字号三十八空名观额壹道,□后俱□填出给施行者。敕可持赐长生观牒"。[①] 据此可知,云溪观的前身为云溪庵道堂,[②] 但未被官方认可,且始建年代不详,但不晚于金贞祐二年。其时,长春真人丘处机买下后正式赐名为"长生观",后又名全真观、[③] 长春观,[④] 值得注意的是,丘处机为刘处玄之后全真道第五任掌门〔泰和四年(1204)至元太祖二十二年(1227)〕,字通密,号长春。山东栖霞人。创全真龙门派。[⑤] 而全真道第四任掌门刘处玄曾在此处修真,据《(嘉庆)洛阳县志》载:"长春观即云溪观,金刘处元(玄)修真处。"[⑥] 刘处玄字通妙,号长生。山东莱州人。创全真随山派。[⑦] 史载金大定十二年(1172),他与马、谭、丘扶柩葬师于终南,与长真谭处端[⑧]东入洛阳,"居市中土地庙,不语者三年,俄迁城东北云溪洞",[⑨] 炼养于尘埃,养素于市廛。复迁栖云溪之滨门,人为凿石室以居之。故云溪观又称作"云溪洞"。那么,刘处玄和丘处机如何与云溪观发生关联呢?明弘治年间的《河南郡志》载有成文于元代的《云溪

---

① 霍宏伟、刘连香:《洛阳云溪观遗址出土碑铭考述》,《四川文物》2004年第3期。
② 据霍宏伟和刘连香先生考证,"云溪庵道堂"与云溪观实为一观,参见霍宏伟、刘连香《洛阳云溪观遗址出土碑铭考述》,《四川文物》2004年第3期。
③ 明万历甲辰年(1604)《题全真观》刻石载:"全真观旧名云溪观。"据霍宏伟、刘连香《洛阳云溪观遗址出土碑铭考述》,《四川文物》2004年第3期。
④ 《(嘉庆)洛阳县志》载:"长春观即云溪观。"魏襄修,陆继辂纂《(嘉庆)洛阳县志》卷二二《道观》,嘉庆十八年(1813)刻本,第451页。
⑤ 羊华荣:《北七真》,《宗教学研究》1983年第2期。
⑥ 《(嘉庆)洛阳县志》载:"长春观即云溪观。"魏襄修,陆继辂纂《(嘉庆)洛阳县志》卷二二《道观》,第451页。
⑦ 羊华荣:《北七真》,《宗教学研究》1983年第2期。
⑧ 河南洛阳保存一通金代全真道石碑。碑阳为大定二十四年(1184)镌刻的谭处端书《唐杜天师忽惊之图》及歌诀,碑阴是刊于正大八年(1231)的丘处机书五言诗两句。经刘连香考证,石碑原立于谭处端登之所栖霞观,碑阳为谭真人所书《唐杜天师忽惊之图》与修行歌诀,反映全真道早期注重个人潜修主旨,是对杜光庭除情去欲固精生丹思想的继承。碑阴为47年后谭处端弟子王道明刻立的丘处机所书两句诗文,丘处机嗣任全真道掌门之后提出立观度人为修身之要,从而使教门大兴。刘连香:《洛阳藏金代全真道石碑考》,《四川文物》2014年第5期。又见氏著《谭处端丘处机书金代石碑初论》,《中国国家博物馆馆刊》2014年第11期。
⑨ 《道藏》第19册,文物出版社、上海书店、天津古籍出版社,1988,第328页中栏。

观记》，其详细记载了云溪观之史迹，具有重要的史料价值，故抄录如下：

云溪观记①

至元元年甲子（1264）冬十月，离峰②门人亢致全谓长生宫修建事实已有今参知政事杨公正卿③所撰碑记，以传不朽。惟此云溪在瀍水西、长生宫东北二百举武有奇，乃长生师真葬重阳毕，来洛阳市中土地庙养真所得之于师者，三年之后所迁之地耳。其门人离峰于公承其志，征其言，而建之于先。壬辰（1232）为兵乱所废。④ 甲午（1234）离峰门人孔志中、刘志深、高志空、许志信等思立为国祝釐之所，兼以思先师之勤劳，而重修之于后，乃状其先后之所以来。求文刻石，乃按其状少加润色，而书之师真事迹。盖致全于辛丑岁（1241）奉真常仙⑤旨于东莱宁海登之三州，抄录到七真⑥行事，比七真新作之传尤详，故相参而用焉。

长生师真自生至化，其可书者已收在传中，兹不赘述。惟兹云溪为真人先世修道之地，故致全欲立碑以示后来之住持者。师初大定十七年（1177），自土地庙至于此半崖洞⑦中坐三年，照见历世修行处，

---

① 陈宣修，乔缙纂《（弘治）河南郡志》卷一九《记》，弘治十二年（1499）刻本，第64—69页。
② 于道显（1169—1233），山东文登人，全真教刘处玄的弟子，有诗集《离峰老人集》，离峰子是其号。于道显从山东到河南，以洛阳为中心传教。其间招纳儒士，广结道缘，住持长生观，提点亳州太清宫，扩大了全真教在河南的影响，为全真教在元代的发展奠定了坚实的基础。冯利华：《离峰子于道显生平略考》，《宗教学研究》2023年第1期。
③ 杨果，字正卿，祁州蒲阴人。出生于金章宗明昌六年（1195），卒于元世祖至元六年（1269）。金哀宗正大元年（1224）中进士，步入仕途。历任偃师县令、蒲城、陕县县令，政绩卓著。元世祖中统元年（1260）任北京（今辽宁省陵源县以西）宣抚使，次年迁参知政事。至元六年出任怀孟路（今河南沁阳市）总管，力倡教育，修文庙，办学校。工于文章，长于词曲，是金元之际的著名文学家，也是促进"曲"这种形式由民间转向文坛的重要曲家。著有《西庵集》。
④ 壬辰之乱指该年三月蒙古兵克洛阳，之后围攻汴京，金哀宗出逃蔡州的历史事件。
⑤ 即李志常，字浩然，号真常子，曾得赐"玄门正脉嗣法演教真常真人"号。为全真道的一代宗师，元世祖中统二年（1261），朝廷追赠他"真常上德宣教真人"号。
⑥ 北七真，道教全真道尊奉的北方七位真人，均系王重阳嫡传弟子。因对全真道的传播和发展作出贡献，被尊为真人，并得到元世祖的诏封。他们是：马钰、谭处端、刘处玄、丘处机、王处一、郝大通、孙不二。参见羊华荣《北七真》，《宗教学研究》1983年第2期。
⑦ 半崖洞即半厓洞。《（雍正）河南通志》卷七《山川》载："三井洞在府城东北、云溪观内，其洞在半厓上，有三眼如井。"田文镜等修，孙灏等纂《（雍正）河南通志》卷七《山川》，光绪二十八年（1902）刻本，第363页。

乃指示门人令就崖凿，谓有三井与古碑，既鉴皆如其言。兹岂非南华所谓神宇泰定、天光内发①也。与其碑无字，令门人磨之，师以斧斫之有损，又文令磨之，如是者三，磨者往往散去，至中道害目者有之，病脚手者有之，乃回诣师谢过，俱至终身不敢起私念。洞前有槐数株，门人中设有起私念者，辄呼至其下以绳拴手悬于枝上，直至内自省责，方释之。

师尝云："瀍西古辉明基址犹在，后四十年松柏死，瀍水西流，河洛鱼现，乃我身后因缘之验。"大定二十年庚子（1180）立观于武官，②承安三年（1198）被诏得旨还赐灵虚之额。泰和癸亥（1203）二月六日反真，大安二年（1210）长春送至今之观额。盖长春大定二十八年（1188）被诏过此，③门人陈其先师所言者，因以白金百两买古辉明基址之柿园以献，又值官取溪水西入壕以护城，伐松柏为楼橹之用。天风乃属（嘱）孙伯英辈二十余人皆移师离峰，已则示寂而化。次请圆容朗公相副住持。大定庚子至兴定戊寅（1218）几四十年，至于"松柏死、瀍水西、河落（洛）鱼现"之语皆验矣。于是就三井洞像正阳、④纯阳、⑤海蟾。⑥建金莲堂，像七真。上洞在半崖，谓是师进道

---

① 《庄子·庚桑楚》载："宇泰定者，发乎天光。"《庄子》被尊称为《南华经》，书中称庄子为"南华真人"。
② 据李道谦编《七真年谱》载，"大定二十一年（1181）长生真人东归莱州"，"大定二十二年（1182）长生真人居武官，建庵、注《道德》《黄庭》等经"。《道藏》第19册，第664页中栏。刘长生的传道区域基本在山东一带以武官为中心向周边辐射，参见冯利华《离峰子于道显生平略考》，《宗教学研究》2023年第1期。
③ 大定二十八年（1188）春，金世宗闻处机之名，遣使召入京师，多问以至道，对答称旨。史称："剖析天人之理，演明道德之宗，甚惬上意。"同年八月，返回终南祖庭，世宗赐钱十万，辞而不受。李远国：《长春济世有奇功——论邱处机对全真道的贡献》，《中国道教》1997年第1期。
④ 即钟离权，其字云房，一字寂道，号正阳子，又号和谷子，汉咸阳人。全真道尊他为"正阳祖师"，后列为北宗第二祖，亦为道教传说中的八仙之一。
⑤ 即吕嵒（或作嵓、岩），其字洞宾，号纯阳子，以字行世，世称吕洞宾。吕洞宾师事钟离权，后曾传道予刘海蟾及王重阳，被全真道尊奉为"北五祖"之一，亦为道教传说中的八仙之一。
⑥ 即刘海蟾，初名操，号海蟾子，又字昭远。一说后梁燕地广陵（今北京宛平）人，一说辽人。道教全真道尊为北五祖之一。元至元六年正月，褒赠"海蟾明悟弘道真君"，元武宗加封为"海蟾明悟弘道纯佑帝君"。后世民间流行有刘海戏金蟾的传说，多用作吉庆的象征。

之所，遂像之。其所创建者止于此而已。孙天倪伯英①为文，欲立所埋之碑以识之。离峰云："灭劫将至，未可也。"兼先师有云："待他日因缘大兴，此碑自立，永镇万古。"至壬辰果尽为兵乱所废。及废，邓州师请离峰居州之重阳观，癸巳（1233）正月十九日羽化，门人负灵柩葬之观西北复真庵。

天朝黄命甲午岁，孔志忠等增修为殿者，一曰玄元，②南向，其两壁画十方天尊像。殿之右真官堂，殿之前西向云堂，以奉玄中法师。③三井上洞所像仍旧，但上洞增离峰、天风二洞，盖二老常左右于生前，故各示以洞而像之也。又东向新凿清安等数洞，为道众焚诵栖息之所。门楼、方丈、井溷、库厩、竹坞、花园、药畦、菜圃，至于洞户砌甃、堂殿妆饬、複道栏槛、金朱丹腹、爽垲轮奂，咸□一新。此重修增广之大纲也。

观自重修以来，住持道众恒二十余人，受恩例普度戒牒，凡二次。其上洞崖岭，离峰尝筑一台，名之曰四顾。盖南望九皋，④东南望嵩阳少室，正东则北邙之神峰，⑤西南则锦屏，⑥北则天坛、⑦黄河，曰伊洛、曰瀍涧，形势脉络相与映带，何其雄哉！想主持者焚诵筑构之余，接待应答之暇，登于斯，眺于斯，或假偃仰于斯。计其所筑，亦乾坤万里快目之所览耶？抑亦御风骑气，纵神之。所游耶？予固不得而知之也。若人辈之所乐尚，恐不得而尽知之，况自离峰推而上之，至于

---

① 孙伯英（1179—1230），金朝人。原籍雄州容城（今属河北）人，后为洛阳人。《孙伯英墓志铭》载其出生武将世家。初名邦杰，后改名天和，仕宦后又改名伯英。在太学时，所游皆一时名士，与刘昂霄、元好问相交甚善。后视世味漠然，遂出家为黄冠师。正大七年（1230）殁于亳州太清宫，年五十一。事迹又载于《长春道教源流考》卷六。胡孚琛主编《中华道教大辞典》，中国社会科学出版社，1995，第152页。
② 即老子。
③ 即太上老君。
④ 九皋山，又名鸣皋山，位于洛阳伊川、嵩县、汝阳三县交界处。
⑤ 应是偃师首阳山。
⑥ 位于洛阳宜阳县，相传其由武则天赐名。清代诗人郑銮诗云："洛阳山色接宜阳，夹道峰峦峙两行。行到宜阳山更好，锦屏十二列青苍。"
⑦ 从地理方位来看，"刘秀坟"可能性较大，但经考古勘探，洛阳学界基本上都认为北魏的方泽比较契合文献中"太和年间营方泽于河阴"的记载，但方泽祭地，"圆丘之祭在南郊，则方泽之祭断在北郊矣"（《孝经钩命诀》）。《礼记·礼器》载："冬至祭天于圜丘之上，夏至祭地于方泽之中。"因此"刘秀坟"的可能性较小；其"天坛"应指济源境内的天坛山，为王屋山主峰。绝顶有坛，传为轩辕帝祈天之所，故名天坛。

长生师真所得妙处，虚明精绝，与古今贤圣流通混合而无间，岂易得而形容也欤！以是知凡可书者皆博大真人①之土苴②也。

敛黄庭体③属之，以辞曰："道之为物绝见闻，神而明之存乎人。吾师长生出乎伦，初迁此地非无因。静坐三载到本根，三井碑凿征前身。是后光辉日益新，承安征车飞蒲轮。师恩所及难具陈，离峰此举诚殷勤。奈何一旦遭兵尘，昔随昆火玉石焚。今复如此谁之勋？人知师自有嫡孙。岂知师真掌握存，乾坤师德相吐吞。区区人力何足云，欲呼辽鹤返师真。台上细听谈企源，仙道贵实不贵文。名记多口渐纷纭，大都哑子胜仪秦。"

据《云溪观记》载，云溪位于"瀍水西、长生宫东北二百举武有奇"，长生宫应与长生子刘处玄有关，应为一组建筑群。云溪观并非刘处玄在洛的第一处居所，全真师门在下葬王重阳后，刘处玄随谭处端一同抵洛，其曾在"洛阳市中土地庙养真"，后三年悟道在半崖洞内，由于其"照见历世修行处，乃指示门人令就崖凿，谓有三井与古碑，既鉴皆如其言"，该轶事亦见于乾隆《重修洛阳县志》："刘处元（玄），字通妙，号长生子，武功人。大定时入洛，住云溪观。门人为凿洞室，忽得石井，众方骇异，处元（玄）笑曰：'不远数尺，更有二井，此我三生前修炼处。'凿之果然。"④至今，此处仍有三井洞、三井洞桥等地名。但乾隆《重修洛阳县志》云刘处玄入洛一开始就居住在云溪观，不确。

刘处玄迁到云溪观后，一次曾指庵右冯氏园预言道："此我身后之缘。四十年园之松柏死，瀍水西流，其地当不售而得。"于是"磨一碑埋于中，云此缘兴而碑立"，⑤后其于泰和癸亥（1203）二月六日反真。而长春真人

---

① 《庄子·天下》载："关尹、老聃乎，古之博大真人哉！"
② 《庄子·让王》载："道之真以治身，其绪余以为国家，其土苴以治天下。"土苴比喻微贱的东西，犹土芥。
③ "黄庭坚体"（也称"黄山谷体"或"黄鲁直体"），南宋魏了翁在《黄太史文集序》（《鹤山先生大全文集》卷五三）中说："公年三十有四，上苏长公诗，其志已荦荦不凡，然犹是少作也。迨元祐初，与众贤汇进，博文学德，大非前比。"苏轼说："读鲁直诗，如见鲁仲连、李太白、不敢复论鄙事，虽若不入用，亦不无补于世也。"（《东坡题跋》）
④ 龚崧林修，汪坚纂《（乾隆）重修洛阳县志》卷八《仙释》，1924年石印本，第366页。
⑤ 《道藏》第19册，第328页下栏。

丘处机曾两次与云溪观结缘：大定二十八年（1188）他途经此处，门人陈其先师（刘处玄）所言，"因以白金百两买古辉明基址之柿园以献，又值官取溪水西入壕以护城，伐松柏为楼橹之用"，观址得到第一次扩建。后又于大安二年（1210），他于运粟有司处购得长生观额[1]以传刘处玄遗志，因此，后人也将长生观称为长春观，[2]值得一提的是，丘处机并未在此传教。只是大安二年与《长生观敕牒碑记》所载的金贞祐二年（1214）略有出入。适逢贞祐之乱，河南一地朝不保夕，果然到金宣宗兴定三年（1219）时，"冯氏鬻其园圃，蔡清臣以白金百两得之，请师之门人于离峰住持"。[3]其时，刘处玄预言——应验，长生观得到第二次扩建，并由住持离峰子于道显进行了修葺，其于"三井洞像正阳、纯阳、海蟾。建金莲堂，像七真。上洞在半崖，谓是师进道之所，遂像之"。其时，于道显的徒弟孙伯英打算刻文于先前刘处玄所埋的无字碑上，于道显预感战火将至，故而劝止，后果因壬辰之乱而道观遭毁。甲午（1234）之际，于道显的门人孔志中、刘志深、高志空、许志信等"思立为国祝釐之所，兼以思先师之勤劳"，对长生观进行了一番修葺，并新建修为殿，殿之右真官堂，殿之前西向云堂，以奉太上老君。而"三井上洞所像仍旧，但上洞增离峰、天风二洞，盖二老常左右于生前，故各示以洞而像之也。又东向新凿清安等数洞，为道众焚诵栖息之所"。

此外，据《云溪观记》可知长生观的历任住持依次为：

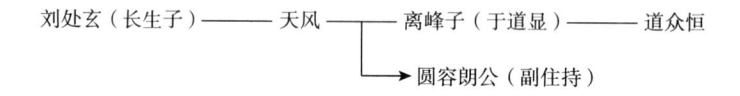

刘处玄（长生子）——天风——离峰子（于道显）——道众恒
　　　　　　　　　　　　└──圆容朗公（副住持）

二 叙事缝合
——邵雍与云溪观

学者多以"云溪观"即清代洛阳方志所云"宋邵康节赏夏处"，[4]加之

---

[1] 《道藏》第19册，第328页下栏。
[2] 《（嘉庆）洛阳县志》载："长春观即云溪观。"魏襄修，陆继辂纂《（嘉庆）洛阳县志》卷二二《道观》，第451页。
[3] 《道藏》第19册，第328页下栏。
[4] 贾汉复修，沈荃纂，徐化成增修《（康熙）河南通志》卷六《山川》，康熙九年（1670）刻本，第295页。

此处曾出土有明代"邵康节读书处碑"、清乾隆三十一年（1766）"宋先贤邵子康节神位碑"和嘉庆五年（1800）"邵夫子神主记碑",①更坐实了这种判断。②即便后来对此地进行过科学的考古发掘，发现最早一期的建筑基址仅到明代,③发掘者依旧认为其与北宋邵雍有关。④就2012年的考古发掘来看，仅能佐证乾隆《重修洛阳县志》中"云溪观在县东北三里，明伊藩建"⑤的可靠性，至于嘉庆《洛阳县志》载："宋邵子夏居云溪即此，明伊藩创建。……俗名三井洞。"⑥想必参考了康熙《河南通志》中"三井洞在府城东北、云溪观内，其洞在半厓溪，有三眼如井。邵子所谓'冬处云溪洞'即此也"⑦与雍正《河南通志》中"云溪观在府城东北，即今三井洞，宋邵康节赏夏处云溪观即此"⑧等记载之后缝合而成。清修方志错简甚多，河南府知府张汉曾将《河图赞》《洛书赞》的作者误认为是朱熹即受此误。⑨但清修方志和清代碑刻间的相互印证，使得云溪观成为二重证据法之"清代范本"。

清修《洛阳县志》载云溪观的正式得名始于明代，而基于云溪观衍生出的新的叙事也大抵自此展开。据乾隆《重修洛阳县志》载"云溪观在县东北三里，明伊藩建",⑩嘉庆《洛阳县志》又载"云溪观在县东北三里、瀍水西岸，宋邵子夏居云溪即此，明伊藩创建"。⑪由此可知，明代伊王曾在此处重修庙宇，并正式赐名"云溪观"。这里使用"创建"一词颇值得玩

---

① 霍宏伟、刘连香：《洛阳云溪观遗址出土碑铭考述》，《四川文物》2004年第3期。
② 如赵振华等先生就认为邵雍早年曾在此居住。赵振华、商春芳：《洛阳邵雍遗迹研究》，《湖南科技学院学报》2007年第10期。
③ 洛阳市文物考古研究院：《洛阳瀍河区云溪观建筑基址的发掘》，《洛阳考古》2014年第3期。
④ 洛阳市文物考古研究院：《洛阳瀍河区云溪观建筑基址的发掘》，《洛阳考古》2014年第3期。
⑤ 龚崧林修，汪坚纂《（乾隆）重修洛阳县志》卷一一《寺观》，第525页。
⑥ 魏襄修，陆继辂纂《（嘉庆）洛阳县志》卷二二《道观》，第451页。
⑦ 贾汉复修，沈荃纂，徐化成增修《（康熙）河南通志》卷六《山川》，第295页。
⑧ 田文镜等修，孙灏等纂《（雍正）河南通志》卷五〇《寺观》，第2126页。《（雍正）河南通志》卷七《山川》载"三井洞在府城东北、云溪观内，其洞在半厓上，有三眼如井。邵子所谓冬处云溪洞即此"，与《（康熙）河南通志》录文类同，史料来源应相同。田文镜等修，孙灏等纂《（雍正）河南通志》卷七《山川》，第363页。
⑨ 参见拙作《河南府文庙存清代张汉所立三碑与文庙建筑布局考》，《长江文明》2018年第1期。
⑩ 龚崧林修，汪坚纂《（乾隆）重修洛阳县志》卷一一《寺观》，第525页。
⑪ 魏襄修，陆继辂纂《（嘉庆）洛阳县志》卷二二《道观》，第451页。

味,若是,则如何与宋代邵雍相联系?

《河南通志》的书写必然受到云溪观中明代刻石的影响,但有明一代,似未将云溪观与邵雍相嫁接,而仅强调其与刘处玄之关联:如明万历甲辰年(1604)《题全真观》刻石载"全真观旧名云溪观",诗中有"碧洞参差三井密""寄书刘处玄应在"之句,① 全真观、三井洞和刘处玄都指向刘处玄的长生观,却只字未提邵雍,又赵荣珦称云溪观故址处原有窑洞一间,门洞上方有一石匾,中间阳文隶书"三井洞"三字,右题"嘉靖三十一年(1552)",左题"伊王重建,永久磐石"八字。② 结合《洛阳县志》中提到明伊藩时重建云溪观,又据《明史》载,朱橚"洪武二十一年生,生四年封(伊王)。永乐六年之藩洛阳",③ 世袭六代,后朱典楧于嘉靖四十三年(1564)被"削除世封"。④ 就时间上看,其说可信。另据县志记载,云溪观与上清宫等道教庙宇都重修于明嘉靖年间,这也是嘉靖皇帝笃信道教,上行下效的结果。⑤

由于长生子刘处玄的"长生观"与邵雍"长生洞"二字同,且都具"修真"之功能,故衍生出新的叙事来,邵雍诗作《天津弊居蒙诸公共为成买作诗以谢》中有"洞号长生宜有主,窝名安乐岂无权",⑥《尧夫何所有》云"夏住长生洞,冬居安乐窝"。⑦ 学者早已将安乐窝的地望考证出来,⑧ 但长生洞却不知何处,且长生洞易与道教"洞天福地"之概念关联。同时,其又极易与长生观和长生子刘处玄发生混淆,故清人想当然地认为邵雍的长生洞就在云溪观之中。不过,从《天津弊居蒙诸公共为成买作诗以谢》来看,长生洞似在安乐窝中,清人也有持此说者,例如今邵雍祠堂大殿东

---

① 明代井陉霍鹏书《题全真观》诗刻石,见霍宏伟、刘连香《洛阳云溪观遗址出土碑铭考述》,《四川文物》2004年第3期。
② 赵荣珦:《九都释道》,"九都洛阳历史文化丛书"之一,中国科学文化出版社,2001年,第137—138页。
③ 《明史》卷一一八《诸王列传第六》,中华书局,1974,第3610页。
④ 《明史》卷一一八《诸王列传第六》,第3612页。
⑤ 王宏涛:《道教圣地洛阳上清宫》,《中国道教》2016年第4期。
⑥ 邵雍:《伊川击壤集》卷一三《天津弊居蒙诸公共为成买作诗以谢》,《四部丛刊初编》,上海商务印书馆,1919,第92页。
⑦ 邵雍:《伊川击壤集》卷一三《尧夫何所有》,第400页。
⑧ 参见霍宏伟、刘连香《洛阳云溪观遗址出土碑铭考述》,《四川文物》2004年第3期;赵振华、商春芳《洛阳邵雍遗迹研究》,《湖南科技学院学报》2007年第10期。

南侧，原有道光十九年（1839）仿建"云溪洞"①一处，但依然混淆了云溪观和长生洞这两个概念。而笔者认为长生洞在洛阳伊川县的可能性较大：邵雍早年入洛，因资费匮乏，无缘购得西京住处，仅能在伊川落脚，其子邵伯温说："康节先公庆历间过洛，馆于水北汤氏，爱其山水风俗之美，始有卜筑之意。至皇祐元年（1049），自卫州共城奉大父伊川丈人迁居焉。门生怀州武陟知县侯绍曾字孝杰助其行。初寓天宫寺三学院。"②后来，在富弼等人的热心帮助下，才于洛阳城内道德坊中营建"安乐窝"，此即邵雍《天津弊居蒙诸公共为成买作诗以谢》一诗之由来。值得一提的是，据明人郑安撰《重修康节先生安乐窝记》所载，"安乐窝"荒废后，在金大定初年，全真道张六公购得安乐窝之邵雍故宅，创为九真观。元末毁于兵火。③其时才与全真道发生关联。

此外，宋西京洛阳城沿用唐东都洛阳城的布局，而长生洞（云溪观）恰居于外郭城内，而非其外，这在道教洞天福地的景观塑造上较为不同。金朝则不同，金人为利于军事防守，将洛阳城垣的范围大大收缩，修筑中京城，主要包括隋唐洛阳城的东城和洛北里坊区的一小部分。元、明、清三代沿用该城，即今天的洛阳老城。④其时，云溪观已在城外，符合道教"洞天福地"之景观塑造。《云溪观记》载于道显在观中建四顾台，其可"南望九皋，东南望嵩阳少室，正东则北邙之神峰，西南则锦屏，北则天坛、黄河，曰伊洛、曰瀍涧，形势脉络相与映带，何其雄哉"，可窥一二。

再者，从《伊川击壤集》所载邵雍诗作中亦可窥一斑。云溪观虽东临瀍水，风景秀丽，但邵雍诗作中仅提到瀍水三次："窗虚响瀍涧，台迥璨伊嵩。"（《天津新居成谢府尹王君贶尚书》）⑤"瀍涧岸已深，汉唐时既歇。"（《天津晚步》）⑥"瀍河东看杏花开，花外天津暮却回。"（《瀍河上观杏花回》）⑦其中"瀍涧"的连用意指洛阳，仅《瀍河上观杏花回》中提到

---

① 赵振华、商春芳：《洛阳邵雍遗迹研究》，《湖南科学院学报》2007年第10期。
② 邵伯温：《邵氏闻见录》卷一八，中华书局，1983，第194页。
③ 施诚纂修《（乾隆）河南府志》卷八五《艺文志三》，乾隆四十四年（1779）刻本，第11页。
④ 霍宏伟：《东都城漫步——隋唐洛阳城》，《文史知识》2011年第4期。
⑤ 邵雍：《伊川击壤集》卷四《天津新居成谢府尹王君贶尚书》，第92页。
⑥ 邵雍：《伊川击壤集》卷一二《天津晚步》，第362页。
⑦ 邵雍：《伊川击壤集》卷一六《瀍河上观杏花回》，第473页。

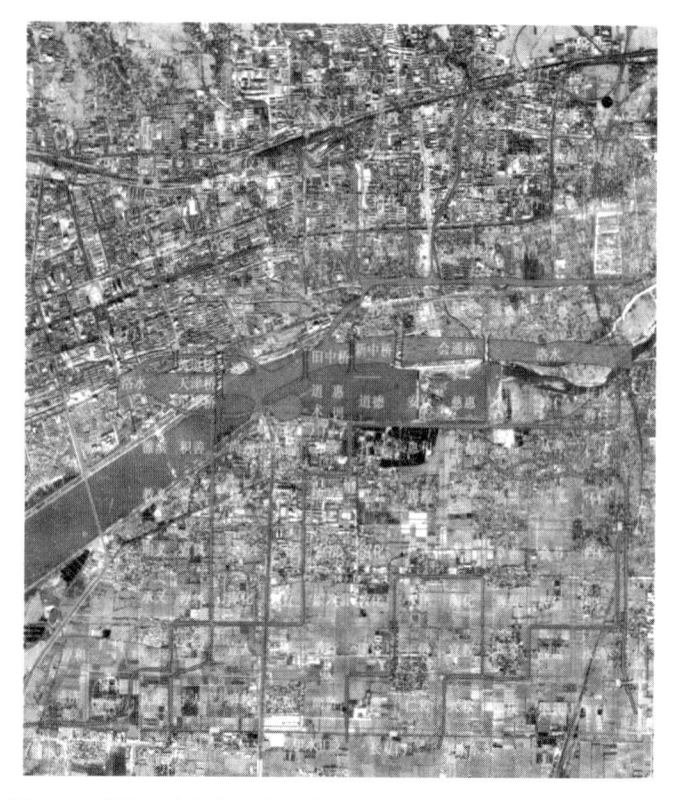

图 2　云溪观在隋唐洛阳城里坊复原图中的位置（右上角圆点处）
（引自中国社会科学院考古研究所《隋唐洛阳城（1959—2001）》第一册，文物出版社，2014，第 71 页）

"瀍河"，其诗记载邵雍曾在瀍河岸边欣赏杏花，傍晚时分经天津桥而回安乐窝之事，只字未提"长生洞"和"云溪观"，也应表明云溪观与邵雍无涉。

结　语

综上，由于早期文献的"掩埋"与清代文献的"丰富"，一定程度上改写了云溪观之历史叙述，关于其附会与史料的嫁接都意在表明清人不仅在景观上重塑了原有的道教建筑，更在传说中重塑了云溪观的叙事框架。吊诡的是，相关考古发掘出土的清代遗物加深了今人基于清人叙述的真实性，使得"二重证据法"在云溪观的历史表述中形成完美闭环，因此，现代考古学的功能被进一步降低,反而传统金石学之研究路径被进一步彰显。

虽然云溪观在历史上几遭兵燹又数经修缮,但基于其的历史叙述却并未停歇,清人在一定程度上丰富了云溪观的内涵,使得其肌理变得愈加丰满,更富于叙事性。同时,在嫁接史料和传说的过程中衍生出新的叙事来,不仅拓宽了云溪观的历史维度,更使它声名远播。

作者简介:杨全,河南洛阳人,广东省文物考古研究院馆员,主要研究方向为汉唐考古、水下考古。

国家战略下洛阳水运文化资源的挖掘、保护与利用[*]

朱宇强

摘 要 洛阳曾是重要的水运中心、枢纽,水运承载着洛阳厚重的历史。洛阳水运文化具有生态性、根源性、融合性等突出特征及时代价值。本文通过梳理洛阳水运历史演变过程,考察国家战略下洛阳水运文化资源保护利用现状,探析保护传承、活化利用的制约因素,进而从生态—文化—经济的耦合关系角度,提出协同推进生态保护与文化传承、推进区域文化生态保护、发挥文化引领区域协调发展作用等对策建议。

关键词 洛阳水运文化;国家战略;中原城市群协调发展

河流孕育了灿烂的河洛文化,水运承载起厚重的洛阳历史。历史时期,以伊洛河水系为主的洛阳地区水资源丰富,不仅能够满足人们的生产、生活用水,还能够支持庞大的水运需求。水运是黄河、大运河的重要功能之一。洛阳通过黄河、大运河等河流渠道所构成的水运网络,实现了与海河、黄河、淮河、长江、钱塘江等五大水系流域地区,在人员、物资、信息、文化等各方面的交流与互动,连通了全国不同区域的政治、经济、社会、文化,起到了融合区域发展的作用。

溯河而上,洛阳通过黄河与陕西、内蒙古、宁夏、甘肃、青海等地联系在一起。西域、南亚、中亚乃至于欧洲的文明成果沿丝绸之路,顺黄河而下,再汇聚于长安、洛阳,由洛阳经水运等方式分转至全国其他地区。因此,洛阳的水运文化属于黄河文化的一部分,属于大运河文化的一部分,属于丝路文化的一部分。以国家战略深入实施为契机,挖掘、保护、利用

---

[*] 本文系洛阳市社科规划重点项目"国家战略下洛阳水运文化资源的挖掘、保护、传承研究"(2020A035)阶段性成果。

洛阳水运文化资源，有助于保护传承弘扬黄河文化，做好大运河文章。同时，以水运文化为引领，促进洛阳全力融入国家战略、区域重大战略，有助于充分发挥洛阳的空间优势、文化优势，不断提升中原城市群副中心城市增长力、带动力、辐射力。

一　历史时期黄河洛阳段水运及水运文化

水环境是水文化、水运文化研究的前提和基础，也是水生态文化研究的主要内容。历史时期，在自然环境和人类活动的共同作用下，黄河中下游流域的水环境不断发生演变。总体上来说，黄河洛阳段及其主要支流伊洛河等的河道虽然并没有发生太大的迁移，但流量大小有一定的差异。流域内的湖泊、池塘、湿地、沼泽等变化较大，一些随着自然环境的变迁而干涸消失，一些随着河流、溪流改道或地下水涌出而产生扩展。运河是人工开凿或改造天然河流，以发挥物资、人员运输等水运功能的河道。以洛阳为中心的运河体系，与城市发展变迁有着极为密切的关系。五都荟洛，洛阳成长于洛水两岸，借助水运，汇聚起天下英才、物华天宝。城市或兴或衰，水运体系也随之或百舸争流，或舟楫寥落。

黄河洛阳段处于中下游之间，河道被束缚于山地、丘陵之间，流速较快，且有礁石险滩之处。同时，一些条件较好的河段适宜航行、水运，适宜设置港口、码头、渡口、桥梁以及大型仓储设施等。新石器时代，黄河两岸的台地之上，人们依河而居，从事渔猎、采集等活动。"陆行载车，水行载舟，泥行蹈毳，山行即桥"，[1] 夏代时已有了较为完备的水路交通体系。夏商两代，都城在黄河两岸的今山西、河南等地迁徙。商王甚至曾纤舟于河上，说明黄河水运已较为发达。商周之际，武王伐纣，会师于盟津而渡。军队规模庞大，可见水运能力之强，水运水平之高。至春秋战国时期，已初步形成了以黄河、鸿沟为主线的水运体系。"浮于洛，达于河"，[2] 黄河洛阳段在其中扮演着重要的角色。西汉时期，黄河水运的中心是都城长安。

---

[1]　《史记》卷二九《河渠书》，中华书局，2013，第1687页。
[2]　孙星衍：《尚书今古文注疏》卷三《禹贡第三中》，陈抗、盛冬铃点校，中华书局，1986，第171页。

为解决都城和关中平原的粮食需求问题，汉武帝时开凿、疏浚了漕渠、鸿沟等水运渠道。汉成帝等尝试镌广陕州底柱，但未能奏效。

东汉时期，洛阳为都城，黄河水运中心随之东移。三辅、三河、弘农为京畿之地，均位于黄河中下游的两岸。通过黄河水运等方式，各地为洛阳城提供粮食、木材、食盐等基本物资。今黄河北岸山西省垣曲县五福涧村的崖壁上镌刻有"建武十一年……时遣石匠□□石师千人"开凿栈道的记载。明帝时，王景疏决、整治了汴渠，利用敖仓，形成"东通河、济，南引江、淮"的水运体系，"方贡委输，所由而至"。① 魏晋南北朝时期，一方面由于连年战争不断，渠道失于疏浚，全国性的水运体系瘫痪；另一方面为了便于军事活动，各政权都十分重视黄河诸津、河阳三城、河阳桥等，重视黄河水运的军事价值。北魏孝文帝迁都洛阳，甚至打算恢复以洛阳为中心的北方水运体系，并为"从洛入河，从河入汴，从汴入清，以至于淮"，② 进军江南做准备。

隋文帝时，为了保证长安的粮食等物资供应，朝廷构建了以黄河为主线的水运体系，沿河分布有黎阳、河阳、常平、广通诸仓。隋炀帝定都洛阳后，依托黄河、海河、淮河、长江、钱塘江等水系河流，开凿、疏通了以洛阳为中心的大运河，又兴建、增置了兴洛、回洛、含嘉等仓，形成更为完备的水运体系。这一体系保障了长安、洛阳的物资供应，实现都城与国家重要区域之间的信息、人员交流的畅通。然而，洛阳至长安之间的陕州三门之险仍然是黄河水运最为棘手的一段。隋文帝曾下诏将洛阳至陕州的漕运改为陆路运输。漕粮等物资由黄河转运至洛阳，入含嘉等仓，再经崤函南北道，陆运至陕州，以避开三门河段。但陆路运输量又远不及水运，崤函道也非坦途。开皇十五年（595），文帝被迫放弃陆运方案，"诏凿底柱"。③ 所谓的凿底柱，主要是在三门河段的两岸凿栈道，招募船夫纤夫，挽漕船通过河段。唐初，在隋代基础上，进一步开凿栈道，黄河两岸的栈道规模越来越大。即便如此，三门段水运艰险的问题依然得不到有效解决，时常发生纤绳崩断、栈道垮塌、船只失控覆没等事故。总体而言，洛阳以下河段水运较为稳定，能够保证物资有效供给。一旦关中地区出现物资供

---

① 郦道元著，陈桥驿校证《水经注校证》卷一六《穀水》，中华书局，2007，第396页。
② 《魏书》卷五三《李冲传》，中华书局，2018，第1299页。
③ 《隋书》卷二《高祖纪下》，中华书局，2019，第44页。

应困难，皇帝就选择巡幸洛阳就食。至高宗时，以洛阳为中心，以黄河、大运河为主线，包括虎牢仓、洛口仓、河阳仓、柏崖仓、含嘉仓等设施共同构成的水运体系已完全成型。各地的粮食布帛等物资转运而来，满足了洛阳、长安的需要，甚至能够进而转运至西北地区。水运体系连通了全国的政治中心、经济中心、文化中心，为洛阳的繁荣发展和开元天宝盛世奠定了基础。

开元二十二年（734），玄宗采纳了宣州刺史裴耀卿的建议，以黄河和大运河沿线的武牢、洛口、河阳、含嘉、柏崖、太原、永丰、龙门、渭南等仓为节点，以长安为中心，采取"节级取便"的方式，重塑水运体系。在新的水运体系中，洛阳不再是中心，而是节点之一，在全国的水运地位有所下降。安史之乱后，黄河、大运河沿线各地受到不同程度的破坏，原有的水运体系崩溃。而洛阳政治经济地位下降，水运枢纽地位也不复存在。北宋时期，为便于管理黄河水运事宜，朝廷在洛阳城北设置了三门白波发运司，后改为提举辇运司，运送陕西物资至京师。北宋之后，全国政治中心不再居于黄河流域，洛阳人口与前一时期相比，总体上也大幅下降，黄河洛阳段水运凋敝，主要是两岸摆渡和分段运输。

二　历史时期伊洛河流域水运及水运文化

洛阳因水而生，伊洛河孕育了洛阳。伊洛河和瀍河、涧河等支流以及流域内的沟渠、溪流、湖泊、井泉等各种水体，如同人体内的血脉，既为洛阳人的生产、生活提供充沛的水源，也为洛阳输送转运粮食、绢帛等各种物资和人员，还负责清运部分生产生活的废弃物。

如前所述，先秦时期，洛阳地区已成为全国水运体系的重要组成部分。伊洛河流域范围内的诸国已开始利用天然河道沟通交流、运送物资，成周、王城也有计划地营造城市人工水系。

东汉时期，洛阳成为全国水运中心。然而，作为黄河一级支流的伊洛河水量不够充沛且变化较大。光武帝时，河南尹王梁"穿渠引穀水注洛阳城下，东写巩川"，[1]但渠成后而水不行。其后，张纯又开凿阳渠，"引洛水

---

[1] 《后汉书》卷二二《王梁传》，中华书局，1965，第775页。

为漕，百姓得其利"。① 王梁仅是将穀水引入渠内，水量仍然是不够的。张纯进一步将洛水引入漕渠，不仅充盈了水运流量，还满足了城市用水需要。阳渠打通了洛阳连接黄河水运体系的"最后一公里"，满足了都城的物资、人员、信息需求，扩展了城市辐射范围。魏明帝时，都水使者陈协在王梁旧堰的基础上，积石为竭，称为千金竭；又开沟渠五条，称为五龙渠。然而，此时洛阳已陷入政权纷争。魏晋以后，虽不时仍有修缮、增建，但至北魏时，郦道元看到的已是"渠竭颓毁，石砌殆尽，遗基见存"。② 穀水自洛阳城东南隅向东流，注入鸿池陂，再向东流注入洛水。北魏孝文帝曾泛舟鸿池陂，谋划经水路南下。鸿池陂"东西千步，南北千一百步"，③ 发挥了"水运枢纽和调峰补缺作用，促进了汉魏时期洛阳水运的发展"。④

魏晋南北朝时期，虽然战争频仍，洛阳遭受了较大破坏，但在水运技术进步和军事需求的推动下，水运在某些方面得到了发展。洛河、伊河经行于豫西山地之间。山间一个个河谷盆地成为适宜人类生存、发展的地区。虽然早在先秦时期，人们就沿着洛河、伊河，逆流而上，探索豫西深山区，但直至东晋末年才有较大规模水运的记载。义熙中，戴延之、虞道元等奉命乘舟沿洛水而上，以探知水军可抵达的最远端。戴延之等人航行抵达了今洛宁县长水镇以西的洛河上游河段。为便于用兵，魏晋时期开凿、疏通了白沟、平房渠、泉州渠、新河、利漕渠、睢阳渠、讨房渠、贾侯渠、广漕渠、淮阳渠、百尺渠等，这些河渠主要用于运送军粮、箭矢等军用物资以及兵士，"自寿春到京师，农官兵田，鸡犬之声，阡陌相属。每东南有事，大军出征，泛舟而下，达于江淮，资食有储，而无水害"。⑤

隋唐时期，随着洛阳城由汉魏故城西迁，伊洛河水运体系也发生了较大变化。其一，隋唐洛阳城位于洛、瀍、涧三水的冲积扇顶端，水运体系整体上也随之靠近三水的出山口，水流流速更大。隋唐洛阳城洛水贯都，南对伊阙，伊水通过支流被引入外郭城，汇入洛水。其中，南市附近引伊

---

① 《后汉书》卷三五《张纯传》，第1195页。
② 郦道元著，陈桥驿校证《水经注校证》卷一六《穀水》，第392页。
③ 郦道元著，陈桥驿校证《水经注校证》卷一六《穀水》，第403页。
④ 梁克敏：《中古时期鸿池陂的变迁与洛阳水运的兴衰》，《中国历史地理论丛》2022年第3辑，第8页。
⑤ 《晋书》卷二六《食货志》，中华书局，1974，第785—786页。

水、洛水为运渠，是服务城市贸易的重要水运渠道。伊水也被纳入水运体系。虽然因水流、水量的增大，使水系更加丰富，确实能够提高水运效能，但也面临河流泛涨、冲没堤坝的风险。为了应对这一风险，隋代在营建洛阳、打造水运体系时，设计了诸多冗余措施。如，在洛阳城西侧设置了面积广阔的西苑，其中开凿龙鳞渠、积翠池等，能够起到调节洛水的作用。其二，大足元年（701），为便于安置各地租船，武后命司农卿宗晋卿在立德坊南开凿新潭。诸州租船将各地物资沿洛水、漕渠运抵洛阳城内，至新潭停泊靠岸，物资集散。2014年6月，洛阳市文物考古研究院对洛阳市老城区东南隅进行了较大规模的考古发掘。在位于老城区河南府文庙东侧约80米及文峰塔东侧30米的两处探方中发现淤土堆积层，结合文献，考古工作者判断其为唐宋新潭遗迹。淤土层中发现有宋代梅瓶、白釉瓷碗、石枕等物残块，说明北宋时期新潭仍被利用。北宋灭亡后，新潭也被废弃。其三，隋炀帝时，还因洛水主河道河床内石碛众多，不便行舟，敕令开凿渠道与洛水并行，名为通远渠，后改称漕渠。漕渠上有通济桥，"桥之东，皆天下之舟船所集，常万余艘，填满河路，商旅贸易，车马填塞"。[①] 漕渠与汉魏时期的阳渠作用类似，是隋至北宋时期洛阳城的漕运主渠道，可以说是洛阳城的一条大动脉。其四，隋代进一步完善了仓储体系，在伊洛河流域设置了兴洛、回洛、含嘉等仓。兴洛（洛口）仓位于洛水注入黄河的河口。回洛、含嘉仓分别在洛阳城北和城内，均为瀍水水次仓窖。由大运河、黄河入洛河，经漕渠入瀍水，沿河北上即可抵达含嘉仓和回洛仓。此外，又有泄城渠连通含嘉仓城和漕渠、新潭。隋唐时期延续、发展了秦汉以来水运与仓储"逐步成熟化的趋势"，[②] 一体化程度更高，基本成熟完备。

北宋时期，全国水运体系东移，开封取代了长安和洛阳成为水运中心。伊洛河流域水运的需求大幅降低，漕渠、含嘉仓、月陂等主要水运基础设施虽仍在发挥作用，但水运规模已远不如前。北宋以后，水运体系回归服务地区中心城市的作用，水运规模进一步下降。清《河南府志》等记载洛阳境内伊、洛、瀍、涧四条主要河流及其支流有河道、渠道91条，其中大

---

① 徐松撰，张穆校补《唐两京城坊考》卷五，方严点校，中华书局，1985，第180页。
② 薛瑞泽：《先秦至北朝河洛地区的漕运与仓储》，《洛阳工学院学报》2000年第3期，第32—33页。

渠19条，小渠72条。[①] 然而，即便是大渠，其主要功能仅是农田灌溉，只有洛河等主要河流具备通航能力。

三 洛阳水运文化资源及其时代价值

洛阳水运文化是黄河文化、大运河文化、河洛文化的重要组成部分，从不同方面体现着母文化的特征、特质。此外，与特定的水环境、政治地位、经济活动、社会发展相结合，洛阳水运文化又有着突出的特性。

第一，水运活动与水环境和谐共存，蕴含丰富的生态价值。

洛阳"西阻九阿，东门于旋；盟津达其后，太谷通其前；回行道乎伊阙，邪径捷乎轘辕；大室作镇，揭以熊耳；底柱辍流，镡以大伾"，[②] 北临黄河，三面环山，中间则是伊、洛、瀍、涧的冲积平原。土地肥沃、气候适宜、水源充沛、物资丰富，具有良好的生态本底。一般认为，历史时期洛阳地区气候存在较为明显的冷暖干湿交替。西汉、隋唐等时期气候相对温暖，降水量相对较大，有利于开展水运。宋代以后，洛阳整体水环境发生较大变化，伊洛河流域河流径流量普遍下降。以瀍河、涧河为例，两河为洛河的主要支流，周公卜居洛邑于"涧水东、瀍水西"；汉魏至唐宋时期，瀍、涧（穀）二水是洛阳水运的重要渠道和水源；然而，现代两河的径流量已大不如前，瀍河甚至曾经出现断流，需要依靠洛河、黄河的补给。

此外，洛阳地处我国东部季风区，降水和河流径流的季节性与年际变化较大。在营建城市、打造水运体系的过程中，人们能够积极利用伊洛河流域水文条件，适度改造水环境。面对变幻莫测的自然环境，人类能够主动地应对，或调适自己的生存生活方式，或改造自然环境的某些因素，展现了区域生态系统和社会系统的强劲韧性。以阳渠、通济渠等为代表的洛阳水运设施及与之相连接的各种自然水体体现了洛阳的生态韧性和水运文化的生态价值。

第二，水运文化具有根源性，彰显文明突出特性。

黄河中下游的伊洛河流域是人类较早活动的地区之一，河洛文化孕育

---

① 施诚纂修《（乾隆）河南府志》卷一三至卷一五《山川志七》《山川志八》《山川志九》。
② 张衡：《东京赋》，萧统编，李善注《文选》卷一，中华书局，1977，第53—54页。

其中，绵亘千年，而连续不绝。隋代以前，以洛阳盆地中部为主，先后形成以夏都二里头、商都西亳、西周洛邑、东周王城、汉魏洛阳城等为中心的城市体系。隋代以后，城市西迁，靠近洛阳盆地西缘。随着朝代变迁，城市兴衰更迭，宫室光明，庙堂丘墟。洛阳水运体系始终伴随城市发展变化，水运文化在河洛文化的灿烂辉煌中发展壮大，彰显中华文明的突出特性。

洛阳依水而兴，河洛文化根本上说是水文化。洛阳的早期文明遗址主要分布在黄河及伊洛河流域河流台地、湖泊附近，河洛先民的生产生活创造了河洛文化，其中包含着丰富的水文化、水运文化。"河出图，洛出书，圣人则之"，其中凝结着先民的智慧，奠定了中华文化的根基。伊洛河流域范围内的二里头文化聚落沿河流呈线状分布，聚落之间存在跨河交流，包括跨越黄河、洛河的交流。"刳木为舟，剡木为楫，舟楫之利，以济不通，致远以利天下。"① 在交流交往中，系统的水运思想、水运文化产生、发展。水运通利天下的观念是中国水运文化的核心，也是"天下之中"的洛阳的鲜明特征。

水运文化推动了洛阳政治、经济、社会发展，从而丰富了河洛文化、大运河文化、黄河文化。经由黄河、大运河等水运网络，各种物资汇集于洛阳，各地人员集聚于洛阳，不同文化融汇于洛阳。千百年来，区域内留存下来的河道渠道遗迹、水运设施、水运文物、水利工程、水运文献以及水运传说、技艺、音乐、美术、戏剧等，共同见证了洛阳的历史变迁。

第三，水运体系融合度高，协调区域发展作用明显。

"此天下之中，四方入贡道里均。"② 自先秦以至唐宋，洛阳居于全国水运体系的中心或枢纽地位，通过伊洛河、汝河、黄河以及不同地区的运河与各地密切联系起来。

先秦时期，以黄河、鸿沟为主线的水运体系已基本形成。西汉时期，水运中心为都城长安，洛阳是西入关中的重要门户、节点和枢纽。在原有陆路运输的基础上，王朝多次尝试疏通黄河三门之险，未获成功。这反映了关内地区与关东地区密切联系的迫切需求。东汉时期，水运中心为都城洛阳。除了原有的黄河、鸿沟、漕渠等水运系统外，王朝着力营建、打造了都城周

---

① 李鼎祚：《周易集解》卷一五《系辞下传》，王丰先点校，中华书局，2016，第455页。
② 《史记》卷四《周本纪》，第170页。

围和都城至黄河之间的水运系统,在水运上能够通达全国主要地区。

在前期基础上,隋文帝、炀帝进一步完善了水运仓储体系,并开凿了沟通南北的大运河。无论是主线还是支渠,水运所能触及的地区都是前所未有的。传统时代的都城,作为全国政治、经济、文化的中心,以其极强的吸附力和辐射力,汇聚了全国各地的物资、人员、信息等。秦汉以后,大一统国家的出现,更推进了这种向心、凝聚趋势。东汉至北宋时期,洛阳为王朝都城、陪都,也是全国水运体系的中心。通过水运,洛阳能够辐射国内主要地区,并在物资、人员、信息等方面与全国互通有无、互为补充。此外,通过水陆交通体系,洛阳还能够与海外连接沟通。开成三年(838)至大中元年(847),日本和尚圆仁入唐求法。回程时水陆兼程,自长安至洛阳,经郑州、汴州、泗州、扬州,辗转至楚州、海州、密州、登州,渡海归国。

北宋之后,洛阳虽然不再是全国水运体系的中心,但仍然是区域中心城市。"东都四达之府,西接崤函,北望太行,为秦晋门户。两省懋迁之畴荟萃于兹,由来旧矣。"[①] 三地依傍黄河,洛阳与秦晋之间的交流往来,必然要通过水运。至清末,洛阳仍然是万里茶道的重要枢纽,既有水陆交通连接南北,又是黄河水运的重要渡口。

水运文化是一种线性文化。洛阳水运文化是在与黄河、大运河沿线各城市、各地区的不断交流、相互融合中形成的。在共同的文化浸润下,由点到线到面,洛阳与各城市、各地区之间的交往、协同也进一步加强。

四 洛阳水运文化资源现状及保护传承、活化利用对策建议

2019年,黄河流域生态保护和高质量发展重大国家战略提出。2021年,中共中央、国务院印发《黄河流域生态保护和高质量发展规划纲要》。战略遵循"共同抓好大保护,协同推进大治理"的理念,在保护好黄河流域生态环境的基础上,促进沿黄地区经济高质量发展,"强化全流域协同合作、缩小南北方发展差距",同时保护、传承、弘扬好黄河文化,挖掘黄河文化

---

① 《东都山陕西会馆碑记》,许檀编《清代河南、山东等省商人会馆碑刻资料选辑》,天津古籍出版社,2013,第60页。

的时代价值。

大运河全长3200公里，连通海河、黄河、淮河、长江、钱塘江等五大水系，是中华文明的重要象征与人类文明的重要遗产。大运河文化带融汇织联"一带一路"建设、京津冀协同发展、长江经济带发展、黄河流域生态保护和高质量发展等重大国家战略。2019年以来，沿线各省市相继编制、印发了"大运河文化保护传承利用实施规划"。《河南省大运河文化保护传承利用实施规划》以洛阳、郑州、开封等9个省辖市的40个县（市、区）为核心区，并拓展、辐射至整个省域。洛阳是空间布局上谋划的三极之一，着力打造运河示范城市，发挥辐射带动作用；突出文化地理特征，建设通济渠古都发展轴上的洛阳片区，实现由点到线到面的全面保护、全面提升、全面发展。

（一）洛阳水运文化资源保护利用现状

如前所述，水运是以沿线城市为节点，水运文化突出体现在沿线城市遗址、遗迹及相关的文化遗产和非物质文化遗产。洛阳是黄河流域的古都之一，也是河洛文化的核心城市，隋唐大运河的起点、中心和重要的枢纽。洛阳积极融入国家黄河流域生态保护和高质量发展战略及"一带一路"倡议，在世界遗产和大遗址保护利用、"东方博物馆之都"建设、创新打造文旅融合地标、河洛文化生态保护实验区建设等方面，推动水运文化的保护利用。

2014年，中国大运河列入世界文化遗产。其中，含嘉仓160号仓窖遗址和回洛仓遗址作为运河附属遗存，列入遗产名录。当地以原址新建博物馆的方式，对两处遗存进行系统保护利用。同年入选世界文化遗产的还有丝绸之路，洛阳的遗产点是汉魏洛阳城、隋唐洛阳城定鼎门和新安汉函谷关三处遗址。两项线性文化遗产相交于洛阳，而各遗产点属于洛阳的国家级大遗址。沿洛河自东向西，一线排列偃师商城、二里头夏都、汉魏洛阳城、隋唐洛阳城、东周王城等遗址。各遗址均有系统的保护传承创新方案、综合利用规划、文旅融合发展措施等，重点建设隋唐大运河国家文化公园、黄河国家文化公园。

洛阳现有各类博物馆、纪念馆102家，其中水运文化专题的4家：隋唐大运河文化博物馆、洛阳仓窖博物馆、洛阳民俗博物馆（潞泽会馆）、洛阳万里茶道博物馆（山陕会馆）。4家博物馆以隋唐、明清时期洛阳水运文化为主，集学术研究、展览展示、文旅文创于一体，实现了历史文化资源活化利用。除此之外，洛阳还有水文化专题博物馆1家，展藏水运文化相关文物的综合性博物馆11家。

"城市文化地标是城市空间中的具象符号载体，表征着人类文明生活的形态，承载着传递地方文化、赓续历史基因的功能。"[1] 打造文化地标是强化城市文化特征、特质，挖掘城市文化资源，塑造城市独特形象，满足文化消费需求，增强文化认同的重要举措。洛阳突出文化定位和文化融合方向，挖掘黄河历史文化和古都文化资源，建设隋唐大运河国家文化公园、黄河国家文化公园、黄河流域非物质文化遗产保护展示中心等文化地标。

河洛文化生态保护实验区是为了整体性保护以河图洛书传说、黄大王传说、硪工号子等为代表的众多非物质文化遗产及其所依存的物质文化遗产文化空间而设立的特定区域。2020年，文化和旅游部批复洛阳设立国家级文化生态保护实验区。近年来，先后设立河图洛书、洛阳黄河民间艺术等重点保护区，洛阳海神乐等一般保护区；开展河洛文化调查记录研究、非物质文化遗产保护传承、区域系统修复、河洛文化传承体验设施建设、河洛文化传播和融合发展等工作。

河洛文化、黄河文化与水环境联系紧密，以水生态为重要基底。洛阳各项大遗址、文化遗产孕育于优越的自然环境，得益于优良的水运条件。河洛文化因水而生、依水而成，在与沿线各地的交融中发展。就目前而言，在生态文化资源有效挖掘、活化利用等方面仍然存在一定的制约，生态文化、水文化优势尚未转化为文化产业优势。

从系统观念来看，历史时期的人类社会与自然环境共同构成了诸多要素相互作用、相互影响下的多层次、多功能的"复合体"。文化保护、传承、利用的应当是复合的"文化生态系统"。不同时期，我国的文物、文化遗产和文化资源经历了从抢救性保护、整体性保护到文化生态保护的过程，传承、利用方式也由静态管理、动态展示到沉浸体验、文化公园建设等。

---

[1] 艾文婧、许加彪：《城市历史空间的景观塑造与可沟通性——城市文化地标传播意象的建构策略探究》，《陕西师范大学学报》2021年第4期，第126页。

在此过程中，仍然存在分散化保护、条块化管理、碎片化利用、同质化发展等问题，缺乏部门之间、区域之间、行业之间的统筹协同。

党的二十大报告提出，深入实施区域协调发展战略、区域重大战略、主体功能区战略、新型城镇化战略，促进区域协调发展。黄河流域生态保护和高质量发展战略、"大运河文化带"战略以及"一带一路"倡议、中部崛起战略等国家重大战略均强调"优势互补""高质量发展""城乡融合"等，推动各要素在区域间自由流动，实现资源开放共享和治理协同高效。在实践过程中，洛阳文旅文创融合取得明显成效，但与黄河流域、大运河沿线其他区域间的协同发展程度仍然不高，参与国际分工、开拓国际市场力度不够，国际化水平有待提高。

（二）洛阳水运文化保护传承、活化利用的对策建议

积极融入国家重大战略，对于洛阳充分挖掘文化资源、提升河洛文化内涵、促进区域协同融合、推动高质量发展具有重要意义。水运兴，城市兴。以黄河文化、大运河文化、河洛文化为基础，开展洛阳水运文化的保护传承、活化利用是助推洛阳融入国家战略的一个着力点。为此，本文认为，从生态—文化—经济的耦合关系出发，应重视以下三个方面的工作。

第一，展现水运历史环境，协同推进生态保护与文化传承。黄河流域的生态环境普遍较为脆弱，而生态系统是一个有机的整体，需要"注重保护和治理的系统性、整体性、协同性"。[1] 历史上，洛阳水运发展是以良好的生态基底、人与自然和谐共生为基础的。保护传承、活化利用水运文化，前提是区域生态环境的修复改善、河道水系的综合治理、生态涵养水平的有效提升。在此基础上，以历史时期洛阳水运河道、渠道为主线，打造以洛阳为中心，辐射周边区域的水运文化带，促进黄河文化、大运河文化、丝路文化的融合发展；在实现小浪底库区通航、洛阳城区至洛口通航的基础上，推动孟津、吉利至荥阳通航，洛阳城区涧河与隋唐城水系连通及观光通航；在建设洛阳南部生态涵养区、实现生态功能区保护的基础上，合理调配水资源，逐步扩展洛河、伊河中上游的观光适航区，同时实现洛河、

---

[1] 习近平：《在黄河流域生态保护和高质量发展座谈会上的讲话》，《求是》2019 年第 20 期，第 11 页。

伊河、瀍河等中下游河道的自然恢复，推进旅游文化生态融合创新区建设。

第二，挖掘水运文化资源，有效推进区域文化生态保护。落实国家战略要求，挖掘黄河、大运河以及洛阳水运文化资源，系统保护文化遗产，梳理水运非物质文化遗产档案，协同推进水运文化传承创新，打造洛阳水运文化品牌，打造水运文化地标，进一步提升洛阳水运在黄河流域、大运河文化带的影响力，助力河洛文化生态保护区建设。历史时期水运的河道、渠道、湖泊、潭池、码头、津梁等受水环境演变、城市环境变迁影响较大。洛阳水运文化遗存相对较少，但文本记载非常丰富。现存的水运遗迹仍能够彰显洛阳作为水运核心、枢纽的辉煌。以黄河、大运河沿线重点文化遗产、文物保护单位、历史文化名镇、文化展示区、博物馆等为节点，以大运河国家文化公园、隋唐大运河文化博物馆、洛阳仓窖博物馆、洛邑古城、嘉应观、长水镇、黄河古渡等为核心，打造一批蕴含水运文化的精神载体和文化标识，突出展示洛阳所具有的黄河精神、大运河精神、丝路精神等。

第三，提升水运文化内涵，发挥文化引领区域协调发展作用。水运发展演变"与沿线广袤经济腹地密不可分，与周边城乡聚落和功能体系相互交织，构成深度嵌合的遗产地区"。[①] 历史时期，水运是沟通各地区，实现区域协同的重要方式。洛阳曾以水运实现与周边地区、全国主要地区的连接、联系、融合，甚至通过水陆交通，与海外、域外实现交流。水运文化是一种融通的文化，是一种开放的文化。无论是黄河洛阳段还是大运河洛阳段、丝路洛阳段，都不是孤立存在的，都是黄河、大运河和丝绸之路整体的一部分。洛阳水运文化是黄河文化、大运河文化、丝路文化的一部分。打造洛阳水运文化的交融圈，服务中原城市群副中心城市建设，服务区域联动发展，服务黄河流域生态保护和高质量发展战略、"大运河文化带"战略和"一带一路"倡议等国家重大部署，促进区域统筹协调、城乡融合发展。

作者简介：朱宇强，河南洛阳人，洛阳理工学院马克思主义学院讲师，主要研究方向为中国环境史。

---

① 张广汉、付彬、赵霞等：《大运河线性文化遗产保护传承路径探索》，《城市规划》2022年第S2期，第28页。

客家文化

客家学与河洛学研究刍议

刘道超

摘 要 客家学与河洛学研究均存在学术水平整体不高、主流学术界关注参与度不够的问题。解困之思路,是提升客家学—河洛学的学术定位,将客家学—河洛学建构与重建中国文化/中华文明学术体系暨国家文化战略结合起来,解决中国文化/中华文明学术体系重构及社会发展急需解决的各种问题;从中华文明/中国文化—宗教总体特征、从中华民族及社会现实需求出发,开展客家学—河洛学各项研究,服务当下。

关键词 客家学;河洛学;客家文化;河洛文化

一 客家学与河洛学面临的共同困境

比较而言,客家学研究的起始要早不少。客家文化研究者的共识,认为客家学研究滥觞于19世纪初,以徐旭曾1808年(另说1813年)发表的《丰湖杂记》为标志。其后,缘于三大历史事件,引起客家研究之热潮。一是清朝咸同年间(1851—1874)持续了十二年的广东土客大械斗,双方伤亡数十万(或说至百万),引起全社会的唏嘘感叹及广泛关注;二是太平天国起义,领导者及起义者大多为客家人,中外人士为之瞩目,一些国外传教士积极开展研究,探讨客家人;三是20世纪初针对强加于客家人身上的"客贼""非汉种""不甚开化"等污蔑之词,国内外客家人奋起反抗与驳斥,纷纷成立组织,客籍文人更是奋力著书立说,予以申辩、自证。1933年罗香林出版《客家研究导论》一书(1950年出版《客家源流考》),成为此次客家研究的标志性成果。罗香林先生在书中首次提出"客家学"概念。

20世纪50年代以后,因历史等诸多原因,客家研究在内地一度沉寂。20世纪80年代以后快速进入繁盛期,持续了约40年,以众多研究机构、出版物之涌现,大量学术论文、专著之出版,及国际性的世界客家恳亲大会为标志。尤其是1990年华东师范大学吴泽教授发表《客家学研究刍议》一文,1996年王东教授出版学术专著《客家学导论》(上海人民出版社),成为客家文化—客家学研究繁荣的重要标志。

河洛学研究的起步则要晚一些。1989年9月,在洛阳召开河洛文化研讨会,是河洛学研究开启的标志。由彼至今,也走过了整整35年,经历了由初创到辉煌的发展历程。其间召开了多次河洛文化研讨会,规模越来越大,范围越来越广;成立了众多的学术研究组织(尤其是2006年成立的中国河洛文化研究会,体现了河洛文化研究的巨大张力);河洛文化研究走出洛阳,走向全国甚至世界;获得了一批极具分量的国家级重大科研项目(如2004年、2006年、2009年、2012年先后获得的四项国家社会科学基金重大委托项目:(1)"河洛文化研究——河洛文化起源传承与影响",(2)"河洛文化与民族复兴研究",(3)"河洛文化与闽台关系研究",(4)"河洛文化与华夏历史文明的传承及创新"),在此基础上,出版了大量论文、论著等学术研究成果,取得了非常大并且良好的社会影响。

简言之,不论客家学研究还是河洛学研究,都取得了巨大的发展与成就。但在巨大成就之下,存在的问题也不小,甚至前景堪忧。

先说客家学研究。有学者总结客家学研究的存在问题:一是学术观点陈旧,数十年来,几乎都是罗香林研究成果或基本观点的"照着说"或"接着说",鲜见本质性超越之论之著;二是学术视野或向度狭窄,研究成果大多属于自证自誉、自说自嗨的层面;三是学术研究队伍鱼龙混杂、良莠不齐,学术质量整体水平不高,理论匮乏。[①] 还有学者指出,客家学研究存在"学科定位"(历史学或民族学)不明晰之缺失,以及研究队伍青黄不接——老一代研究者相继淡出后,年轻一代客籍学者乐意传承者十分稀少,等等。

而最突出或关键的问题,当是自罗香林甚至是自徐旭曾以来的两百年

---

① 周建新:《客家学作为学科的可能和必要》,中国社会科学网,2018年12月29日。

间,"客家学更像是一个自我历史的叙述者,喋喋不休地进行自我描述"。[1] 有学者将此称为客家人"自我确证"[2] 或"客家之子赞客家"研究模式。[3] 以致有学者将这种自我确证与颂扬的研究范式表述为:"乃是尚未学术化的领域,大部分所谓研究,都经不起推敲。"[4] 所以,客家学研究看似轰轰烈烈,硕果累累,自我感觉甚好,实际上却是一个"尚未学术化的领域",对人文学科的整体学术贡献十分有限,无法吸引主流人文学界的关注、认同及参与。客家学研究有从"显学"沦为"险学"之危险。[5]

河洛学研究存在的问题与客家学非常相似,也是"成绩不小,问题不少"。有河洛学研究者总结,虽然"在国内诸多地域文化研究的比较中,河洛文化研究算是一个亮点",但"存在浮华而不繁荣、热门而不深入"等弊端。主要问题是研究人员水平参差不齐和研究成果低质量重复,表现为研究方向不明确,研究选题无目的;研究不够全面、均衡,过于偏重某一方面;等等。而最关键的问题,则是"主流学界的参与不够,学理性方面的探究不够"。[6]

应该说,不论客家学研究,还是河洛学研究,均不缺乏聪明睿智、学术造诣高的学者。但为什么始终拿不出足以吸引主流学术界眼球的高水平研究成果?为什么主流学术界对客家学/河洛学不关注、不认同,甚少参与,甚至嗤之以鼻?这必须从自身寻找原因。

二 客家学与河洛学研究的脱困之路

如何才能使客家学—河洛学摆脱困境,真正走上学术繁荣之路?两家学者都在积极地思考、探索。

---

[1] 施爱东:《客家研究之不足》,民间文化青年论坛,2003年3月13日。
[2] 张英明:《客家研究从"自我确证"向开放的现代学科转型的趋势》,载肖文评、钟晋兰主编《客家文化多样性与客家学学科理论体系建构研究》,暨南大学出版社,2017,第115—124页。
[3] 司雁人:《河源客家简史》,中华书局,2016,第512页。
[4] 龚鹏程:《民族研究的方法——客家文化要百花齐放》,价值中国网,2012年7月29日。
[5] 周建新:《江西客家》,广西师范大学出版社,2007,第12页。
[6] 参见李振宏《大陆学界河洛文化研究的现状及问题》,《中原文化研究》2013年第2期;张新斌《河洛文化与洛阳学》,《中州学刊》2016年第12期。

深圳大学周建新教授勾勒了自徐旭曾《丰湖杂记》以来的客家文化研究发展历程，并从中归纳了客家文化研究的三种范式，即以赞美颂扬为基调的研究范式，罗香林"民系—文化论"研究范式，"赣闽粤边地域社会论"和"族群—认同论"并行的研究范式，继而提出"客家文化既是一种地域文化，又是一种族群文化"的理论观点，最后特别提炼出"地方性"与"族群性"两个关键词，主张通过这一路径，将客家文化研究打造成为我国族群和地域文化研究的典范和代表。亦即将"地方性"与"族群性"研究视为客家文化暨客家学研究脱困之路径。[①]

湛江师范学院张应斌教授认为，客家学应当建设成一门探索人类在困苦的客居环境中如何激扬精神的精神学。他说："未来的客家研究的重点应发生转变，它应重在揭示客家人在客居环境中的生存经验，以客家人在迁徙、客居环境中的顽强生存精神和艰苦发展经验为中心，揭示人类在困苦中的创造力和不屈不挠的生存精神，以丰富人类的精神学说，从而把客家的客居生存经验和主体精神纳入人类的精神文化中，以丰富和补充人类精神文化的宝库。""客家学应是人类客居情景中的精神学。它应该总结客家人在闽粤赣三省交界穷困山区的客居环境中如何开山自立的生存经验，研究人类在困苦的客居环境中的精神激扬的动力和精神焕发的过程，总结客居环境中的创业精神，探索人类精神潜能的激发和精神品种的问题，以丰富人类的精神哲学和主体能动精神。"[②] 即将客家文化中蕴含的精神作为客家学研究的脱困路径。

南昌大学黄志繁教授认为，客家学研究存在学科定位不清晰、整体水平不高、研究领域狭窄、受现实利益影响过大等问题，主张客家学研究"应尽力融入历史学、社会学、人类学等学科中，为这些学科提供学术资源，如此才能获得更大发展；在研究方法和领域上，应尽量采用历史人类学的方法拓展客家区域社会经济史。关于客家源流问题，已经耗费了客家

[①] 周建新：《客家文化的研究历程与理论范式》，载肖文评、钟晋兰主编《客家文化多样性与客家学学科理论体系建构研究》，第170—180页。2024年7月，在福建三明市三明学院举办的"第十二届石壁客家文化论坛暨第十三届客家文化高级论坛"上，周教授再次重申这一学术主张。

[②] 张应斌：《客家学何为——客家学理论建构中的价值论思考》，载肖文评、钟晋兰主编《客家文化多样性与客家学学科理论体系建构研究》，第112、113—114页。

学者太多精力，学界关注的中心问题应以'客家形成'代替'客家特质'，致力于更加清晰地展示客家区域社会变迁过程"。① 即为客家学研究脱困提供了三个思路：一是为历史学、社会学、人类学等学科提供优质学术资源；二是在研究方法和领域上，尽量采用历史人类学的方法；三是在研究重点上，以"客家形成"取代"客家特质"。

郑州大学张新斌教授认为，河洛文化研究发展的关键，是向北京学及长安学看齐，洛阳是河洛文化的核心，要理直气壮地将洛阳作为研究的重点，将洛阳学打造成一门"国际学问"。②

河南省社科联党组书记李庚香认为，"河洛文化是以洛阳为中心的区域文化，是中原文化、黄河文化的核心和主干，是中华传统文化的精华和主流，是中华民族历史文化的瑰宝。当今时代，要把河洛文化研究上升到河洛学的高度，把它作为一个完整的、系统的、复杂的思想体系来对待，才能更好地认识河洛文化"。③ 后来又进一步说明，这个高度就是"世界中国学视野"——即在从事河洛学或中原学研究时，要具有国家视野及全球眼光。④

应该说，以上观点各具闪光点，都有一定的建设性意义，但局限性也非常明显。譬如，周先生以"地方性"与"族群性"为客家学研究脱困之径，看似有理，其实经不起推敲。因为自罗香林以来的客家文化研究，实质上就是以赣闽粤三省交界地区（地方性）为核心对客家族群的研究，只是以前不叫"族群"而称"民系"。将这两个概念特别提出来，哪怕再加上所有时髦的族群理论、区域理论、边界理论、经济圈、信仰圈等理论工具，均不构成实质性或革命性的提升，似仍不足以将客家学从"险学"之境拯救出来。

张先生将"客家学"改造为"精神学"之设想，旨在"研究人类在困苦的客居环境中的精神激扬的动力和精神焕发的过程"，颇有意义。但这只是客家文化中蕴含的内在精神之一，其余尚有政治层面的家国情怀、

---

① 黄志繁：《范式、概念与方法：中国大陆客家研究的学术历程与理论反思》，载张维安主编《全球客家》2013年第1期，台湾交通大学客家文化学院，2013年11月。
② 张新斌：《河洛文化与洛阳学》，《中州学刊》2016年第12期。
③ 李庚香：《中原学与河洛学》，《中州大学学报》2022年第5期。
④ 李庚香：《世界中国学视野下如何建设中原学》，大河网，2024年4月16日。

经济层面的重义轻利精神、信仰层面的包容精神、为人处世层面的贵和精神，以及最能体现客家文化内在本质的唯道是尚精神，等等，张先生均未提及。而且即便将上述诸内容增加进去，恐怕也不足以引领客家学整体脱困。

李先生主张"把河洛文化研究上升到河洛学的高度"，以及要具有"世界中国学视野"的建议，则存在整体落于空泛的不足，并且其论述的重点是中原学而非河洛学。其余两位先生观点亦存在明显局限，恕不一一评述。

我们认为，主流学术界对客家学—河洛学之所以不关注、不认同、甚少参与，甚至嗤之以鼻，讥之"尚未学术化"，根本原因在于客家学—河洛学此前数十年的学术研究，基本上都是两家学者群在自证自誉、自话自嗨（客家学研究的局限尤其突出），未能奉献足以引起主流学术界关注的学术成果。

所以，我们首先应当弄清楚：主流学术界主要关注什么？

据我们理解，主要有两大方面。第一大方面包括：（1）中华文明的产生、形成、分布格局、传承与拓展问题；（2）汉族暨中华民族的形成与发展壮大问题；（3）中华民族巨大凝聚力及其形成、运行机制及内在奥秘问题；（4）国家统一、民族团结、族群关系、区域关系、社会和谐问题；（5）城乡建设、乡村社会治理、移风易俗问题，等等，难以尽举。其中每一个问题都包含无数小问题。

譬如汉族的形成问题。此前"滚雪球理论"颇为流行，即认为汉族像一个巨大的雪球一样，从中原中心向四面八方翻滚，越滚越巨大，越滚越结实，最后滚成世界第一巨族。[①] 然略加分析，这个观点作为文学色彩的象征性表述还可以，但在理论上或实践上却难以成立。因为人非木石，不会一动不动地受雪球、泥石流或洪水等的裹挟。人有主观意识，有吉凶价值判断，会近乎本能地趋吉避凶。面对一个吉凶不明的外来力量时——无论社会力量抑或自然力量，都会本能地躲避，甚至抵抗，不可能傻乎乎地原

---

① 从20世纪90年代开始，徐杰舜先生先后出版《汉民族发展史》（四川人民出版社，2013）、《雪球》（上海人民出版社，1999）与《汉族民间风俗》（中央民族大学出版社，1998）三部学术专著，以"雪球理论"为核心，建构了徐氏特色的汉民族研究的历史人类学范式。

地不动等着被裹挟。在实践上,则不可能找到一个等着被"汉族雪球"裹入的民族实例。

还有汉族的八大民系问题。为什么七大民系都在南方,而北方虽数度为少数民族政权统治,历史上先后还有大量少数民族融入汉族,却一直未能形成与南方类似的多民系?

客家是汉族中较晚形成的一个民系,跨地域分布,人口众多,特点突出。但迄今为止关于客家形成的若干种观点,均不够圆满。如南迁说(以罗香林为代表),认为客家人主要形成于北方中原汉人的南迁。此说之失在于未注意到原住民在客家形成中的地位与作用。再如土著说(以房学嘉为代表),认为客家人的主体是原居当地的本地人(土著民族)。此说之失在于未能正确评价中原汉人在客家形成中的作用,不明民族融合的本质在于文化认同而非其他。末如融合说(以谢重光为代表),认为客家之形成,是北方汉人南迁闽粤赣交界区域之后,与当地的百越种族及盘瓠蛮等经过长期的互动融合的结果。应当说,这一观点已非常接近历史真实,但仍有不足。其失在于只见诸族融合之表象,未能揭示导致民族融合之根源(究竟是什么神秘力量在引导民族融合的进程)、具体路径及规律等。所以,客家形成问题仍有进一步探讨的必要。

如果我们能够通过真实而非推测臆想的、全面而非片面的客家形成的历史过程,揭示引领诸族融合的神秘力量,阐释客家形成的路径、机制及蕴含的内在规律,不仅可以彻底揭晓客家形成之奥秘,还可由此窥知汉族及另外六个南方民系生成的基本路径。届时,客家文化暨客家学研究,还需担心不能引起国内主流学术界的关注吗?

第二个大的方面,是中华文明暨中国文化体系重构的问题。2013年8月,习近平总书记在全国宣传思想工作会议上特别强调,宣传阐释中国特色社会主义要做到"四个讲清楚":"要讲清楚每个国家和民族的历史传统、文化积淀、基本国情不同,其发展道路必然有着自己的特色;讲清楚中华文化积淀着中华民族最深沉的精神追求,是中华民族生生不息、发展壮大的丰厚滋养;讲清楚中华优秀传统文化是中华民族的突出优势,是我们最深厚的文化软实力;讲清楚中国特色社会主义植根于中华文化沃土、反映中国人民意愿、适应中国和时代发展进步要求,有着深厚历史渊源和广泛现实基础。"①

2022年4月25日，习近平总书记在中国人民大学考察时明确指出，"加快构建中国特色哲学社会科学，归根结底是建构中国自主的知识体系"。②

习近平总书记的"四个讲清楚"，以及"建构中国自主的知识体系"，两次讲话前后相距9年，实质上说的都是中华文明暨中国文化体统重构的问题。这是对我国人文社科工作者的殷殷嘱托，是一项光荣而伟大的历史重任。

河洛地区文化积淀深厚，长期以来都是中华文明的中心。诚如一位河洛学者所言："河洛文化不是一般意义上的地域文化，而是中华文化的根文化，是中华民族的根脉所在、灵魂所系，是中华民族最深厚的民族记忆，也是维系全世界炎黄子孙的最强大的精神纽带。"③ 如果河洛学研究能够以河洛文化为依托，建构起中华文明暨中国文化的体系框架，阐释其特征、本质、内在结构及发展模式，并由此展开河洛学各项相应研究，服务河洛当地及整个中华民族。若此，还需担心主流学术界"莫我肯顾"吗？

因为作为主流学科的历史学、民族学、社会学或人类学等，都有相对固定的研究范围及习惯路径。其他地域性新兴学科，要么能够在资料层面提供独到而丰富的资源（如敦煌学），要么能够在中华文明、中华民族、中国社会及文化等整体层面提供新颖独到的学术见解，否则必不能吸引其关注，甚至吸引其放下自己熟悉的研究路径参与进来。

由此看来，客家学—河洛学的发展困境，实质上是学术研究定位及目标追求的问题。比如，1990年吴泽先生最早将客家学定位为："一门运用科学的观点和方法去研究客家民系的历史、现状和未来，并揭示其发生、发展规律的学问。"④ 1996年王东先生出版《客家学导论》（上海人民出版社），基本沿袭这一观点。与客家学相似，河洛学的定位是"以洛阳历史文

---

① 《加强文化遗产保护传承　弘扬中华优秀传统文化》，中国共产党新闻网引《求是》2024年第8期，2024年4月15日。
② 中共中国人民大学委员会：《坚定不移走好建设中国特色、世界一流大学新路》，光明网引《求是》2022年第11期，2022年6月3日。
③ 李庚香：《中原学与河洛学》，《中州大学学报》2022年第5期。
④ 吴泽：《建立客家学刍议》，《客家学研究》1990年第2期。

化、现代城市建设和未来发展战略作为研究对象"。① 起步时这样定位没有问题，但一直固守不变，不能与时俱进，问题就大了。

学术研究定位过低及目标追求局限于自己所在区域/局部学科，不仅客家学—河洛学如此，放眼整个人文学界，几乎是一种通病。这与我们所处的整体学术环境密切相关。人文学科自近代以来，因受自然科学分类研究的影响，分科越来越细，研究范围越来越专精，越来越狭窄。近百年温水煮青蛙般的缓慢侵袭，使我国众多人文研究学者，陶醉于一个个针尖麦芒般的狭小空间中，自得其乐，几乎全然忘却了人文研究应当拥有"为天地立心，为生民立命，为往圣继绝学，为万世开太平"的伟大胸襟，应当具有"究天人之际，通古今之变，成一家之言"之宏大抱负，以及"经世致用"的历史传统。人文研究的学术定位及目标追求，应当是致力于解决国家、民族及社会发展最需要、最紧迫的问题。

缘此，我们建议将客家学—河洛学的学术定位及目标追求调整为：将客家学—河洛学建构与重建中国文化/中华文明学术体系暨国家文化发展战略结合起来，研究中国文化/中华文明学术体系重构及社会发展急需解决的各种问题；从中华文明、中国文化—宗教总体特征及社会现实需求出发，开展客家学—河洛学各项研究，服务当下。

总体思路，是从中华文明/中国文化/中华民族之整体出发设计客家学—河洛学研究的各项课题，认识客家文化—河洛文化之特色及其在中华文明整体中之价值；再从客家文化—河洛文化微观研究之众多成果，进一步加深对中华文明/中国文化/中华民族的认识。换言之，客家学—河洛学研究，要从中国文化之整体认识、理解客家—河洛，还要通过客家—河洛更深刻地理解中国文化、中华民族及社会。

具体思路，于客家学，是通过中华文明体系的类型与总体特色，认识客家—客家文化；再由客家形成及迁徙发展之丰富实践，更深刻地洞察中华民族、中华文明、中国社会及文化，回答主流学术界关注的核心问题（如中华文明形成、传承、拓展的问题，汉族形成的问题，中华民族凝聚力的问题，区域—民族—族群和谐的问题，国家统一的问题，中国革命的问

---

① 蔡运章、赵金昭、董延寿：《河洛学导论》，《河南科技大学学报》2009年第1期。

题，等等），揭示中华文明数千年传承不辍之奥秘、经验及智慧；同时研究客家地区城乡发展急需解决的各项问题，为客家社会发展提供有效服务。

于河洛学，是依凭河洛文化的精神核心及地缘优势，探析中华文明暨中国文化的体系，阐释其特征、本质、内在结构及发展模式；与客家学等友邻学科团结合作，揭示中华文明纵向传承、横向拓展的机制、模式与规律；探索优秀传统文化在当代尤其是北方社会应用的路径与模式，推动河洛地区的发展进步。

只要我们能依照上述学术定位，充分利用客家学—河洛学的独特文化资源，回答并解决中国文化/中华文明学术体系重构及社会发展急需解决的各种问题，拿出有分量的高水平研究成果，就必然能够引起主流学界甚至国家的关注，客家学—河洛学理论建设的问题、研究队伍青黄不接的问题等，亦将逐一化解。

三 客家学与河洛学联手揭示中华文明数千年传承不辍之奥秘

客家人根在中原，乃"河洛之子"。无论从两晋之际五胡入华，抑或从唐末之乱算起，客家先民南迁史均已超过千年。尤其重要的是，客家先民的南迁，不仅仅是为了生存，更不是简单的避难，而是在艰难困苦的生存实践中"他乡立纲常"，将中华文明之纲常旗帜，在迁徙地重新树立起来，拓展中华文明。虽历经千年，相距千万里，其心不改。

而河洛文化，从河图洛书算起，绵延更在五千年以上。作为中原文化—中华文明之重要发源地，经历了十三次易国，以及数不清的战火洗礼，却一直纲常不倒，历久弥新。这可称为"故土守纲常"。

一个是"他乡立纲常"，一个是"故土守纲常"，如果客家学与河洛学能够联合起来，将客家先民"他乡立纲常"，虽历千年初心不改之丰富实践——这其实是中华文明之弘扬与拓展；与河洛人民"故土守纲常"，数千年纲常不倒之史实——这其实是中华文明之固守与延续，结合起来进行探究，揭示客家先民"他乡立纲常"与河洛人民"故土守纲常"之运行机制、内在结构、规律及经验，同时比较二者之同与异，中华文明数千年传承不辍之奥秘或许即可窥知。这很可能是一个极有价值与意义的学术构想。

为了简洁明快地阐明这一研究思路，我们草拟了以下路线图（图1）：

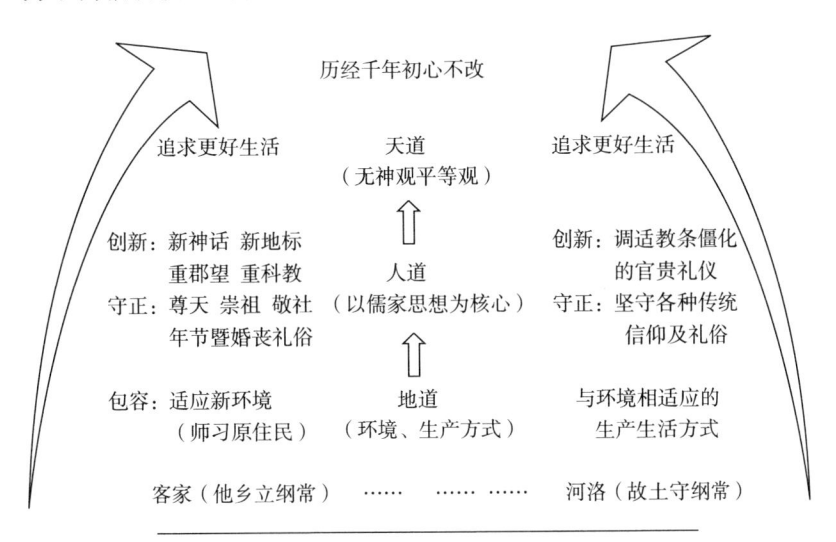

```
                    历经千年初心不改
     ↑                                        ↑
   追求更好生活          天道            追求更好生活
                   （无神观平等观）
                        ⇑
   创新：新神话 新地标    人道        创新：调适教条僵化
         重郡望 重科教  （以儒家思想为核心）    的官贵礼仪
   守正：尊天 崇祖 敬社                守正：坚守各种传统
         年节暨婚丧礼俗      ⇑              信仰及礼俗
   包容：适应新环境       地道         与环境相适应的
        （师习原住民）  （环境、生产方式）   生产生活方式

   客家（他乡立纲常）  ……  ……  河洛（故土守纲常）
   ─────────────────────────────────────────
                  国家·促进/阻碍
             （战争动乱、政治变化、经济文教）
```

图1　客家学—河洛学联手揭示中华文明传承奥秘路线示意

这一路线图以天道—易道宇宙观为引领，以人道—儒家思想为核心，以地道—自然环境为依托。因为中华文明尽管博大精深，但都是在易道宇宙观统一框架下建构起来的；天道观—易道宇宙论奠定了中国社会无神性、平等性等基本特色——在这一天道观之下，所有人在本质上都是平等的，每个人都可以追求更好的生活及更高的社会地位——中国社会的宗教、文化及民族，就是在这一前提下生成的。离开这一前提，即不可能探究客家的形成。中国文化虽然博杂，但思想—价值观之核心，无疑是儒家。无论客家先民之迁徙与形成，抑或河洛人民之固守与坚持，均以此为灵魂。至于地道—自然环境，更是人类生存的前提条件。故将此三者列为本路线图之核心，亦为课题研究之文化背景与大前提。

至于国家，在客家先民聚居的赣闽粤三省交界处，山高林深，盗匪猖獗，长期以来为中华文明之化外之境。客家先民徙入之后，与当地原住民杂居交处，国家经过军事平叛、加强政治治理、发展经济文教等措施，将化外之境逐渐转变为化内之域，无疑具有正面的价值与意义。在河洛中心之域，国家对于中华文明及传统文化之传承延续，作用应当也是正面的。

但从更长的历史进程看,王朝如走马灯一般变化不定,时不时还有少数民族主政,国家与民间,上层与下层,观念与实践,谁的作用更大、更本质?上与下、观念与实践之间的转换机制如何?中华文明数千年传承不辍之根本原因究竟何在?这恐怕是一个非常值得深究的重大问题。故在路线图之末设置"国家"一目。

客家"他乡立纲常",首先需要适应新的环境,而当地原住民先已在此生活了几百年甚至上千年,拥有一整套与当地环境相适的生产生活方式,所以客家先民大量向他们学习取经,甚至吸纳原住民一些精神层面的东西。这称为"包容"。

"他乡立纲常"本质上属于精神层面,故客家先民将中原故土原有的一整套——包括尊天、敬祖、崇社(土地神)、婚丧礼俗及岁时节俗等——文化及礼俗,尽可能地搬移到徙居地。这称为"守正"。

但时移地易,不可能将原乡的一切简单照搬,此外还要在新的环境下团结、凝聚族人及族群,所以客家先民另创新神话、再树新地标、重塑团结族人的祖先形象及象征符号、另创区域信仰中心;与此同时,努力创造条件参加科举考试,以提升社会地位。这称为"创新"。

河洛人民"故土守纲常",不存在适应环境的问题,只需在祖先奠定的生产生活方式基础上,不时吸纳一些新元素即可。他们的问题或许可称为"皇城脚下的烦恼":在后梁(907—923)之前的数千年间,洛阳基本上都荣居帝都之尊,一直在皇城脚下;后唐(923—936)之后直至今日,洛阳仍然处在国家政治核心圈之内。国家政治的影响力巨大。如何在国家政治文化巨大辐射力之下,让尊卑等级森严、教条僵化的"帝王纲常—礼制"通俗化、民间化、实用化,为民间社会实际运用,维系河洛一方土地的和谐稳定与发展并持续不断地延续下去,这恐怕才是河洛学应着力探讨的——河洛地区在皇城脚下对传统文化的守正与创新——之问题。

据史书记载,数千年间,黄河曾发生了六次改道。河洛故土及人口结构等也不可避免地发生了巨大变化。所以,河洛人民一直在信守的文化观、价值观、宗教信仰、礼俗及生活方式等,亦必然发生变化。怎么变?缘何而变?

中国传统文化及国家治理的主要特色是礼治。儒家将礼视为国家治理的根本大法，誉之为"君之大柄"。《礼记·礼运》说："是故礼者，君之大柄也。所以别嫌明微，傧鬼神，考制度，别仁义，所以治政安君也。"孔子更是将礼视为关系国家生死存亡的核心。他说："夫礼，先王以承天之道，以治人之情，故失之者死，得之者生。"认为扰乱、破坏一个国家、灭亡一个民族的简单办法，就是"去其礼"（《礼记·礼运》），灭其信仰，使之失去精神维系——至少中国社会是如此。但这个与国家、文明命运攸关的礼，在中心区域却往往会丢失。古语常说"礼失求诸野"——中心区域为何会"丢失礼"？是整体丢失还是部分丢失？主要是什么礼在丢失？

客家先民从河洛故土离开之后，如蛙跳般多次跳跃迁徙，时逾千年，境况迥异，他们至今仍然存续了河洛故土的哪些中原礼俗？他们最具代表性的精神风貌、核心价值观、宗教信仰、处世原则、生活方式等，与河洛故土相比，有何异同？

客家人源出河洛。如果客家学—河洛学能够将客家"他乡立纲常"与河洛原乡"故土守纲常"设立一个大课题（题目大家商议），两家学者联合攻关，将二者之同与异，变与不变，同中之异、异中之同，何以同、何以异，以及中心区域礼之失与边缘区域礼之守等，一一剖析清楚，进而揭示客家先民"他乡立纲常"与河洛人民"故土守纲常"之路径、运行机制、社会内在结构、演变规律及经验，中华民族之巨大凝聚力、中华文明之优越性与数千年传承不辍之奥秘等等，或许均可大体破解。

作者简介：刘道超，广西柳州人，广西师范大学历史文化与旅游学院教授，主要研究方向为民俗文化、客家文化、宗教文化。

根深方致叶茂：客家文化与中原文化关系论略*

邹春生

摘 要 近年来，随着田野调查工作的不断深入，客家文化体系中所包含的与土著文化相关的文化因子不断被发掘，"客家是汉民族的一个支系""客家之根在中原"等观点也受到一些学者的质疑。针对这些质疑，本文从文化传播的视角，引用相关理论，对客家文化与中原文化的关系重新进行了探讨。认为河洛地区是中国传统文化的摇篮，对客家文化的影响也十分深刻。以儒学为主的中原文化之所以能够在赣闽粤地区广泛传播，并且成为客家文化的主体和核心，是由于文化本身的力量和文化外部的力量在当时的历史背景下得到了充分发挥。正是在这些因素的共同作用下，中原文化才能够在赣闽粤地区传播并且成为客家文化的重要内核。中原文化成为客家文化重要内核，是"客家是汉民族的一个支系""客家之根在中原"等观点得以立论的重要依据。

关键词 客家文化；中原文化；文化传播理论

关于客家文化与中原文化之间的关系，罗香林在其《客家研究导论》一书中，开宗明义地提出"客家是汉民族的一个支系"这一论题，并详细介绍了客家人从北方中原辗转迁徙到赣闽粤毗邻区并最终形成客家民系的历史过程，因此"根在中原"也逐渐成为不少学者的共识。如台湾学者陈运栋在《台湾的客家人》一书中提出，"客家人是汉民族里头一个系统分明的、富有忠义思想和民族意识的民系，客家先民是因受到了中国边疆少数民族侵扰的影响，才逐渐从中原辗转迁徙到南方来的。而且自认为是中原

---

* 本文为国家社科基金项目"9—18世纪赣闽粤毗邻区的国家政治实践与客家族群认同研究"（项目编号：23XMZ004）的阶段性成果。

最纯正的正统汉人的后裔"。① 著名历史学者朱绍侯先生在《河洛文化与河洛人、客家人》一文中也提出，"客家人，是指北方人迁居南方（闽、浙、湘、赣、两广）后，没有和当地土著人融合、通婚，而保存汉族血统、文化和习俗的人。客家人并不是阶级概念，而是土著、客居（家）的对称。客家人是汉族中的一个分支，一个民系。……客家人是历史上形成的群体，由于河洛区域在历史上所处的特殊地位，在每一次北方人南迁的潮流中，河洛人都占绝大多数，所以河洛人就成为客家人的重要组成部分，通常所说的'客家人根在河洛'，其原因也在此"。② 洛阳历史研究所的韩忠厚研究员运用考古材料、文献资料和民间族谱等，认真梳理了河洛地区在华夏文明形成和发展的历史过程中的作用，以及客家姓氏与河洛地区的关系，并得出"客家民系'根在河洛'，完全符合客家民系产生、形成和发展的实际。河洛不仅是客家民系的血统之根源，也是客家文化之根源。河洛文化不论是在闽、越、台、港，还是在海外所有客家民系中，都有重大影响，客家民系'根在河洛'这是客观的结论"。③

但近年来，随着田野调查工作的不断深入，客家文化体系中所包含的与土著文化相关的文化因子不断被发掘，"客家是汉民族的一个支系""客家之根在中原"等观点也受到一些学者的质疑。例如，1994年房学嘉老师出版《客家源流探奥》一书，从历史学、文化人类学、社会学的角度出发，结合大量的田野调查资料，论证了客家共同体是由古百越族遗民中的一支与历史上南迁的中原人融合、汉化而成。④ 次年，他又发表《试论客家人之根》及《试论客家人之根（续）》两篇长文，从文化人类学、考古学、民俗学的角度撰文分析，认为客家先民不是来自中原的移民，其主体是南方的古百越族人，并旗帜鲜明地提出，客家人的根就在闽赣粤地区。⑤ 房学嘉老师的这些观点，得到其他学者的呼应。著名人口史研究学者、复旦大学历史地理研究中心教授吴松弟先生通过认真研究闽西和赣南的相关客家族谱后提出，南宋时期南

---

① 陈运栋：《台湾的客家人》，台湾台原出版社，1990，第38页。
② 朱绍侯：《河洛文化与河洛人、客家人》，《文史知识》1994年第3期。
③ 韩忠厚：《客家民系根在河洛》，《洛阳大学学报》1994年第1期。
④ 房学嘉：《客家源流探奥》，广东高等教育出版社，1994，第155页。
⑤ 房学嘉：《试论客家人之根》，《嘉应大学学报》1995年第2期；《试论客家人之根（续）》，《嘉应大学学报》1995年第3期。

迁的北方移民对客家的形成产生了决定性影响，客家先民以南方土著为主，北方移民主要是通过文化而不是血缘影响客家文化。[1] 中国科学院昆明动物研究所研究员、杰出的灵长类生物学家叶智彰先生以体质人类学和分子遗传学的理论为基础，通过采用免疫球蛋白同种异型研究方法，分析中原汉人与南方类群在血缘上的比例，发现客家先民在血缘上与南方类群很相似，他据此提出，客家先民是以南方土著为主，并融合中原南迁的汉人而形成的。[2]

客家界出现的这些质疑和争论，是学术界的正常现象，并且大大促进了客家文化的深入研究。毋庸讳言，这些久而未决的讨论，也容易让人对客家文化与中原文化的关系难以正确认识和把握。那么，重新分析各种文化因子在客家文化体系中的地位和作用，探讨中原文化与客家文化的关系，对于我们正确理解"客家是汉民族的一个支系"的论断，自然具有较强的学术和现实意义。因此，笔者不揣浅陋，拟对上述问题做一粗浅探讨，敬请学者指正。

一 河洛地区是中国传统文化的摇篮

"文化"一词是我们最常用且又最复杂的词语之一。有关文化的定义有200多种。[3] 我们通常所谓的"文化"，其含义有广义和狭义之分。广义的文化是指人类创造的一切物质产品和精神产品的总和。狭义的文化专指语言、文学、艺术及一切意识形态在内的精神产品。什么是中国传统文化？从一般的意义上来讲，自从人类出现以后，凡是与人类活动相关的，无论是物质层面，还是制度或精神层面的，都是人类文化的一部分。作为中华民族的传统文化，它是华夏文明经过漫长的历史演化而逐渐形成的文化总和。中华传统文化作为一种民族文化，它反映了中国历史上各民族的民族风貌和文化特质，融汇了我国历史上各民族所创造所有物质形态和非物质形态的文化，这种在民族交流、交往和交融的历史过程中逐渐形成的传统文化，是中华各民族几千年文明的结晶，凝聚了各民族的共同贡献，并为

---

[1] 吴松弟：《客家南宋源流说》，《复旦学报》1995年第5期。
[2] 叶智彰：《客家民系本质的自然科学证据》，《客家研究辑刊》1997年第2期；《试从自然科学角度探讨客家源流》，《客家研究辑刊》2001年第1期。
[3] 郭莲：《文化的定义与综述》，《中共中央党校学报》2002年第1期。

中华各民族世代相传,且对我们今天的社会生活仍然发挥着重要影响作用。

关于河洛地区与中国传统文明的关系,学界已有丰富成果。如河南大学李玉洁教授在《河洛文化在中华文明史的地位》一文认为,河洛地区是中国古代政治、经济、文化的中心,故被称为"天下之中",先秦时期各种文化在这里交会,撞击出灿烂的火花,河洛文化是当时最先进文化的代表;大一统的封建帝国形成以后,东汉、曹魏等政权都相继以洛阳为国都,河洛文化又表现出中国正统文化的特色。[①] 河南省社会科学院研究员杨海中在《河洛文化 华夏文明之母》一文中,运用丰富的文献和考古资料,充分阐述了河洛文化是中华文化的源头和核心,河洛地区孕育了华夏文明,河洛文化是中华民族的核心文化。在此基础上他还提出,产生于夏商、成熟于周、发达于汉魏唐宋、传承于其后各代的"河洛文化",既包括以农耕经济为中心形成的物质文明,也包括由此产生的政治、经济、文化、习俗、心理等政治文明和精神文明,河洛文化与当时其他地域文化相比,具有鲜明的正统性、源头性与传承性,因此河洛文化代表了中华文化。[②] 笔者在这些成果的基础上,结合自己的理解,拟从以下四个方面,论述河洛地区是中国传统文化的摇篮,河洛地区对中国传统文化产生了深远影响。

一是创造了先进的农耕文明。河洛地区地处黄河中下游地区的伊、洛、黄河的冲积平原上,土壤条件优越,水资源丰富,日照时间长,为农业的发展提供了良好的自然基础。因此,在很早时候,这里的农业就发展起来。华夏族始祖、上古传说中的英雄炎帝创始农耕,教民种植,被尊为神农。"神农作五谷于淇山之阳,九州人乃知食谷……神农教耕生谷以致民利。"(《管子·轻重篇》)据《汉语大字典》对"淇"字的解释,"淇山",即今河南辉县市西北,亦属河洛地区。由此可证,河洛地区早在史前时期就孕育了农耕文明。此外,从考古发现亦可证明,在裴李岗、仰韶、龙山等文化遗址中,我们也可看到农业经济越来越显示出其突出的地位。其中,影响最为久远,适用面最为广阔的乃是与农耕文明密切相关的天文历法,[③] 众

---

① 李玉洁:《河洛文化在中华文明史的地位》,《江西社会科学》2005年第12期。
② 杨海中:《河洛文化 华夏文明之母》,《科学大观园》2007年第5期。
③ 郑州市博物馆发掘组:《谈郑州大河村遗址出土的彩陶上的天文图象》,《中原文物》1978年第1期。

所周知的二十四节气，就是在河洛地区逐渐发展成熟的，至今还对我们的农业生产发挥着重要作用。

二是起源于河洛地区的炎黄崇拜是维系中华民族最重要的文化认同。炎黄部落原为汾渭平原发展起来的两支部落，在向东扩展的过程中，逐渐进入到河洛地区。蚩尤大战以后，炎黄部落征服了包括河洛地区在内的黄河中下游地区。因此，也逐渐成了整个中原地区共同信奉的神灵。炎黄崇拜的形成，与河洛地区有着密切的关系。社会上有父权世系确立，方能言有祖先崇拜，这是祖先崇拜的前提。河洛地区在我国新石器时代中期便率先进入了父权时代，正因为河洛地区有十分浓厚的祭祀祖先的风气，所以夏王朝建立后，最先把黄帝祭祀作为国家祭祀。后来继之而起的商周，以及后来的秦汉等中原政权，也紧随夏朝，把炎黄二帝祭祀列为国家祭祀。因此我们完全可以说，炎黄崇拜就是在河洛地区发展起来的祭祀文化。

三是中国传统的阴阳思想与河图洛书关系密切。阴阳思想在中国传统文化中的地位举足轻重，对中国哲学、文学、艺术、自然科学，乃至军队实战兵法、民俗风情无不产生重大影响，甚至在科学昌明的今天，阴阳思想依然对人们的日常生活乃至精神心理都有重要的影响。河洛地区与阴阳五行思想的产生和发展也有密切的关系。《易·系辞上》曰："河出图、洛出书，圣人则之。"传说中作为初演八卦的伏羲氏，其活动范围主要是在以嵩山为中心的河洛地区。至今，伏羲演练八卦的伏羲台仍然存在于巩义东北部，河洛交汇处以东5公里的黄河岸边上。周文王推演六十四卦的地点也在羑里（今河南汤阴县）。河图洛书出现的地方，也是在河洛地区。这些都表明，从小的方面讲，阴阳思想产生于河洛之间；从大的地理范围讲，河图洛书是中原文明的源头。

四是河洛地区也是姓氏文化的重要发源地。中国姓氏是中华文化的族徽，是了解中华文化的重要切入口。传统中国是个宗族结构十分紧密的社会，姓氏文化十分丰富，对传统中国伦理道德体系的构建和民族情结的生成，具有重要作用。"姓"字是与血缘紧密相联系的，"天子因生以赐姓"（《春秋传》），"氏"是由"姓"所衍生的氏族分支，故《通鉴·外纪》云："姓者统其祖考之所自出，氏者别其子孙之所自分。"夏朝中期开始，"氏"原先那种用来区别与宗族系统关系的功能（即"氏者别其子孙之所自分") 逐渐弱化，代之以表示功勋和地位，"天子建德，因生以赐姓，胙之土而命之氏"（《左传·隐公八年》）。秦始皇统一中国后，实行郡县制，氏的"别贵贱"的功能也就因此丧失了，姓氏便开始合而为一，皆表示为血缘关系，功能仅在于"别婚姻"。河洛地区曾经是炎、黄、蚩尤等部落的活动中心，亦是夏商周三代政权重要的统治中心，因此河洛地区与中国姓氏文化的形成有着密切的关系。河南淮阳被称为"太皞之墟"。谯周《古史考》记载：太皞"制姓氏""正嫁娶"。中国姓氏之兴起当始于太皞氏。今郑、陈、宋、谢、申、叶、李、张、刘、苏、顾、温、董、尉、龙、杞、孙、王、田、黄等姓氏皆出于河洛地区。姓氏文化是河洛文明的重要内容之一。据统计，黄帝的后裔颛顼、帝喾以及尧、舜等作为部族首领在河洛地区形成了152个邦国，其后代有875个姓氏，占了后代遍及全国各地的800多个大姓的90%。[①] 凡此种种都足以说明，河洛地区在中国姓氏文化的产生和发展过程中，确实具有举足轻重的地位。

此外，河洛地区的洛阳、开封、安阳等地还是著名的古都，长期是古代王朝国都所在地，培育出众多的政治家、军事家、经济家、文学家、史学家等精英人才。河洛人在原始社会就创造了精美的彩陶文化、黑陶文化，等等，在这基础上后来又逐渐形成了中原文化。这些都是在河洛地区孕育发展起来，并且对后来整个中国产生重大影响的文化。因此，河洛地区成为中国传统文化的摇篮，孕育了中华文明，是当之无愧的。

二　中原文化向客家地区的传播

客家是由中原汉人因为战乱等因素，辗转南迁逐步进入赣闽粤三省毗邻区，与当地土著族群经过长期的交流和融合所形成的新的族群。中原文化在客家文化中占有重要作用和地位，并且对界定客家族群的族属性质具有决定性的作用。

关于中原文化为何能够在客家赣闽粤地区广泛传播并且起到如此重要的作用，客家学的奠基者罗香林先生提出了著名的"五次迁移说"，认为北

[①] 杨海中：《河洛文化　华夏文明之母》，《科学大观园》2007年第5期。

人（汉人）从东晋"永嘉之乱"至清代咸丰同治之际，经历了五次大规模的迁徙，使客家族群得以形成并流布世界各地。① 后来学者大多沿着罗香林先生的研究路径，主要从移民史的角度，探究客家族群的形成和发展历史，并强调人口迁移在文化传播中的重要作用。当然，从人口迁移的角度去解释客家文化是如何形成的做法，有一定的合理性，毕竟，人口的流动确实能够带动文化的传播。德国人类地理学的创立者弗里德里希·拉采尔（Friedrich Ratzel）就认为，文化要素是伴随着民族迁徙而扩散开去的，物质文化只有通过人，同人并与人的精神文化一起才能够传播。② 但具体到客家问题上，这些南迁人口本身具备了多少系统的儒家文化知识？并且这种系统的文化知识又是通过什么方式在客家地区广泛传播的呢？因为正如学者所指出的那样，当时南迁的中原汉人中，真正南渡到客家大本营地区的"衣冠贵族"其实是非常少的，大多则是贫困穷苦的普通百姓。③ 并且这些南迁汉人寓居之域，界于江西、福建和广东三省交界之地，这里峰峦如聚，山重水隔，使当时南迁汉人的分布格局呈现出"小聚居，大散居"的特点，各地居民之间的交流颇受地形阻碍，而与当地土著之间的交流因为天然的敌视则是更少。因此，仅靠这些南迁汉民按照过去在中原地区的生活旧式，来对赣闽粤毗邻区的土著居民进行中原文化传播，其作用显然是极其有限的。况且这些中原汉人在人数上亦不占优势，能够在土俗风气浓厚的赣闽粤地区不被土著民族所同化，已经是非常不容易了。要想在这一区域站稳脚跟，甚至在这里建立一种新的文化体系，并且这种新的文化体系是以南迁汉人原来的文化为主，自然是更加困难的事情了。因此，如果仅从移民史的视野，很难令人信服地解释中原文化为何能够在赣闽粤毗邻区得以广泛传播并成为客家文化体系的主体和核心。

如果我们转换研究的视角，把目光从移民史转到文化史，从我国传统文化本身的发展历程出发，并且结合赣闽粤地区的具体情况，就会对这一问题有更好的解释。我们认为，中原文化之所以能够在赣闽粤地区广泛传

---

① 罗香林：《客家源流考》，中国华侨出版公司，1989，第35—36页。
② 夏建中：《文化人类学理论学派》，中国人民大学出版社，1997，第55—56页。
③ 关于对"客家先民是中原士族"的论调，著名学者谢重光先生早在20世纪90年代就进行了批判，并提出客家先民的基本成分应该是平民百姓。敬请参见氏著《客家源流新探》，福建教育出版社，1995。

播并且成为客家文化的主体和核心，应当与以下因素有密切关系：

首先，从文化区位来看，文化必然要从中心向边缘地区扩散。在文化学理论中，文化有中心和边缘的区别。所谓文化中心，就是指一个文化区特有的文化特质最集中、处于主导地位且具有向周边辐射功能的部分；所谓文化边缘，主要是指一个文化中心区的边缘地区，它处于次要的、受容的地位。一般情况下，文化中心由于处于文化的密集区，其政治、经济、制度等方面信息量大，而且对周边地区的文化必然产生直接或间接的影响，带动文化向前发展，而文化边缘总是受到文化中心的控制和影响。[①] 文化中心所具有的这种强烈的文化辐射作用，是推动中原文化向赣闽粤地区传播的文化本身的动力，它对客家文化的形成也起到了十分重要的作用。中原地区和赣闽粤地区分别处于华夏文化区的中心和边缘地位，这种区位差异，也必然导致汉族文化要从中原文化中心向边缘区域传播。如前所述，唐宋以前，河洛地区与赣闽粤毗邻区在文化发展水平上差距甚巨，前者已是中华文明的摇篮和核心区域，而后者却几乎仍处于未开发的状态。根据文献资料的记载，当时赣闽粤毗邻区的土著居民以"俚人""越人""峒民"等为主，直至隋朝，这些土著居民仍是"俱无君长，随山洞而居"，[②] 处于原始公社氏族民主制时代。在赣南、闽西和粤东北三大区域中，赣南地区因为距离中原地区最近，并且又有赣江—大庾岭通道穿境而过，使这里的交通条件最为便利，因此赣南的开发程度远比闽西和粤东北地区更高。虽然如此，我们依然不能过高估计赣南的开发程度，因为即使到了宋代，赣南仍然是"驿路荒远，室庐稀疏，往来无所庇"。[③] 赣南的开发程度尚且如此，更遑论闽西和粤东北地区了。赣闽粤毗邻区这样的发展水平，根本无法与河洛地区相提并论。既然"文化"具有流动性，必然要从高密的中心向稀疏的边缘流动，那么，由于赣闽粤毗邻区与河洛地区当时又存在极大的发展差距，所以河洛地区的中原文明向以赣闽粤毗邻区为主的客家大本营地区进行辐射扩散，那也是情理之中的事情。

其次，中原文化在我国传统社会中居于主流文化的地位。所谓主流文

---

① 陈华文：《文化学概论》，上海文艺出版社，2001，第211—216页。
② 《隋书》卷八二《南蛮传》，中华书局，1973，第1831页。
③ 《宋史》卷三二八《蔡挺传》，中华书局，1985，第10575页。

化,是指体现着时代的主导思想,支配着文化的发展方向,占有统治地位的文化,它具有主导性和制度性的典型特点。主流文化的这两个特点,使它一方面能够得到政治权力的支持而使其获得广泛的传播;另一方面,在传播过程中,又能够依靠自身的文化优势和权力支持,对传入地区的本土文化产生巨大的渗透力和同化作用。[1] 在这里,我们尤其要强调"国家"的作用。在推行主流文化的过程中,"国家"的军政活动和措施起着重要作用。毋庸讳言,战争是文化传播的快捷途径。战争虽然带来了巨大灾难,但它在客观上又能推动文化的传播。在赣闽粤毗邻区客家族群文化形成过程中,战争同样也起了重要作用:一方面,战争促进了族群的交流和融合。宋元以来直至明清时期,赣闽粤毗邻区社会局势极不稳定,食盐走私、流民动乱、畲民起义等各种动乱时常爆发。在这风云激荡的岁月中,赣闽粤地区的族群融合又得到进一步发展。[2] 另一方面,战争也促进了中原文化在赣闽粤地区的传播。军事征服结束之后,为了巩固这里的局势,中央政府在赣闽粤毗邻区增设县治,征收赋税,推行保甲制度等,从而使中原地区的政治文明传播到赣闽粤毗邻区。"一种政权为了维护其利益或是为了达到这种政权的政治目标,往往要维持一种认同。这种认同的维持可以使政权获得稳定并具有凝聚力。"[3] 在思想文化方面,又大力推行儒家文化。为了推行符合王朝统治需求的"君君,臣臣,父父,子子"和"忠、义、礼、智、信"等儒家伦理道德体系,政府官员和士大夫大力兴办学校,表彰在忠勇、孝悌、贞烈和义善等方面的卓著行为,大力推行"祀典制度"等,使儒家文化在赣闽粤地区迅速广泛传播开来。[4] 由此可见,正是"国家"的大力作为,才使中原地区的主流思想文化在"大散居,小聚居"赣闽粤毗

---

[1] 陈华文:《文化学概论》,上海文艺出版社,2001,第201—204页。
[2] 关于战争对客家族群形成的影响,笔者曾在拙著《文化传播与族群整合:宋明时期赣闽粤边区的儒学实践与客家族群的形成》(中国社会科学出版社,2015,第42—100页)一书中有比较充分的阐述,此不再赘述。
[3] 郑晓云:《文化认同与文化变迁》,中国社会科学出版社,1992,第174页。
[4] 相关论文,敬请参见笔者所撰下列拙文:《神灵入典与毁禁淫祠:略论国家对客家民间信仰的控制——兼论国家权力在客家文化形成中的作用》(载于《赣南师范学院学报》2008年第1期)、《从文化传播学的视野看客家文化特质的形成》(载于《江西社会科学》2006年第11期)、《民间信仰与文化特质:从江西南康刘氏女出凡入神的过程看客家文化的特质——一种基于历史人类学视野下的学术考察》(载于《客家》2006年第1期)。

邻区得以广泛传播，并得到不同族群的接受和认同，从而逐渐形成了以儒家文化为内核的客家族群文化。

最后，赣闽粤地区的交通地位日益上升。唐宋以后中原文化之所以向赣闽粤地区大力传播，还与当时全国经济重心南移和赣江——大庾岭通道的开凿使该地区的交通地位日益上升有关。唐宋以来，中国经济重心正在经历着从北方黄河流域向长江流域乃至整个南方地区的历史大迁移，南方地区的经济地位逐渐超过北方，到明清时期，南方地区的商品经济的发展，使得东南各省在全国经济中的地位更加引人瞩目。① 由于作为沟通南北经济甚至海外贸易的大庾岭——赣江——大运河商道贯穿境内，赣闽粤地区在国家经济发展和交通贸易中的重要性也日益凸显。② 此外，地域经济的发展也吸引了北方移民的大量迁入。但是，这种自发性的大规模的外来人口的迁入，使"为壤既瘠且贫，无金锡之珍，鱼盐之阜，畜牧驹骡之饶，织文机巧工技之利"③的赣闽粤毗邻区的生存状况更加恶劣，从而引起了与土著族群之间的激烈冲突。④ 在尖锐的族群冲突下，国家为了维护赣闽粤毗邻区的社会稳定，保障赣江——大庾岭这条国家经济大动脉的畅通无阻，自然要加强对赣闽粤毗邻区的防范和控制。事实上也是如此，宋元以来，中央政府派遣了岳飞、王阳明、施琅等名将重臣到赣闽粤毗邻区，进行军事征伐或行政管理，为了使这一地区长治久安，中央政府还极其重视文化建设，在赣闽粤毗邻区大力开展兴建学校、移风易俗等的文化措施，旨在加强思想改造，已达到"破心中贼"的效果。⑤ 这些措施，也大大推动了中原文化在赣闽粤毗邻区的广泛传播，促进了这一地区由"野"向"雅"的转变。

---

① 参见齐涛《中国古代经济史》，山东大学出版社，1999；孙健《中国经济通史（上卷）》，中国人民大学出版社，2000；郑学檬：《中国古代经济重心南移和唐宋江南经济研究》，岳麓书社，2003。
② 胡水凤：《繁华的大庾岭古商道》，《江西师范大学学报》1992年第4期。
③ 《（同治）赣州府志》卷八《喜丰堂记》，赣州地区志编纂委员会办公室1986年重印本，第352—353页。
④ 黄志繁：《"贼""民"之间：12—18世纪赣南地域社会》，生活·读书·新知三联书店，2006，第66—79页。
⑤ 邹春生：《王化和儒化：9—18世纪赣闽粤边区的社会变迁和客家族群文化的形成》，博士学位论文，福建师范大学，2010。

三 中原文化是客家文化的基本内核

关于客家文化体系多元一体的文化结构,已为多数学者所认可。认为客家文化不仅包含中原文化,同时也包括客家大本营地区原有的土著文化。[①]但不同文化成分在客家文化体系中的地位和作用,我们还须做进一步的分析。

按照文化结构的三层论,一种文化体系的结构,由表及里,大体可以分成物质层次、制度层次和精神层次三个层次。[②]依照这个理论,我们可以比较清楚地看出,在客家文化的物质文化层次中,尽管确实保留了较多的非汉文化,如引种畲禾、"不冠不履"、"椎髻跣足"等生产和生活方式,[③]但即便是在这个土著文化表现最为集中的文化层次中,仍然保留着诸如梯田、水利、围屋等,与当地"刀耕火种"的游移农业大相其异,而与北方灌溉、垦耕农业文明的联系却十分紧密的文化传统。[④]在客家文化的制度层次中,中原文化体现得更为明显。如建立了严格的宗族制度,恪守"同姓不藩"的遗训,实行以"六礼"为代表的中原婚姻制度。这与畲瑶等族实行族内"自相嫁娶"不与外族通婚的婚姻制度有着天壤之别。客家文化的精神层次主要表现为客家人的族性禀赋和价值认同。客家人诸如勤劳质直、坚忍刻苦、崇尚忠义、爱国爱乡等禀赋,尊文重教、崇尚科举的社会风气,以及严格遵循儒家伦理道德规范,等等。这些都说明在精神层次中,中原

---

① 关于客家文化多元一体的特质,学者多有论述。可以参见谢重光《客家源流新探》,福建教育出版社,1995;王东《客家学导论》,上海人民出版社,1996;陈支平《客家源流新论》,广西教育出版社,1997;吴永章《客家传统文化概说》,广西教育出版社、广西师范大学出版社,2000;罗勇《客家文化特质与客家精神研究》,黑龙江人民出版社,2006等。
② 庞朴:《文化的民族性与时代性》,中国和平出版社,1988,第71—73页。
③ 关于客家文化的土著因子的详细举证,请参见房学嘉《客家源流探奥》;蒋炳钊《试论客家与畲族的历史关系》,载邱权政主编《中国客家民系研究》,中国工人出版社,1992;吴永章《客家传统文化概说》;谢重光《畲族与客家福佬关系史略》,福建人民出版社,2002等。
④ 关于中原农耕文明在客家生产和生活中的诸多表现,请参见黎虎《客家聚族而居与魏晋北朝中原大家族制度——客家居处方式探源之一》,《北京师范大学学报》1995年第5期;丘桓兴《客家人与客家文化》,商务印书馆,1998;张佑周等《客家文化概论》,中国文联出版社,2002等。

文化依然是客家文化的主体。因此，尽管在客家文化体系中保留了许多土著文化的因子，但就总体而言，在各个层次中占有重要乃至主体地位的仍然是中原文化，尤其是在制度和精神层次中，中原文化中的儒家思想更是占主导地位。根据文化分层理论，在文化体系的各层次中，"理论制度层是最权威的因素，它规定着文化的整体性质"，[1] "文化的特殊性和差异性主要是由价值观决定的，世界各国各民族的不同的文化在很大程度上取决于价值观"，[2] "价值观是内在化于人们意识之中的一般行为判断标准，它决定着一切具体的、外在行为准则之间逻辑上的一致性，并且在具体的文化规定发生矛盾和对立时帮助人们做出'正确'的选择。它把握的不是一时一事的因果关系，而是事物得失的总的倾向，所以我们说价值观是文化的核心"。[3] 因此我们认为，以儒家思想为主的中原文化是客家文化的主体和基本内核。

正因为中原文化在客家文化体系中具有如此重要的作用，所以它不仅能把各种文化成分——无论是中原文化，还是各种土著文化——都整合凝聚到"客家文化"这个文化载体中，而且还成为决定这个文化体系的文化属性的最为重要的依据。客家族群之所以不属于其他民族，而被公认为是汉民族的一个支系，应该是与这个文化内核密不可分。

结　语

由于河洛地区创造了先进的农耕文明，也是姓氏文化的重要发源地，起源于河洛地区的炎黄崇拜是维系中华民族最重要的文化认同，中国传统的阴阳思想与河图洛书关系密切，所以河洛地区成为中国传统文化的摇篮，并对中国传统文化产生了深远影响，其中，对客家文化的影响亦较为深刻。以儒学为主的中原文化之所以能够在赣闽粤地区广泛传播，并且成为客家文化的主体和核心，是文化本身的力量和文化外部的力量在当时的历史背景下得到了充分发挥的结果。在这一过程中，中原地区和赣闽粤地区在文

---

[1]　庞朴：《文化的民族性与时代性》，第73页。
[2]　曾小华：《文化·制度与社会变革》，中国经济出版社，2004，第34页。
[3]　刘云德：《文化论纲——一个社会学的视野》，中国展望出版社，1988，第39页。

化发展序列上的差异，使得中原文化本身就已存在了一种向文化边缘地区扩展的张力，这是源自文化本身的内在动力。同时，由于中原文化一直以来就得到了国家权力的大力支持，从而使它能够在赣闽粤地区广泛传播并且继续发挥主导性和制度性的作用，这是源于文化外部的动力。而唐宋以来经济重心的南迁、赣闽粤地区的族群冲突等特殊的历史背景，则是促使这两种力量进一步结合的催化剂。正是在这些因素的共同作用下，中原文化才能够在赣闽粤地区传播并且成为客家文化的重要内核。客家族群之所以不属于其他民族，而被公认为是汉民族的一个支系，应该是与这个文化内核密不可分的。罗香林先生所提出的但却未曾在学理上加以明确阐释的"客家是汉民族的一个支系"这一论断，也因此有了更加充分的立论依据。

作者简介：邹春生，江西瑞金人，赣南师范大学客家研究中心副主任、教授，主要研究方向为区域史、客家文化。

中原姓氏文化基因在南方客家的传播与弘扬[*]

李雪华　兰寿春

摘　要　形成于宋代的南方汉族客家民系，传承并弘扬中原姓氏文化，他们建祠堂、修族谱、立家训，重视慎终追远，认同"根"在中原；他们敦亲睦族，聚族而居，增进人与人之间的团结友爱、和谐相处；他们又在添丁、祭祖的民俗活动中，赓续血脉意识、憧憬美好生活。同时，客家人强烈的爱国情怀、牢固的耕读传家思想、顽强的开拓进取精神，使中原姓氏文化千百年来以其鲜活的气韵、坚韧的精神在南方客家地区薪火相传、创新发展。

关键词　中原姓氏文化；客家；文化传承与弘扬

引　言

中华姓氏文化是中华民族文化认同的符号之一，更是中华文明几千年绵延不断，生生不息的重要因素。以河南为核心的中原地区，不但是我国姓氏文化的发祥地，也是河洛文化的源头。分布于我国南方19个省、自治区、直辖市和特别行政区，以及世界80多个国家和地区，拥有将近一亿人口的客家人，他们100多个客家姓氏中，源于河洛地区的就达96个，充分说明客家姓氏文化与中原姓氏文化的密切传承关系。无论是客家人的宗祠、族谱、家训，还是其民俗活动，他们都认同自己"根"在中原，"家"在河洛，梦在华夏。可见，客家姓氏文化是中原姓氏文化基因在南方传播的结果，也是中华姓氏文化富有影响力、具有凝聚力和向心力的最好证明。

---

[*] 本文为河南省社科联2022年度调研课题"中原姓氏文化基因在南方客家的传播与弘扬研究"（编号：SKL-2022-1810）阶段性成果，2023年6月获评河南省社科联一等奖。

中国历史上，西晋末年发生"永嘉之乱"，唐末爆发黄巢农民起义，北宋末年金兵南下、宋室南渡，在这些大战乱中，大量中原汉人被迫南迁，其中很大一部分人来到赣闽粤三省交界山区，他们聚族而居、艰苦创业，建起新的家园，在与当地畲瑶民族的融合中，形成一支新的汉族民系——客家。客家人用先进的中原文化改变了蛮荒之地，促进了南方经济与文化的发展，客家姓氏文化也超越了它"辨血缘，别宗族"的本义，拓展了慎终追远、敦亲睦族的文化内涵，并且升华为强烈的家国情怀、牢固的耕读传家思想、顽强的开拓进取精神。本文要讨论的问题，就是考察客家人如何传承中原姓氏文化基因，并且将其发扬光大，就像一把文化的种子，播撒在温润的南国土地上，它是如何生根发芽、开花结果的。

一 "根"在中原的客家先民

客家人为何自称为"客"，四海为"家"？回答这个问题要从中原汉人因多次大战乱而南迁的历史说起。著名的客家学奠基人罗香林先生在其《客家研究导论》第二章"客家的源流"中，提出了"五次大迁徙"说。其实，"五次大迁徙"中，前三次大迁徙是客家形成的"源"，后两次则是客家形成之后的"流"。从其"源"可以察其"根"，从其"根"可以回答什么是客家。

（一）西晋末年的"永嘉之乱""衣冠南渡"

永嘉（307—313），是西晋怀帝的年号。"永嘉之乱"是中国历史上一次大战乱、大迁徙。战乱的原因，要从"八王之乱"说起。

曹魏咸熙二年（265），司马炎建立晋朝，史称西晋，都洛阳。晋武帝司马炎文韬武略，在位二十五年后去世。继位的惠帝（司马衷）痴呆无能，辅政大臣杨骏与皇后贾南风争相把持朝政，引起皇亲国戚和朝廷大臣的不满，于是爆发了争夺皇位的"八王之乱"。这场内讧争斗前后持续十六年之久，参战诸王相继败亡，人民被杀害者众多，社会经济遭到严重破坏，西晋国力消耗殆尽。

趁着中原内乱空虚，西晋末永嘉年间，匈奴、鲜卑、羯、氐、羌五个族群先后进入西晋腹地，匈奴建立的汉赵政权更攻占洛阳，晋怀帝、晋愍帝相继被杀，史称"永嘉之乱"。晋室被迫南迁建康（今南京），史称东晋。司州（以洛阳为中心）吏民为追随晋室，南出大谷关，千里迢迢，筚路蓝缕，辗转南迁，足迹遍布长江以南各地。从西晋末年到东晋初年，为躲避战乱，中原缙绅、士族相率南迁，史称"衣冠南渡"。平民也成群结队，举族南迁，称为"流人"。其中，西晋版图中的并州（今山西太原）、司州（今河南洛阳）、豫州（今河南东南部和安徽亳州一带）的"司豫流人"南迁至今日河南南部、安徽、湖北和江西中北部，其后，沿鄱阳湖流域和赣江而至今日的赣南和闽西北；另一批南迁汉人则越过岭南，来到粤东。在福建，有中原大族林、黄、陈、郑、詹、丘、何、胡八姓入闽。淳熙《三山志》载："永嘉之乱，衣冠南渡时，如闽者八族。"① 在江西，南迁汉人则主要迁入赣北、赣中，再渐次进入赣南和闽西北。在广东，南迁汉人多聚集在粤东的义招县（旧址在今大埔县湖寮镇古城村）。这是罗香林先生所说的中原人民第一次大规模南迁，也是北方汉人与南方百越族的第一次大融合。

（二）因唐末战乱而南迁

唐代天宝十四载（755）爆发"安史之乱"，导致中晚唐朝政松弛、藩镇割据、民不聊生。晚唐乾符二年（875），王仙芝、黄巢分别在河南长垣、山东冤句发动声势浩大的农民起义。十年间，农民军转战河南、山东、江苏、江西、闽浙、两广、两湖、陕西等地，中原和江淮地区沦为战场，沉重打击了唐朝统治，加速了唐朝的灭亡。王仙芝、黄巢的军队三次攻入江西，地处赣北、赣中的江州、洪州、饶州、吉州、信州等无不遭受荼毒，于是大批汉人南迁进入赣闽粤三省交界山区，寻找远离战火的桃源乐土以安家立业。罗香林说："这次迁移，其远者已达循、惠、韶等地，其近者则达福建宁化、汀州、上杭、永定等地，其更近者，则在赣东赣南各地。"②

赣闽粤边位于武夷山南部山区，不便军旅通行，且远离省会中心城市，因此未受战火波及，俨然成为躲避战火的"世外桃源"，于是大量南迁汉人

---

① 梁克家修纂，福州市地方志编纂委员会整理《三山志》，海风出版社，2000，第125页。
② 罗香林：《客家研究导论》，南天书局，2010，第50页。

进入赣闽粤边,这也可以从诸多民间族谱所载得到印证。江西罗氏族谱大成谱载:"迨下唐僖宗之末,黄巢作乱,我祖仪贞公致仕隐吉,因家吉丰。长子景新,徙赣州府宁都州,历数十年,又迁闽省汀州府宁化县石壁村,成家立业。"嘉应(梅州)刘氏族谱载:"一百二十一世祖讳祥公,妣张氏。唐末僖宗乾符间,黄巢作乱,挈子及孙,避居福建汀州府宁化县石壁峒。……祥公原籍,自永公家居洛阳,后徙江南,兄弟三人,惟祥公避居宁化县,其二人不能悉记。"《崇正同仁系谱》卷二《氏族》"薛氏"条:"而南方薛氏,则由唐末黄巢之乱,其族有避乱而南徙于福建宁化县石壁乡者。及元代薛信,由宁化转徙粤之平远。"① 以上三则族谱资料,说明了唐末战乱之后,中原汉人南迁进入赣南、闽西、梅州的历史事实。

(三)因金兵攻打北宋而南迁

宋钦宗靖康年间(1126—1127),金兵攻破北宋首都汴京(今河南开封),北宋灭亡。靖康二年(1127)五月,赵构在南京应天府(今河南商丘)即位,史称宋高宗,改元建炎。建炎三年(1129)三月,金兵占领洪州(今南昌)。七月,隆祐太后率卫军万人进入江西洪州、吉州(今吉安)、虔州(今赣州)时,也有大量百姓跟随。金兵尾随至吉州太和县,赣北、赣中百姓为避金兵,只好迁入赣南、闽西山区生存。在河南商丘的赵构朝廷也遭金人追击,只得南渡长江,辗转江浙一带避难。直到绍兴二年(1132),宋高宗才正式迁都杭州,在江南站稳脚跟,史称南宋。

值此天下大乱之际,北方汉族军民大量南迁以归附南宋朝廷,于是南方各省人口暴涨。南宋淳熙年间(1174—1189),江西赣州人口由北宋崇宁元年(1102)的7.2万多户猛增到29.3万户,② 近150万人。南宋宝祐年间(1253—1258),闽西临汀郡(今长汀)户数也由北宋元丰时期的8.14万户迅速扩充到22.34万户,③ 约120万人。

以上的三次大迁徙,河南是客家先民首次大规模南迁的出发地。当大批中原汉人来到赣闽粤边山区,面对这片森林莽莽、虎啸蛇行、瘴气弥漫

---

① 罗香林:《客家研究导论》,第47—48页。
② 葛剑雄等:《简明中国移民史》,福建人民出版社,1993,第297页。
③ 胡太初修,赵与沐纂《临汀志》,福建人民出版社,1990,第22页。

的蛮荒之地，这些客家先民没有畏惧，没有退缩，更没有屈服。他们逢山开路、遇水搭桥，用中原先进的生产技术开垦了一块块荒地和梯田，修筑了一条条堤坝和水渠，建起了一个个村落和墟市；利用赣江、汀江、韩江的水上航运，沟通起城市与乡村、内地与沿海的交通和商贸。于是，山区有了欢声笑语，集市有了商品贸易，村庄响起琅琅书声。到南宋末年，人口数量众多、文化先进的南迁汉人在与当地畲瑶民族长期生产生活的交流中，融合畲瑶文化，形成新的民族命运共同体，酝酿成一种崭新的客家文化，形成一支新的汉族客家民系。

客家民系于宋代形成之后，由于赣闽粤边山水相连、语言相通，因此，元朝至明代中叶的两百多年间，客家人主要是在"客家大本营"的赣州、汀州、梅州、惠州等地区活动，无论是民众的商贸往来、流动垦殖，还是汉畲人民的抗元斗争、农民起义，都进一步密切了畲瑶等少数民族与汉族人民的关系，增进了民族融合与民系认同。明末清初到近代，富有开拓进取精神的客家人跟随郑成功收复台湾，又响应朝廷"招垦"台湾和"湖广填四川"号召，奔赴台湾、四川等地区生产生活。其源源不断的内生动力，就是源自中原"河洛文化"的崇正思想与家国情怀。

客家人之所以自称为"客"，是因为他们牢记自己"根"在中原，"源"在河洛，并非生活在南方山海之间而"乐不思蜀"。因为战乱，也因为后来人口膨胀而缺少赖以生存的土地，他们勇于开拓进取，迁移各地，甚至远涉重洋，四海为家。可以说，一部客家的历史，就是中原汉人南迁的苦难史，也是在南方山区这块陌生土地上的开拓史和奋斗史。

二　中原姓氏文化在赣闽粤边客家的传承

在中国，姓氏是一个家族的文化标识，它包括物质文化的姓氏宗祠、民居建筑，也包括非物质文化的族谱、家训以及民俗活动等形式。客家人慎终追远、敦亲睦族的思想及其蕴含中州古韵的民俗活动，都显示出与中原文化的一脉相承。

（一）慎终追远的寻根意识

客家人的慎终追远思想，主要表现在修族谱、建祠堂以及对祖先家训的遵循与追求上。客家人在南方生活一段时间之后,随着家园的建立,宗族的发展,修族谱、续族谱、建祠堂就成为宗族的头等大事。"寻根追源,敬宗尊祖,是中华民族的习俗,修撰家谱、族谱是较为普遍的风气,客家人尤其重视这一点。"[1] 族谱是民间以宗族为视角记录一个姓氏族人衍生、发展和迁徙的全过程,尤其是宗亲的衍派世系。客家人慎终追远的寻根意识特别强烈,仅闽西上杭县客家族谱馆收藏的闽、粤、赣客家族谱就收录有117个姓氏,共1600多部,1万余册。这些族谱所载,特别注重尊祖和祭祀。如,闽西龙岩市永定区《陈留阮氏逸叟公裔族谱》阮氏家训:"一、尊祖。水有源兮木有根,先生之德配乾坤;时严庙祀明昭穆,常指家乘示子孙。稍富即思修俎豆,至贫唯务力田园。"[2] 其中的"庙祀""俎豆",指的是宗祠祭祀活动;"家乘"就是族谱、家训。《上杭丁氏佰六公家谱》丁氏家训也说:"一、上祖坟茔务宜及期祭扫,每年定于清明前后,不可迟缓、急忽、推前搪后,以遵祀祖之大典也。"张化孙家规直接就说:"慎丧祭,言慎终追远,宜尽诚敬。"从上述列举的族谱家训可知,客家人把尊祖、祭祀放在重要位置,而且必须"宜尽诚敬"。

祠堂是中国姓氏文化的"标识",源于中国传统的祖先崇拜以及宗族观念,是故有人称其为一方"中国印"。家族祠堂是家族议事、祭祀之处,也是族人办理婚丧喜庆之所。同治《赣州府志》载:"诸邑大姓聚族而居,族有祠,祠有祭。祭或以二分,或以清明,或以冬至。长幼毕集,亲疏秩然,返本追远之意油然而生。"[3] 以闽西长汀县河田镇为例,这里的客家先民大多是唐宋时期迁入此地。据《临汀志·坊里墟市》记载,河田在南宋时期为"何田市",[4] 是长汀县的十大墟市之一。到明代时期,河田发展成一个大乡镇,经济也比较繁荣。于是,镇上众多姓氏开始修纂族谱,修建宗祠、祖墓,保存祖图,并成为一种民间习俗传承下来。因此,河田镇的宗祠文化非常发达,镇上古老、狭长而笔直的千米街道,坐落着俞、李、丘、廖、

---

[1] 李映发:《四川客家人的信仰与习俗》,《寻根》2009年第2期,第43—46页。
[2] 与后文的《上杭丁氏佰六公家谱》、《吴氏族谱》、刘氏家训、吴氏家训,皆出自上杭县客家族谱馆馆藏族谱。
[3] 赣州地区志编纂委员会:《赣州府志》卷二〇《舆地志·风俗》,江西人民出版社,1996,第742页。
[4] 胡太初修,赵与沐纂《临汀志》,第13页。

吴、余、刘、叶、黄、赖、游、郑等二十多个姓氏宗祠，被公认为江南十几姓氏的总祠，民间称之为"河田宗祠一条街"。这些祠堂逢年过节开展规模盛大的祭祖活动，全族各房各户男丁，按辈分从大到小，临牌而拜，传承祖训，接受勤、孝、俭、仁、谦等美德教育。这些宗祠，承载了丰厚的中原姓氏文化，不但让其子孙后代记住祖先，记住堂号、堂联，更记住祖先创业的艰辛和对子孙的教导。近十多年来，世界客属乡亲经常到此晋谒宗祠并对接族谱，可见，作为姓氏文化的宗祠和族谱在寻根溯源、谒祖认宗和凝聚宗族力量方面发挥着重要作用。

再以上杭县李氏大宗祠为例。它坐落于稔田镇官田村，是清代为纪念"入闽始祖"李火德而建。李火德于北宋时期随父亲李珠从江西石城举家迁居宁化石壁村。到南宋时，由于石壁村人多地少，李火德和哥哥木德再次迁居上杭县丰朗村（今属稔田镇）。李火德生下三子二女，儿子成人之后，都往外地开拓发展。从李火德入闽至今800余年，其后裔遍布闽、粤、赣、台等十六个省、自治区、直辖市，以及菲律宾、新加坡、印度尼西亚、马来西亚、美国、毛里求斯等国。清朝大臣李光地，新加坡总理李光耀、李显龙父子等都是李火德的后裔。2013年，国务院将"李氏大宗祠"核定为"全国重点文物保护单位"。每年春分前后，前往上杭稔田李氏大宗祠祭扫的李火德后裔络绎不绝，成为客家人祖先崇拜的典型案例。

（二）敦亲睦族的和谐思想

客家民居最显著的特点是聚族而居，那么，族人的和谐相处就显得尤为重要。客家地区的古民居，无论是赣南的围屋、长汀的九厅十八井，还是永定的土楼、梅州的围龙屋，都体现了客家人聚族而居的生存之道。这一方面是为了团结起来求得生存与繁衍，另一方面也是出于防御匪盗的现实需求。这些民居的中心位置，一般都是祖堂，作为家族议事、聚会或举办婚丧喜庆的公共场所，体现了家族的向心力和凝聚力。比如赣州龙南市的栗园围，又叫八卦围，占地面积45288平方米。栗园围始建于明代弘治十四年（1501），距今五百多年历史，为明代五品大员李清公所建，是赣南客家围屋中历史最悠久、占地面积最大的围屋。栗园围曾聚居着李氏家族申甫公六世孙大纪、大缙两大房后裔190多户，1000余人。栗园围均为青砖砌筑,墙厚0.6米,高两至三层,东、南、西、北四个方向建有围门,四周角落遍布12个炮楼,围墙外面有护墙深水壕沟,防御性很强。围内房屋的布局按照天干地支、阴阳八卦图形建造。"纪缙祖祠"是围内的核心建筑,有上、中、下三个大厅,厅内雕梁画栋,屋外飞檐翘角。以"纪缙祖祠"为中心,左右两侧建有三座厅厦(梨树下、桄桯、新灶下),为族人居住区,还有书院、武馆、戏台等休闲建筑。在建造这些围楼的过程中,主要使用的建筑材料都是砖木,就地取材,需要全体族人齐心协力、共同参与劳动,在劳动中增强大家的感情和团结意识。

敦亲睦族是客家重要的家训内容。客家土楼(围屋)二三百人同住一个屋檐下,因此族人之间就要和谐相处、仁爱团结。在客家人的家训中,特别强调"孝悌""和睦"观念。闽西长汀刘氏家训写道:"心术正而言行皆正,在朝爱国忠君,在家爱亲敬长。"认为在家就要爱护亲人、尊敬长辈,心术正了才能做到言行皆正,在朝做官才能忠君爱国。连城培田吴氏家训写得更细致:"敬祖宗、孝父母、和兄弟、序长幼、别男女、睦宗族。"这6个要求把敦亲睦族的内涵讲得十分全面。承启楼大厅门联也说:"一本所生,亲疏无多,何须待分你我;共楼居住,出入相见,最宜重法人伦。"这种敦亲睦族、注重人伦的和谐思想是客家姓氏文化在日常生活中的具体体现。

孔子曾说"里仁为美"(《论语》),意思是居住在仁爱的邻里环境中才是最好的。客家人在聚族而居、融洽相处的环境中,繁衍并培育了一代又一代优秀儿女,敦亲睦族的姓氏文化也一代又一代传承下来。2010年春节,胡锦涛同志视察永定土楼,就热情称赞客家土楼是"大家庭小社会和谐相处的典范"。

(三)中州古韵的"添丁"民俗

元宵赏灯习俗起源于汉代,由宫灯而流传到民间。到唐宋时期,中原地区的元宵赏灯习俗更为普遍。客家人传承中原的元宵赏灯习俗,又在节日赏灯的同时增加"添丁"祭祖的内涵。许多客家地区,在每年正月十三至十五期间,凡宗族中有"添丁"(即生有男孩)的人家,必须在祖祠上厅挂上一盏新灯笼(谐音"新丁"),以此向祖宗传达添丁之喜,又称"升灯"或"上灯"、"挂灯"。

广东河源市连平县忠信镇司前村的"上灯"民俗,至今已有600多年历史。每年正月十三上午,上一年生有男丁的家庭,早早地抱着孩子、带着花灯以及祭祖的三牲供品来到吴氏祠堂。在司仪主持的升灯仪式上,新丁及其父母、长辈都要进行拜祖,族长(或村长)给所有新丁发红包,祝新丁健康成长。仪式前后,还有传统的八音锣鼓演奏,舞龙舞狮表演。仪式结束后,添丁家主请族人和宾客喝"新丁茶(酒)",并亲自为大家添上酒水,寓意添丁又发财,把自己的喜悦和祝福与大家共享。

每年正月十二日至正月十五,龙南栗园围连续四天夜间举行香火龙活动,于正月十五达到高潮。舞香火龙活动,固然有祈盼风调雨顺、五谷丰登的含义,但也蕴含了族人子孙延绵、香火不断的愿景。2015年,龙南香火龙列入江西省第二批省级非物质文化遗产名录。这项民俗活动以其热闹非凡、内涵丰富而吸引越来越多年轻人参与,强化了人口增长意识,丰富了人们春节文化生活,成为人们抹不去的乡愁。

客家"上灯""香火龙"习俗从古至今,已逐渐凝固为传统文化的一个载体,体现了人们对传统血缘观念的重视,对生命延续的庆贺,以及对美好生活的祈福。

三 中原姓氏文化在赣闽粤客家的弘扬

姓氏文化的目标是爱家庭、爱宗族,确保姓氏宗族的繁衍与发展。客家人在慎终追远、敦亲睦族的基础上,进一步表现出的强烈的家国情怀、牢固的耕读传家思想、顽强的开拓进取精神,则不能不说是姓氏文化的发扬光大。

(一)强烈的家国情怀

客家文化的本质是"崇正",集中表现为崇尚正统、维护正义的家国情怀。客家人饱经战乱迁徙,深知国泰民安的道理。因此,每当国家危难之际,蕴藉已久的忠勇报国之志,便在客家人身上迸发,化为站立潮头、为国效力的实际行动。宋朝民族英雄李纲(1083—1140),面对金兵大军围攻开封，首都岌岌可危的严峻形势，他坚决反对向金割地求和，与首都军民同仇敌忾，击退金兵，开封终于转危为安，取得"开封保卫战"的胜利，极大鼓舞了宋朝军民保家卫国的信心和斗志。宋末民族英雄文天祥（1236—1283），在元兵进逼京城临安（今浙江杭州）之际，他散尽家产组建义军，赶赴临安。元兵向南进逼，文天祥又率义军转战赣闽粤客家地区。文天祥所到之处，客家儿女纷纷从军，"男执干戈女甲裳，八千子弟走勤王"（黄遵宪《己亥杂诗》），仅梅县松口镇卓姓，就有八百多人参加义军。文天祥在潮阳五坡岭被元军俘虏之后过零丁洋，他以"人生自古谁无死，留取丹心照汗青"（《过零丁洋》）的诗句，表达视死如归的英雄气概，最后在元大都柴市口从容就义。清朝政府在甲午战争失败之后，割让台湾给日本。丘逢甲奋起保卫台湾，率领义勇军抗击日军。后因寡不敌众而失败，只好内退大陆，但他爱国爱乡的"大爱"精神激励了无数中国人。所以，罗香林说"客家民系最富爱国保族的思想"。[①]

客家人的家国情怀还表现在守望客家祖地、主动报效国家和社会上。著名爱国侨领胡文虎（1882—1954）致富之后，于1931—1934年在国内先后出资建成一百所平民医院，又建成三百多所小学。1993年，胡文虎之女胡仙继承父志，创办国内胡文虎基金会，捐资一亿多元，襄助福建、广东、江苏、云南、四川、山东等省的教育事业。祖籍广东大埔，出生于马来西亚的姚美良、姚森良兄弟，从1995年开始，倡导发起世界客属石壁祖地祭祖大典、世界客属公祭客家母亲河大典，每年吸引无数海内外客家儿女回到客家祖地寻根谒祖、旅游观光、投资兴业。爱国爱乡成为客家精神的一大亮点。

（二）牢固的耕读传家思想

客家先民在唐宋时期迁徙到赣闽粤边山区，把源自中原的耕读文化也带到这里，成为客家子孙发展的需要、成才的追求。上杭县《袁氏家训》写道："耕读为本，忠孝传家；士农工商，安从各业；遵循天理，恪守国法；顺应人情，通变达观。"[②] 上杭稔田镇南坑村"爱此溪山"大楼厅堂楹联："耕读两途，耕可齐家读可贵；勤俭二字，勤能创业俭能盈。"耕与读、

---

① 罗香林：《客家研究导论》，第157页。
② 上杭姓氏志编纂委员会编《上杭姓氏志·袁姓志》，上杭客家族谱馆藏本，2013。

勤与俭的意义一目了然。龙岩市永定区南江村经德堂的楹联："第一等人忠臣孝子，只两件事耕田读书。"是这里林姓族人遵守的家训。客家人在潜移默化中将这些家训牢记于心，默化于行。

客家地区的习俗，族中有人中了举人、进士，都要在祠堂大门前竖石旗杆（也称功名柱），成为家族的"荣誉证书"。倘若祠堂前面旗杆林立，说明其子孙后代人才济济，多出才俊，族人也倍感荣耀。明清两代，闽西龙岩市永定区下洋镇中川村有进士5人，举人30人，贡生123人，秀才288人，监生564人，文武仕官108人，涌现出了"一门五进士""三代四司马""父子进士"的书香门第景观。近代以来涌现出"中川五大名人"——锡矿大王胡子春、爱国侨领胡文虎、艺术大师胡一川、外交名家胡成放、新闻女王胡仙。这种奇特的文化景观与深厚的家族文化和强烈的宗族发展意识是紧密关联的。如今，永定区下洋镇中川村胡氏家庙前，仍保存15根完好的石旗杆耸立祠堂前，向游客默默诉说昔日科举的风采，也让族人在聚会祭祖时重温耕读传家的思想，并激励后代子孙以先贤为榜样，涌现更多人才。

客家耕读文化源于中原，又在南方山区的青山绿水间得到传承和弘扬。客家人用读书科举、为国育才的文化追求，实现与中原文化的同频共振，丰富着客家人的精神家园，培育一代又一代的客家儿女，使客家民系千百年来始终保持着对中华文化强大的凝聚力、旺盛的生命力和广泛的影响力。

（三）顽强的开拓进取精神

明末清初、清中叶以至近代，由于战乱、灾害与人多地少形成的"推力"，朝廷"招垦"、南洋招聘华工等外在的"引力"，许多客家人走出赣闽粤山区向外发展，甚至漂洋过海"闯世界"。这是罗香林所言之第四、第五次大迁徙，可以看成是"内聚"之后客家民系向外辐射的"外扩"过程，有如根深叶茂，必然开枝散叶，形成今天客家人以赣闽粤边客家祖地为中心，辐射海内外的格局。

据各种姓氏族谱记载，雍正至乾隆年间，永定湖坑、奥杳迁台的李姓族人有数百人，下洋迁台的胡氏、谢氏也有数百人；乾隆时期，武平县魏、李、练、刘、钟、何、蓝等姓氏族人纷纷入台垦殖；上杭县以丘（邱）氏入台为著，长汀县则以邹氏为多。其中，永定下洋中村人胡焯猷的成就尤为显著。他原是精通医药的乡村医生，于雍正十一年（1733）到台北淡水新庄定居，后在兴直堡组成"胡林隆"垦号，开发良田数千甲（1甲合11.31亩），还创办"明志书院"培育人才，清廷和台湾知府分别授以胡焯猷"文开淡北""功资丽泽"匾牌。

近代以来，闽粤客家人移居海外做工、经商的人越来越多，比较集中的地区是印度尼西亚、马来西亚、新加坡以及越南、泰国、缅甸等地，许多客家人闯出了一片天地。胡子春（1860—1921），原籍永定县（今龙岩市永定区）下洋镇中川村。13岁随乡人前往马来西亚，当过商店学徒，后经营锡业。由于引进欧洲新技术，业务日益兴旺，拥有矿业机构三十多处，成为东南亚首屈一指的锡矿企业家，人称"锡矿大王"。胡文虎（1882—1953），原籍永定县（今龙岩市永定区）下洋镇中川村，随父亲胡子钦在缅甸仰光经营永安堂。胡文虎、胡文豹兄弟继承家业后，研制"万金油""八卦丹"等虎标良药，在新加坡以及中国广州、汕头建制药厂，在马来亚以及中国香港、厦门、福州、上海、天津、台湾设分行，成为"药业大王"。田家炳（1919—2018），原籍广东大埔县古野乡银滩村。他19岁时远赴越南、印度尼西亚发展。1958年举家迁居香港，在新界屯门填海造地，创办田氏塑胶厂、田氏化工有限公司，成为著名的企业家。1992年以后，又在广东东莞和广州建厂，拓展业务。田家炳崇文重教、爱国爱乡，事业成功之后，积极回报社会。1982年，他捐资创办"田家炳基金会"，专事慈善公益事业。截至2018年7月，田家炳在中国范围内已累计捐助93所大学、166所中学、41所小学、20所专业学校及幼儿园，被誉为"中国百校之父"。

客家人不仅在赣闽粤边山区开基创业，难能可贵的是，客家人还能够打破"安土重迁"的传统观念，不安于现状，不困于艰难，他们从客家祖地出发，向更远的地方求生存、谋发展。他们敢于漂洋过海到南洋经商打工"闯世界"，这是客家人勇于开拓、艰苦创业精神的体现，也正是他们，把客家文化播撒到世界80多个国家和地区。他们的成功创业，极大丰富和发展了客家文化内涵，为客家文化注入了海洋文化活力，[1] 中华姓氏文化也

---

[1] 谢重光：《客家文化述论》，中国社会科学出版社，2008，第226页。

因而具有了世界意义。

结　语

　　中原大地培育了中华民族的根，锻造了中华儿女的魂。客家人用慎终追远、敦亲睦族的思想让漂泊南方的族人心有所系、魂有所安；用聚族而居的方式把家族团结起来和谐相处；以添丁祭祖的民俗活动让族人赓续血脉、生生不息。不仅于此，客家人强烈的家国情怀、牢固的耕读传家思想以及顽强的开拓进取精神，让中原姓氏文化在南国这片温润的土地上得以生发弘扬，绽开绚丽的花朵，使中华姓氏文化千百年来始终保持强大的凝聚力、旺盛的生命力和广泛的影响力，也让"客家之源"的河南成为将近一亿客家人的心灵故乡，并为之骄傲和自豪。

　　作者简介：李雪华，河南信阳人，信阳农林学院外国语学院讲师，主要研究方向为中国文化、教学法；兰寿春，福建龙岩人，龙岩学院中文系教授，主要研究方向为中国文化。

从大谷关到石壁村：闽粤赣客家迁徙文化洛阳溯源*

周云水 何小荣

摘 要 客家先民"永嘉南渡"从洛阳大谷关出发，筚路蓝缕历经坎坷，经闽粤通衢抵达福建宁化石壁葛藤凹，成就了中国移民史上的壮举。依托宁化石壁村这一重要的移民中转站，客家先民进入闽粤山区，秉承儒家崇文重教的传统并融合土著文化，创造出独具特色的丘陵地带小农稻作经济。清末民初，闽西、粤东客家"系条裤带过南洋"，在东南亚开创辉煌的创业历史。纵观客家迁徙历史文化的重构过程，河南洛阳大谷关作为出发地，具备重构讦徙文化的符号特质，可与洛阳"客家之源"纪念馆并立。闽西宁化石壁已经建成客家祖地，每年举办全球客家祭祖大典，凝聚了客家人融入中华民族共同体的认同感。粤东梅州作为孕育客家民系的圣地，建成全球客家移民广场，承载着海外客家华侨华人的乡愁。基于中国移民史脉络，溯源洛阳重构客家迁徙文化，具有中华传统文化创造性转化和创新性传承的意义。在洛阳推进文旅规划发展时，不妨借鉴闽粤赣客家文化重构及产业发展的经验。

关键词 大谷关；石壁村；闽粤赣；客家迁徙；文化重构

人是文化最丰富、最活跃的载体，一定规模的人口流动，必然导致原有文化的转移。因此，移民运动在中国文化发展史上亦发挥了举足轻重的作用，进而促成了文化区域的形成与文化流派的产生。通过移民建立起来的精神与物质纽带，远超过普通的物资交流和人员往来，逐渐形成"你中有我，我中有你"的融合状态，并在移民自身的感情和观念上起着潜移默

---

* 本文为国家社科基金中华学术外译项目"地方故事与国家历史：韩江中下游地域的社会变迁"（21WZSB002）的阶段性成果，广东省普通高校人文社会科学省市共建重点研究基地招标课题（19KYKT13）研究成果。

化的作用。① 在中国历史上，著名的"永嘉南渡""建炎南渡"等大规模的北人南迁，为中原文化向南扩展做出了划时代的贡献；北方游牧民族南迁，为南北民族文化的交融提供了不可或缺的条件；中外之间人口迁移，文化使者为西学东渐与向海外传播中国文化做出努力……移民史是中国通史的重要分支，重大移民运动同时又都是极为重要的历史事件，无论对政治演变、经济发展还是文化贡献都具有深远的影响与意义。没有移民，就没有中华民族；没有移民，也就没有辉煌灿烂的中华文化成就。②

一 洛阳大谷关：客家先民南迁的始发地

大谷关，位于洛阳东南。东汉中平元年黄巾军起义，为护卫京都，汉灵帝在京都洛阳周围设置了八关，大谷关是当时汉魏洛阳城的南大门，是通往南阳、汝州、许昌等地的重要关口。东汉张衡《东京赋》有"盟津达其后，大谷通其前"。大谷关一带林木繁茂，两侧沟壑纵横，峰峦起伏，灌木丛生，为历代兵家争夺之咽喉。曹植诗云："太（大）谷何寥廓，山树郁苍苍。"③ 大谷关，是客家先民南迁最主要、最便利的主要通道，见证了历史上客家先民南迁的悲壮历史。

古代的大谷关是洛阳通往南阳、汝州和许昌等地的必经之地，其遗址在今偃师寇店乡水泉村，位于嵩山与龙门山谷之间，纵深15公里，两侧沟壑纵横，峰峦起伏，群峰削立，具备天险之要害，战时可埋伏重兵，断绝南北交通，因此成为历代兵争将夺的古战场。但凡战乱，中原地势平坦，无处躲藏，民众只能被迫南迁。当年作为西晋国都的洛阳，留存下汉魏洛阳故城、大谷关、轘辕关、伊阙道等遗址，见证了客家先民南迁的壮举。在西晋末年洛阳陷落后，大批士族、百姓扶老携幼，披星戴月，风雨兼程，穿越大谷关，踏上了千难万险的南下之路。南宋诗人陆游《登城》的诗句，"永怀河洛间，煌煌祖宗业"，真实地写出了南迁民众对故乡的眷恋之情。随着洛

---

① 葛剑雄：《中国移民史（第一卷）》，福建人民出版社，1997，第95页。
② 葛剑雄、安介生：《四海同根：移民与中国传统文化》引言，山西人民出版社，2004，第2页。
③ 文中关于大谷关的相应材料源自洛阳市金融作家学会副秘书长马向阳先生撰写的文章。

阳民众的迁移,河洛文化以洛阳为中心呈波浪形向外传播,其影响范围远至东南亚诸国。截止到2023年底的地名统计,中国共有81个洛阳村、10个洛阳乡(镇)、22座洛阳桥、16条洛阳河(江)和9座洛阳山,① 这种同一地名跨区域出现的现象,与洛阳的原住民五次往南迁移的历史密切相关。

洛阳先民首次南迁,源于"五胡入华",主要落脚在江淮、长江三角洲及闽南地区,聚居在现今南京一带。第二次南迁,源于"安史之乱",移民辗转到现今苏南、浙江、福建等地。第三次迁徙,受黄巢起义、军阀割据影响,向江浙与闽粤赣迁移。第四次迁徙发生在南宋初年,迁往苏南、湘、浙、赣、闽、粤等地的人口逾百万。第五次南迁的移民数量庞大,迫使原来居住在闽粤赣的河洛人,向台湾及海外大量迁移。

为了深入挖掘客家先民的移民历史,洛阳市专门成立客家文化研究会,并举办"根在河洛"客家文化论坛,深入研讨客家文化的保护传承与交流合作。同时,为了积极传播与展示洛阳的客家文化,促进客家文化交流与"客家祖根地"品牌建设,洛阳市于2021年建成洛阳大谷关暨客家之源纪念馆,定位为展示、传承客家文化的专题博物馆。② 客家之源纪念馆包括客家之源纪念馆、姓氏文化园与围屋风情园,仿照汉代的建筑风格,以西晋"衣冠南渡"事件为背景,采用现代声、光、影技术与文物复制品相结合的方式,还原客家先民南迁的历史场景,并在姓氏文化园设立姓氏宗祠,颇具客家民系饮水思源的情怀。

洛阳客家之源纪念馆以"天下客家、根在河洛"为主题,以"原乡""离乡""他乡""望乡""归乡"五个主题为展示脉络,将迁徙故事线与情感线体现在整个游览线路中,讲述客家先民跨越千年、感人至深的迁徙故事。走进大厅,习近平总书记题词"五洲客家音、四海桑梓情"赫然入目。祭祀大厅北墙上巨大的"人文三祖"浮雕壁画凸显中华儿女是"龙的传人"。主题展厅运用场景壁画、多媒体技术、景观雕塑及视频观影等形式展示客家先民迁徙、客家文化的河洛遗风、谱牒匾额的祖源密码、寻根问祖的感人故事,糅合故事线与情感线,通过乡音、乡风、乡俗、乡艺、乡居、

---

① 民政部区划地名司:《中国·国家地名信息库》,https://dmfw.mca.gov.cn/search.html,访问日期:2023年12月17日。
② 刘清扬:《打造洛阳"客家祖源地"品牌研究》,《洛阳理工学院学报》2023年第4期。

乡愁等，将客家文化与河洛文化比较呈现，体现客家文化对河洛文化的传承和延续。在首层的序厅，一棵象征着"根深叶茂"的大树矗立中央，寓意着客家先民扎根河洛沃土，客家儿女播衍四方。序厅之后的"原乡"展厅，主要展示河洛文化，立体层板画上的古人或看书、下棋，或弹琴、散步，再现汉魏洛阳故城这一"客家祖根地"的繁华盛景。这些人物雕塑手拿族谱，扶老携幼，巨幅彩绘及声光影设备，营造当年战火纷飞、百姓颠沛流离的场景……置身"离乡"展厅内，有了时空穿越的体验，可想象客家先民穿越大谷关南迁的悲壮历史。展厅通过图片、壁画、雕塑和多媒体技术，展现客家先民历次南迁，"日久他乡即故乡"，让河洛文明遍地开花的过程。

在"他乡"展厅，大坞堡的四周有望楼，中间是客家土楼，寓意客家土楼传承河洛文化基因。东汉魏晋时期的河洛坞堡，又称坞壁，具有防御功能。《说文解字》："隝（坞），小障也。一曰庳城也。"《资治通鉴》胡三省注曰："城之小者曰坞。天下兵争，聚众筑坞以自守。"西晋灭亡前后，客家先民从洛阳三个坞堡（石梁坞、一泉坞、云中坞）启程南迁，现今宜阳苏羊村的云中坞、孟津魏家坡的石梁坞，均为中国传统村落，而宜阳汉山北的一泉坞则在汉山风景区内。随着河洛民众大规模南迁，坞堡的建筑技艺带到南方，并将坞堡的建筑文化移植到客家围屋建筑之内。典型的客家民居赣南围屋、福建土楼与粤东围龙屋，均体现了其与古代河洛坞堡一脉相承的特征。在"他乡"展厅，可以看到以图片和模型展示的土楼、围屋等建筑，让参观者了解客家土楼内各个小家庭和谐相处的文化传统，并可以通过带有锈迹的农具、发黄的书卷，穿越岁月体会客家人耕读传家的精神。

在位于二层的"望乡"展厅内，悬挂着"黄、林、陈、李、郑、叶、谢"等上百个姓氏牌匾楹联，展柜里放着发黄的陈氏、黄氏、赖氏等姓氏的族谱。为了标明世系，客家先民也将匾额文化带到南方，在祠堂悬挂匾额，载明姓氏堂号。在"归乡"展厅，环幕沉浸式影厅展示客家渊源、客家精神等内容，讲述"根在河洛、客出大谷"的感人故事。

二 石壁葛藤凹：客家先民南迁的中转地

"北有大槐树，南有石壁村"，福建省宁化县禾口乡石壁村是客家人的祖地，位于闽西，武夷山东麓，为闽赣两省交界地，距宁化县城23公里，紧邻江西石城、广昌县，是三江（闽江、赣江、汀江）源头之一。石壁村土壤肥美，是一块方圆200平方公里的盆地。唐末黄巢起义，迫使中原客家先民大批南迁，大多数人取道赣南石城，翻越武夷山站岭隘口，历尽艰辛，辗转来到福建宁化石壁。

客家学奠基者罗香林教授《客家源流考》记载与黄巢有关的客家先民故事，[①]说一位带着两个孩子的贤妇，背着大的却牵着小的走路，黄巢不解而询其缘由，贤妇说：大的是我贤侄，父母双亡，恐为巢兵所杀，如有不测，其香火断，所以背在背上；小的是自己所生，如有意外可再生有后，所以牵着让他自己走。黄巢为其高尚义举所感动，嘉其贤德，顺手采起葛藤交给贤妇，嘱其到家后挂门前可保平安，并命令属下凡遇悬挂葛藤之地皆不得骚扰戮杀。贤妇随逃难人群来到石壁安顿下来，讲述逃难路上经过，村人上山采葛藤挂满村庄及家门口，因此保了一方平安。后人为了纪念，从此便把这个地方叫作葛藤坑。此时恰逢端午，所以端午节客家人都要在门框上方挂上葛藤以示纪念，年年如此，终成风俗。汉民族端午节有挂艾、挂菖蒲的风俗，只有客家人才加挂葛藤。

由于挂葛藤避免了战祸，石壁葛藤坑一方居民得到了保护，"葛藤坑传说"广为流传，石壁也就成了客家先民的避难乐土，人们从四面八方朝石壁葛藤坑涌来。随着时间的推移，石壁之名声越来越大，流传也越来越广，慕名来到石壁的人也就越来越多。仅唐末宋初迁入宁化的客家姓氏就达百余，人口规模迅速发展，由唐天宝元年的5000余人，很快增至宋宝祐年间（1253—1258）的11万人。客家先民虽然带来中原先进的生产技术开垦土地，但有限的土地资源严重影响着人们的生活，加上南宋战乱，在这里住了几代甚至几百年的客家先民只好继续往外迁移至闽西汀江流域或粤东梅州，有的重返赣南或其他地方寻找更好的谋生地。

四面八方的人不断慕名而来，先来者往外转徙至四面八方，不断地迁入迁出，循环往复不止，客家祖地就此在石壁形成。宁化石壁是客家迁移特别重要的中转站和早期的聚散中心之一，是客家摇篮和客家祖地。[②]自1995年起，宁

---

① 罗香林：《客家研究导论（外一种：客家源流考）》，广东人民出版社，2018，第269页。
② 刘善群：《宁化石壁研究述略》，《福建史志》2017年第3期。

化每年举办一次世界性的祭祖大典,迄今已连续举办29届。1992年宁化开始兴建世界客家公祠,早期建筑由前、中、后三厅和回廊组成,祀奉客家始祖姓氏神位。2008年启动增建祭祀空间,配置客家始祖神坛、神位碑及客家图腾广场,竖立16根图腾柱,把客家传统精神以艺术形象雕刻于柱身之上。[①]

2011年5月,石壁客家祭祖习俗列入第三批国家级非物质文化遗产名录。祭祀仪式之前,在集散广场上,花鼓队、舞龙队、牌子锣鼓队等民俗表演队伍,用浓浓的客家风情迎接八方来客。宁化木活字印刷术、祈剧、木偶戏等表演,让大家感受到浓厚的客家文化。擂鼓三通,鸣钟三响之后,进行迎祭旗和升祭旗仪式,客属代表和嘉宾向客家先祖敬献花篮,行上香礼、献帛礼、奠酒礼、恭颂祭文等仪式在庄严肃穆的氛围中进行。仪式结束后,100名客家儿童用方言齐声诵读《客家祖训》和客家新童谣《忘不了》。舞台下,16位长老手捧五彩米洒向空中,客属乡亲纷纷用双手或帽子装接,寓意平安吉祥、兴旺发达。在客家公祠祖先牌位前,客属乡亲点燃香烛,虔诚祭拜。作为文化概念与象征符号的石壁,是遍布海内外的近亿客家人的祖地,逐步得到客家人普遍公认。

宁化石壁的文化重构,与海外客家人寻根谒祖、追溯族谱的回乡历程密切相关。宁化石壁客家祖地,依托传统文献典籍形成祭典仪式,进行全球客家公祭活动,号召全球客家到客家祖地谒祖祭拜、旅游观光、投资兴业,共谋客家地区的发展,进一步巩固其客家祖地的地位。[②] 宁化县政府定期举办的客属石壁祖地祭祖大典,在推进海内外文化交流与经贸合作、提升世界客属祖地文化品牌和形象方面,发挥了较为重要的作用。

三 梅县松口镇:客家播迁全球的出发地

松口历史悠久,数百年来"番客"(客家人称呼下南洋谋生的人)们回望松口元魁塔,在"阿妹送郎去过番"的山歌声中,泪别故土,乘坐手摇

---

① 任鸿飞:《非遗视角下客家民系祭祀图腾空间营造探索——以石壁客家公祠为例》,《南京理工大学学报》2018年第5期。
② 余达忠:《文化全球化与现代客家的文化认同——兼论宁化石壁客家祖地的建构及其意义》,《赣南师范学院学报》2012年第1期。

小船（图1左）沿梅江顺流而下，抵达松口后换帆船（图1右），在大埔三河镇进入韩江至潮州、汕头，然后再转香港赴南洋谋生。海外寄往梅州各乡镇的信件（图2左）只要写明"中国汕头松口转"便可寄达，故有"自古松口不认州"之誉，足见其在完全依靠水运的时代所具有的影响力之大。

图1　梅江上的人力小船（左）和帆船（右）
（采自南加州大学图书馆巴色会传教士影像档案，网址：http://digitallibrary.usc.edu/cdm/search/collection/p15799coll123/searchterm/Historical%20Photographs%20from%20the%20Basel%20Mission/field/parta/mode/exact/conn/and/order/title。传教士在梅县拍摄照片的时间为1896—1948年）

受益于水运的松口，以火船码头为起点，凭借这条"南洋古道"开展大量频繁的客货流通，成为粤东一带商贸信息聚散的枢纽。梅县松口古镇上一条长长的骑楼街，比梅州城区的骑楼气魄更大，隐约可见当年的豪迈。其中一幢四层中西合璧的洋楼外壁上，还悬挂着浮雕的英文标牌——HOTEL TSUNG KIANG（即松江旅社，参见图2右）。

图2　由印尼寄回梅县的信笺（左）与重新修整的松江旅社（右）
（左图采自梅县侨批档案馆魏金华先生个人收藏的侨批资料。梅州市收藏家协会主席郑桓江先生提供大量藏品，与梅州市客家文化旅游特色管理委员会合作，将原松江旅社及火船码头整合，酒店内部摆设大量华侨物品，重现当年客家华侨下南洋的景象）

· 248 ·

客家人从南洋古道出发，走出了围龙，走向了世界。与传统内陆文化相比，海洋文化具有明显的开放与变革的特征。在过去漫长的水路运输年代里，松口凭借"南洋古道"的人文地理优势，成为梅州地区除州府之外的又一个经济和文化中心。时过境迁，随着乡镇公路的兴起，水路运输的没落，松口一度失去当年兴盛繁荣的景象，如今步入松口古镇，老街的建筑与人气反差极大，曾经鳞次栉比的商铺大都关着门，但仍透着落魄贵族的气派，显得沧桑而不脏乱，清幽而不凄凉，给人以静谧的历史厚重感，饱含族群迁徙的历史记忆。

为促进散居世界各地华人之间的联系，联合国教科文组织发起旨在纪念海外华人的"印度洋之路"项目，先后在马达加斯加的多菲内、留尼旺的圣保罗、莫桑比克、毛里求斯、科摩罗的马约特、印度的本地治里等地建设移民纪念项目。考虑到梅州作为客家人移居海外的原乡具有的影响力和辐射力，项目实施者综合多方因素选择梅县松口建设移民纪念碑。

梅州文化旅游特色区管委会围绕"科学选址、精心设计、确保质量、铸造精品"的指示，与中国移民纪念项目代表团在梅县港务所、火船码头、松江旅社、松口老街、世德堂等地考察，并征求了安永中国咨询公司（梅州文化旅游特色区核心区规划团队）、旅游智库规划团队（"南洋古道规划"团队）的专业意见，与代表团进行协商并达成一致意见，确定梅县港务所码头为中国移民纪念广场最理想的建设地点。港务所门口有宽阔的空间，能容纳大量的游客驻足参观，其本身的建筑也融汇了中西文化结合的精华。2012年11月6日，考察选址原梅县港务局大楼前的大块空地，将破败的港务局大楼，做成中国移民纪念馆。通过实地考察，以福马教授为代表的联合国教科文组织，最终选定梅县港务局所在地段作为纪念海外华人"印度洋之路"移民纪念碑的建设地点。

2013年1月9日，梅州文化旅游特色区管委会向全球公开征集中国移民纪念项目设计方案，要求突出体现联合国教科文组织对客家海外移民历史的高度重视，增强海内外客家人的文化自信和凝聚力，使之成为广东梅州文化旅游特色的精品工程之一。本着设计优雅简约、突出中国移民纪念项目主题，充分考虑项目造价等原则，最后选定何柏俊设计的"家园"。该方案以"开拓进取、心系家园"为设计理念，以海外华人"跋山涉水、远渡重洋"为切入点，重点突出梅州松口是客家人扬帆出海的始发地和客家华侨的回归地，充满浓厚的乡情与亲情。梅州作为"华侨之乡"，与世界各地的客籍侨胞有着不可割裂的血脉亲情。纪念碑取名"家园"，意在以最质朴的字眼唤起客籍侨胞们内心深处的乡情，用"家园"一词中所蕴含的归属感，引发客籍侨胞们的情感共鸣。

纪念碑顶部选用地球造型，形象比喻"客家人分布在全球各地"，充分体现梅州"华侨之乡"的特点。① 地球造型上的和平鸽则象征着宽容、团结、友爱的客家精神，以及"人在旅途，心与家园同在"的思乡之情。纪念碑上的"客家南迁图"是客家先祖举族南迁的壮景缩影，与"渡口码头"边远渡海外的浮雕图交相辉映，共同体现客家人"永远在路上"的进取精神，同时以画面的形式传递客家人"心系桑梓、回归故土"的家国情怀，以浮雕图画的视觉冲击激发侨胞们思乡怀旧的情结，以直观形象的画面勾起华侨的思乡之情，进而回归家乡、回报祖国。"家园"雕塑既是海内外客家人的情感纽带，也是客家人"爱国爱乡、共建家园"的象征，更是全球客家人努力实现中国梦的印记。

2013年底，随着中国移民纪念广场（图3）的正式完成，附近新建开放式世界客侨移民展览馆也被提上议事日程，另外还规划要重修火船码头，让游客体验当年出南洋时搭乘火轮的感受，体验漂洋过海的第一站。2014年1月，经过梅州市旅游文化特色区管理委员会的方案论证和房屋修葺及布展，世界客侨移民展览馆（图4右）正式对外开放。世界客侨展览馆是旨

图3 矗立在梅江之畔的中国移民纪念广场

---

① 何小荣：《客家华侨迁徙记忆与符号建构——梅县松口中国移民纪念广场及世界客侨展览馆考察》，《全球客家研究》2015年第3期。

· 250 ·

从大谷关到石壁村：闽粤赣客家迁徙文化洛阳溯源

在向大众介绍客家人从松口启航，远渡海外，在异国他乡创业拼搏、生存发展的族群迁徙历史和文化记忆。展览馆第一期共分为十大部分，以图片、史料等形式，分别介绍了客籍侨民在印度洋沿岸国家和地区的历史和现状，通过画面和史实资料，传递客家人"心归故里"的家国情怀。展馆主要采用喷绘的彩色画面，介绍了梅州在海外华侨分布的基本情况，还有三个展柜陈列着当年华侨带回梅州原乡的某些生活用具，比如钟表和留声机。

图4 梅县港务局（左）及其右侧大楼改建成的世界客侨移民展览馆（右）

中国移民纪念项目落户松口，给松口带来一个千载难逢的良机。松口镇抓住这个历史发展的良好机遇，依托"华侨之乡"与"客侨文化"，围绕"南洋古道·千年古镇"规划建设，主动寻找振兴发展的切入点和突破口，切实保护古建筑、街区、码头、商埠、古村落等物质文化，挖掘侨批、山歌、民俗等非物质文化遗产资源。

四 河洛郎：闽粤赣客家迁徙文化溯源

客家民系有独特稳定的客家语言、文化、民俗和感情心态，具备"毓德垂后""励志扬名"的观念，这有时演化为冒难进取、大雄无畏的行动，亦可促进客人事功的发展。[1] 清朝进士、河源市和平人徐旭曾口述的《丰湖杂记》提出："今日之客人，其先乃宋之中原衣冠旧族，忠义之后也。客人之风俗俭勤朴厚，故其人崇礼让，重廉耻，习劳耐苦，质而有文。"[2] 崇文重教、忠孝两全的思想始终影响着历代客家人，培养出了欧阳修、文天祥、

---

[1] 罗香林：《客家研究导论（外一种：客家源流考）》，第323页。
[2] 和平：《徐氏族谱》，转引自罗香林《客家史料汇篇》，中国学社，1965，第297—298页。

· 251 ·

朱德、叶剑英、陈寅恪、曾宪梓等大批对中华民族的文明与进步做出重要贡献的著名人物。

中原战乱致使河洛居民向外迁徙，使得以河图、洛书传说为早期肇始重要标志的河洛文化通过移民传播和发展，形成客家文化"母体"，并在相对闭塞的环境中世代传承发展。因此，客家文化是河洛文化遗存的"活化石"。在民俗文化方面，客家春节的入年假、送灶君、吃年夜饭、守岁、年初一拜年、年初二回娘家等基本传承了中原的习俗。客家方言脱胎于中原古汉语，南迁客家先民吸收了迁入地土著的语言成分，独立演变成一种特色方言，保存着大量的古中原音韵、词语和语法，有着浓厚的中原古语风味。

客家先民远走他乡，背负中原文明，作为汉民族独特的民系，散枝开花，分布世界各地。他们有着对中原文化的执着坚守和传承，并在千百年的历程中，形成了独特的客家文化。客家人的姓氏、堂号、民风民俗、节日庆典等，源于中原河洛。晚清诗人黄遵宪有诗为证："筚路桃弧辗转迁，南来远过一千年。方言足证中原韵，礼俗犹留三代前。"河洛文化是中华文化的主流，是现代中华文明的根源，自然也是客家文化的源头。如今生活在全国各地的客家人到河洛地区寻根问祖，是对中原故土之乡音、乡貌、乡情的眷恋。中原河洛是客家乡亲魂牵梦萦的祖地，也是客家精神薪火相传的原乡故土。客家人崇祖的传统一方面保全了民系的文化记忆，另一方面也加强了族人的凝聚力与认同意识。

宁化石壁举行的客家公祭大典，在表达共祖意识、血脉认同与文化归属上有着重要的意义。[①] 宁化石壁作为客家祖地，虽然是再创造的文化符号，却成为强化客家认同的精神纽带，从而实现文化资源服务经济发展的目的。宁化建构石壁客家祖地的活动是成功的，文化和经济目的都达到了，是对传统的重新发现和文化策划。[②] 福建宁化石壁建成客家祖地，每年举办全球客家祭祖大典，凝聚了中华民族共同体的认同感。

梅州被全球客家人认为是心灵上的"客都"，不仅是客家先民南迁的最

---

① 欧阳睿：《宁化石壁客家祭祖的仪式特色及其文化意义》，《文化创新比较研究》2022 年第 3 期。
② 余达忠、曾念强：《一个文化符号的形成与演变——基于宁化石壁的个案研究》，《中共福建省委党校学报》2010 年第 6 期。

终聚居地、繁衍地，也是向海外衍播的出发地、集散地，华侨、华人分布于世界80多个国家和地区。位于梅州市梅县区松口镇的"中国移民纪念广场"，入选联合国教科文组织"印度洋之路"项目，[1] 新建的全球客家移民广场，则承载着海外客家华侨华人的乡愁。

人类的迁徙大多缘于生存需要。除了战争外，便是自然环境导致的大饥荒迫使人类迁徙。古往今来，许多民族的迁徙，常因为文化的亲缘性选择扎堆工作生活，因而在文化交融中诞生新的文化。汉魏洛阳故城遗址作为最直接的重要物质遗存，确立了客家先民首次南迁的坐标。西晋末期大量自中原南迁的汉人，构成客家先民的主体，并塑造客家人突出的文化个性。[2] 纵观以闽西宁化石壁客家公祠、长汀客家母亲河广场和粤东梅县松口移民广场为代表的客家迁徙文化的符号建构过程，考察中国移民史大背景下的客家迁徙文化重构和洛阳溯源，可以将其视为对传统文化的创造性转化和创新性传承。当前，在洛阳推进以客家主题为核心的文旅规划发展时，闽西与粤东的发展经验和教训，同样具有文化样本的参考价值。

作者简介：周云水，江西石城人，博士，梅州市客家研究院研究员，主要研究方向为文化人类学理论译介和客家文化遗产；何小荣，江西赣州人，广东嘉应学院助理研究员，主要研究方向为海外客家华侨华人社会及客家乡村变迁。

---

[1] 黄伟宗：《将梅州建设成"一带一路"的"世界客都"》，《南方日报》2015年8月31日，第F02版。

[2] 孙梅芳：《到洛阳寻找客家人的根——访全球客家崇正会联合总会总执行长黄石华》，《洛阳日报》2007年9月6日，第2版。

河洛书评

多维视角下的河洛石刻研究

——《河洛石刻文化记忆研究》书评

王庆昱

引 言

"洛阳"作为一个重要的文化符号,在中国乃至于整个东亚文化圈,都有特殊的文化意义。伴随着近年来历史研究的持续展开和深入,唐史学者首先提出"长安学"的概念,后来又有学者提出"洛阳学"。作为唐代的两都,长安和洛阳的地位十分重要,后世学人不断尝试结合两地出土文物以及相关典籍记载,追寻盛唐时期的身影。由于近年来出土大量的北朝隋唐时期的石刻资料,洛阳尤其为人们所关注。唐代大量的士人居住在洛阳,去世之后葬在北邙山等地,以至于时至今日,洛阳发掘的高质量隋唐时期墓志资料,与同为隋唐时期都城的西安不分伯仲,而如果再加上北魏洛阳时期,那么北朝隋唐时期最精美的墓志石刻资料中,洛阳石刻无疑占据了非常重要的位置。

由于笔者的研究方向是出土文献与隋唐史,洛阳是一个绕不开的地方,一直对于洛阳的相关文献、文物、研究成果等较为留意。近期关注到由河南科技大学外国语学院黄婕女史新著的《河洛石刻文化记忆研究》一书由社会科学文献出版社于 2023 年 11 月出版,十分欣喜。通读全书后有所感触,特作此文,谈谈这部著作,也借机展望石刻资源的综合应用。

一 《河洛石刻文化记忆研究》概述

（一）主要内容

首先需要说明的是，我是在较短时间完成了《河洛石刻文化记忆研究》全书阅读的，一方面是因为相对来说我对石刻历史及相关材料较为熟悉，另一方面也因为作者的文笔轻快有意趣，厚厚的学术著作却并不枯燥无聊。该书是"河南文化与对外交流"系列丛书中的一部，全书二十余万字，以"文化记忆"的视角全面论述河洛地区石刻的历史、遗存、影响等，既可以说是通过石刻解读洛阳都城地域文化史，也可以说是以石刻为佐证再次梳理了华夏文明的发展脉络。正如封底文字所说："如果说'二十四史'在纸上记录和构建了中国人共同的历史世界，河洛地区的石刻遗存就是这些历史的具体实践结果。看似零散分散的石刻，实际上传承有序，闪烁着丰富而多元的文化要素。它们由华夏文明进程这条隐秘的暗线相连接。河洛古代石刻影响巨大，潜移默化地塑造着中国人的思维方式和精神世界，其文化记忆凝聚华夏文明的共识和价值原则，进而形成身份认同。"

（二）篇章结构

鉴于很多人还没读过此书，我认为无论是相关研究者还是普通文史爱好者，即使没有时间完整阅读，也有必要对其主要内容有所了解，所以暂且以一个略显仓促的阅读者的理解，对书中各章的大体轮廓进行回顾和简短总结，不当之处，敬请指正。

1. 第一章　文明与石头

既然是研究洛阳的石刻文化，自然先从石头谈起。根据目前的研究来看，人类作为灵长类动物，早在一百多万年前，就已经开始使用石头。人类在旧石器时代使用石头与大自然做斗争，而进入新石器时代后，充分改造石头，人类迈向文明社会的步伐开始加快。该章讲述人类历史文明发展的脉络与石头息息相关，在阐述石刻发展的历史时，引入了文化记忆理论，以期能够从一个全新的角度来论述和认识石刻历史的发展。可以说这一章对作为文化传播的媒介"石头"做了阐述,并且对文化记忆理论也做了介绍,随后又对石刻文化的历史发展以及中国金石学的发展等做了简要的概述,使得广大读者能够在阅读第一章后,能够提纲挈领地领会到作者写作的意图和撰文方法,进而为讨论进入文明社会后的石刻文化的发展做好铺垫。具体包括"刻着历史的石头""文化记忆相关理论及流变""作为记忆媒介的石头""石刻文化的起源与发展""石刻文化的传播特点""中国特有的金石学"六个小节。

2. 第二章 河洛地区石刻源流

该章主要阐述"河洛地区"的地域范围界定,石器时代河洛地区先民对石头的应用。洛阳所处的区域在新石器时代属于仰韶文化的范畴,也发现了大量仰韶时期的文化遗址和石器,这一时期人类已经开始准备跨入文明发展的大门。文中特别提到原始刻画符号与文字以及石刻行为的关系,还关注到古代石刻制作从开山采石到书丹、雕刻加工的一系列复杂过程,这是现代学者在讨论石刻文化时容易忽略的地方。具体包括"'河洛'的历史与范围""石器时代的河洛地区""二里头文化遗址中的石器""文字与原始刻画符号""古代石刻的制作"五个小节。

3. 第三章 二里头玉石礼器:华夏王朝的最初记忆

传统意义上我们把夏商周三代作为中国文化发展的起始,尽管传世史料有确切纪年是西周共和元年(前841),19世纪末殷墟遗址的发现,把中国文明上推至殷代中期。国学大师王国维先生根据殷墟出土甲骨文,认为甲骨文所载殷代先王世系与司马迁《史记》大致相同,这说明了司马迁所记载的商代历史的可信性。在此基础上,王国维先生认为夏代是存在的,2000年夏商周断代工程也公布了夏商周的断代纪年。该书第三章从二里头玉石礼器入手,探讨河洛地区目前考古所见的相当于夏代历史的遗迹——二里头时代的石刻以及中国人的玉石情结。众所周知夏商周时代属于青铜时代,商代则是中国青铜时代发展的巅峰时期。而在时代上属于夏代后期的二里头遗址中,相当数量的绿松石器物的发现,尤其是绿松石龙形器等玉石礼器的发现,或许在一定程度上说明当时这一区域正处在从玉石时代逐渐向青铜时代过渡的时期。这一章还探讨了中华文明早期的"龙"形象及文化意义,具体包括"开启青铜时代""'石'与'玉'""绿松石

"'龙'形器""'龙'对中华民族的意义"四个小节。

4. 第四章　汉魏石经：华夏文明的儒家底色

众所周知西周初年周公旦在建设洛邑时，就以此作为"天下之中"。而近年来在陕西宝鸡出土的西周时期的青铜器——何尊上刻有"宅兹中国"。尽管学界对西周时期的"中国"到底指哪里有不同的看法，然而回归到历史之中，我们可以认为从夏代开始，洛阳作为"天下之中"，可以泛称为最早的"中国"。而且夏商周三代，文明的核心始终以河洛为中心或者在其周围徘徊。西周末年周平王从关中迁都洛阳，春秋战国时期，洛阳是周王室的所在地。秦一直到统一前夕，还不忘把东周王室灭亡，以显示天命所归。秦末农民战争，刘邦代秦建立汉朝，最初也是要建都洛阳。可以说河洛地区作为华夏文明的核心区域，从上古至中古时期，虽然统治核心发生了变化，但其天下之中的地位一直没有被撼动。

第四章以汉魏石经为中心。秦始皇用十年的时间统一六国，后来又修长城和在南方修建灵渠，其统治范围超越了夏商周时期。汉朝建立后，到汉武帝时期"独尊儒术"，儒家文化开始成为中华文化的底色。两汉时期经学的发展，使得这一时期儒学发展进入高峰时期，但是由于秦始皇统一六国后，曾经焚书坑儒，大量典籍丢失，使得两汉时期有今文经学和古文经学之分。儒学发展到东汉后期，需要对儒学经典进行统一的规范，于是出现了石经。尽管之前也有在石头上刊刻的行为，但是以国家命令的形式，这还是第一次，而石经最初的刊刻是在当时东汉的首都洛阳。东汉熹平石经的刊刻，可以说对后来中国文化的发展产生了深远的影响。熹平石经刊刻之后，东汉在黄巾起义后逐渐走向灭亡，进入三国时期，而曹魏也曾刊刻了正始石经，可以说中国文化以儒学为根基，在乱世而仍然绵延不绝。西晋短暂统一，仍然以洛阳为首都，而汉魏刊刻的石经，这一时期也被妥善保存。但是西晋在统一后，短时间内就灭亡了，被唐长孺先生称为"低质量的统一"。而北方在西晋灭亡后，进入十六国时期，汉魏石经也历经厄难。该部分具体包括"关于石经""石经刊刻的缘起""熹平石经的政治意图""熹平石经的儒学意义""熹平石经对儒生的影响""历尽劫难的汉魏石经""石经带来的文字美学与深情"七个小节。

5. 第五章　墓葬石刻：中国式的死亡纪念

该部分讲述了石刻在中国墓葬的发展历程，先是对碑的早期发展进行了阐述，后又引入汉以来的刑徒砖，到北魏时期形成了北朝至隋唐的墓葬石刻的一般形式。并且又以唐代的一方普通的墓志为例，讲述了唐代时期一个不见于史书记载的普通人的历史，从中提取中国人对待死亡的纪念方式。可以说我们今日看到的有相当数量的北朝、隋唐的墓葬石刻所携带的历史，不见于正史的记载，得益于这一时期的墓葬形式而留存下来，使得我们后人可以从石刻文献中了解和补充这一时期的文化和相关人物。本章具体包括"碑的最初功用""早期汉碑的典型""刑徒与砖""中原墓葬石刻演变""历代河洛出土墓葬石刻撷英""儒、释、道杂糅的死亡观念——以单信墓志为例""以石代金，同乎不朽"七个小节。

6. 第六章　龙门石刻：皇权笼罩下的佛光

这部分重点讲述了被政治风云变化裹挟着的龙门石刻兴衰，主要以北魏迁都洛阳后和武则天时期对龙门石刻的营建为主，并且探讨了书法中的"龙门体"。众所周知，北魏是由鲜卑人的一支拓跋鲜卑建立，在十六国时期数次迁都。拓跋珪复国后，以平城为首都，这一时期称为"平城时代"；北魏后期孝文帝迁都洛阳，一直到北魏灭亡这三十多年称为"洛阳时代"。北魏孝文帝在迁都洛阳之后，迅速地汉化，加速了北魏政权的封建化历程。北魏在平城时代曾经修建了云冈石窟，在迁都洛阳之后，修建了龙门石窟。龙门石窟可以说集雕塑、书法等艺术于一体，时至今日仍然是中华民族的艺术瑰宝，也是洛阳的文化象征。唐朝时期以洛阳为东都，武则天建立武周后，以之为神都，并且长期居住在洛阳，在武则天时期，龙门修建了卢舍那大佛。虽然武周政权之后唐朝复立，龙门的佛教造像活动却始终相当兴盛，直到北宋时期仍然有所营建。可以说我们今日看到的龙门石窟，是北魏和唐代的文化瑰宝。具体包括"进入中原的佛教与石窟""北魏时代的龙门石窟""盛唐时代的龙门石窟""皇权笼罩下的佛光""'龙门体'的力量"五个小节。

7. 第七章　石刻与文化记忆

该章再次从文化记忆的角度阐述了石刻的记忆功能，辩证地思考记忆与遗忘，以及集体记忆与历史的关联，探讨石刻文化对华夏文明传承、华夏民族身份认同形成的影响，在对河洛古代石刻文化记忆的溯源中，也完成了对河洛文化史（在很大程度上也是华夏文化史）的线性勾勒。具体包括"记忆与遗忘""成为历史的集体记忆""被建构起来的历史与身份""刻入石头的华夏文明"四个小节。

8. 终章、结语等

这部分总结了河洛石刻的历史意义与当代价值,对前文未及细说的生活中的石刻与纪念碑刻进行了补充,以会圣宫碑、升仙太子碑为例强调了石刻的"纪念碑性",并特别探讨了如何激活古代石刻的力量,让河洛地区的石刻文化建立起与现代生活的联系。具体包括"河洛地区的纪念碑刻""石刻的当代价值及走向世界之路"两小节及结语等。

二 《河洛石刻文化记忆研究》简评

(一)特点与价值

众所周知,河洛地区是考古成果辈出之地,每年都有众多包括石刻在内的文物出土,近年来相关研究成果和著作也层出不穷。《河洛石刻文化记忆研究》相比于既往研究,可以说具有独树一帜的特点和价值。

1. 将石刻与文化记忆理论结合的创新性

我国关于石刻的研究由来已久,古老的金石学可谓是最具中国特色、历史最长的研究之一,《河洛石刻文化记忆研究》对此也有一节专门论述。从宋代就兴起收集金石之风,有文人对流传于世的墓志等石刻做详细的记录与考证,到清代时,石刻收集与研究活动更是蔚然成风,成为乾嘉学风的重要内容。近现代,尤其是近几十年来石刻研究成果众多,基本上可以分为三大类,一类以收集整理墓志拓本、释读文字内容为主的原始资料型;另一类是通过石刻资料的内容弥补传世文献的不足与失误,借助石刻文献考证历史事件或某个人物;还有一类是对具体石刻文物的铭文内容、制造过程、艺术风貌等具体问题的考证和研究。这些成果大都成为相关领域研究的原始资料和学术支持,意义重大。而与这几类常见的石刻研究不同,《河洛石刻文化记忆研究》的作者是人文环境科学专业毕业,以文化记忆为主题,从考古、历史、文学、社会等多维度视角观察和阐释河洛地区的石刻资源,是一种综合性研究,也是较为新颖的有益尝试。

在石刻相关先行研究的基础上,该书最大的突破就在于把石刻与文化记忆理论紧密联系起来，牢牢抓住石刻材质能够"恒久记忆"这一功能特点，对不同时代的石刻对华夏文明、中国人思想演变的影响进行考证。甚至将石刻归于著名的"记忆之场"（lieu de mémoire）① 的概念范畴中，把石刻的发展与华夏民族身份认同结合起来。这样的观点在以往对石刻资料的研究和利用过程中鲜有出现，大大拓展了石刻文化的研究空间。

这种跨越时代的宏大视野很容易流于空洞，值得一提的是作者并不只是简单套用概念将石刻与文化记忆生硬地连在一起，而是在全书多处都有较为细致的论述。例如：

> 石刻是最古老也是保留信息最长久的方式，刻着文字、图案的石头如同封存了历史的现场，让不同时代的人隔空交换信息、交流感受，文化融汇和文明传承就是在这个过程中实现的。②

> 长期位于华夏文明核心区域河洛地区的历朝古代石刻，既是现实中的客体实物，具有特定而明确的用途，同时还常常是某种象征或蕴含深刻思想含义，具备实在性、功能性和象征性的三重内涵，是典型的文化记忆理论中的"记忆之场"。附着在河洛地区古代石刻上的文化记忆，是不同时代的群体记忆，石刻这种天然具有纪念属性的载体，与文本历史共同作用，不断加强、深化这种文化记忆，共同构筑和塑造华夏民族这个群体共有文化记忆的同时，也形成中华民族的一种身份认同。

> 阿斯曼对"文化记忆"的定义强调"人类记忆的一个外在维度"和"对意义的传承"，非常契合石刻蕴含的"载道化人、流传广布"的核心价值。（中略）秦代之后直至今日，"刻石"替代"铭金"成为主流，大量石刻伴随着我们的历史，承载不同时期的文化记忆。一个时代有一个时代的刻石中心，汉魏、北朝时代、隋唐甚至直到宋代，河

---

① "记忆之场"（lieu de mémoire）的概念由皮埃尔·诺哈（Pierre Nora, 1931—）提出。皮埃尔·诺哈在法国民族认同遭遇危机的背景下研究地方与空间，以集体记忆为基础，尝试重新建构历史—记忆的一致性。"记忆之场"一词还曾被译作"记忆所系之处"，被认为是实在的、象征性的和功能性的场所，是记忆的载体。

② 黄婕：《河洛石刻文化记忆研究》，社会科学文献出版社，2023，第6页。之后的引用不再一一注明。

· 263 ·

洛地区都是当时的刻石中心，完整见证了这一演变。南宋、明清时代开始，刻石中心才开始向南迁移，虽然泉州、苏州等地开始成为新的刻石中心，河洛地区的刻石之风直至今日也始终不坠。

这样娓娓道来的论证使得石刻从普通文物上升为社会历史的记忆载体，引导人们理解石刻与集体记忆、历史的关系，让河洛石刻与文化记忆的联系不显突兀。在此书中，一件件石刻不只是单独存在的文物，石刻文化也不仅是一门艺术或技术，铭刻于石的行为、历代石刻遗存、石刻内容产生的影响等统统都视为一个有机整体，这种多维度的视角是石刻研究的一种创新。

2. 对河洛石刻的全方位整理

河洛地区长期以来曾是古代石刻中心，也是石刻资料、石刻遗存最丰富的地方之一。至今以来已经出版各种石刻整理、研究成果，如以时期划分的各个时代墓志资料，以具体种类、领域划分的石经、石窟研究等，《河洛石刻文化记忆研究》是少有的对河洛石刻全方位的整理之作。从时间上能够覆盖史前、先秦和历代王朝，从种类上包括石器、石经、碑刻、石窟造像等几乎所有石刻种类，连对绿松石造型、作为碑刻前身的刑徒砖等都有较为详细的说明。通过该书，可以较为全面地了解石刻文化发展演变、河洛地区各类特色石刻、代表性石刻遗存等，对河洛地区的石刻文化有较为全面的把握。

更难得的是，该书对河洛石刻的介绍不仅全面，还做到了"点""面"结合，即便是常规性说明，也有不少独一无二的用心之处。例如在众多唐代墓志中选择名不见经传的单信墓志进行详细解读，以阐述中国人儒释道杂糅的死亡观念。据我所知，该墓志保存在千唐志斋博物馆，除了被收入各种汇编名录以外，志文内容尚未被公开关注过。又如书开篇中龙门卢舍那大佛面容的照片，是作者在龙门石窟时隔五十年才有一次的大修工程中亲自登上几十米高空的脚手架近距离拍摄的。该书尤其关注河洛石刻带来的文化记忆效应，中华早期文明中的"龙"文化、儒学思想的确立、佛教进入中原、中国人对死亡的态度、书法的美学精神……这些都是影响华夏文明、中国人思想史的重要事件和节点，被作者通过河洛石刻有序地串联

3. 细腻的文字蕴含独特见解

或许是因为女性文化研究者特有的视角,《河洛石刻文化记忆研究》全书虽是在宏观视野上展开的,却常常于细微之处有独特见解。例如作者认为理解石刻文化的关键词是"力量":"石刻文化有别于其他文化之处也在于此,其中包括两种力量,一个是人们打造石器、进行石刻时需要倾注的强大力量,另一个是石刻对抗时间的过程中散发出来的持久力量。"赞叹古人"铭刻于石"的行为:"人与石,两股力量正面碰撞,人类凭借智慧、坚韧,以火热的血肉之躯驯服了冰冷坚硬的石头。这种原始而蓬勃的生命力,令人感动。"将石刻视为中华民族在长期历史实践中积累起来的东方式智慧:"刻石纪事,源于古人对超越时间的向往。"

作者的文字功夫深厚,不只是文采,而是一种长期的文化积淀。但更为重要的是,作者对于研究对象有发自内心的深切关怀和热爱。初读时浑然不觉,但读着读着,就能从字里行间感受到这种情感。摘取一段书中关于古人刻石的原文如下:

> 捶打削砍,火星四溅,人与石的对抗中,也许用尽力气一次也只能留下一道浅痕。然而,一而再、再而三、三而不竭,周而复始。假以时日,研磨刻划、斋粉飞扬过后,粗糙变为平顺、坚硬变得柔和,或深或浅的痕迹变成沟沟槽槽,连成错落有致的凹凸线条,进而成为形态各异的石刻作品。(中略)在这种经年累月的反复不辍中悄然生成,石刻这种行为本身就展示着中国文化中隐忍却不屈的顽强精神。

相信读过这段文字之后,再面对纪念碑石或佛像时,即使对纪念的内容或神佛无感,也会念及"古人与石头的对抗",从而生出敬畏。由古人的刻石习惯联想到中国文化中"隐忍却不屈的精神",《河洛石刻文化记忆研究》中不乏这样闪烁着思想之光的词句,值得细品。

(二)不足与课题

1. 理论部分的论证不够系统

《河洛石刻文化记忆研究》的上述特点是其价值所在,但不能否认的是，一些问题同样也源于这些特点。比如将石刻作为文化记忆的载体进行研究，因为缺少同类研究先例，所以从对文化记忆理论的梳理到石刻的适用论证、再到具体实例举证，一切都只能从零开始、摸索前进，非常考验人的思辨逻辑和论述水平。虽然该书的论点清晰、论证也较为充分合理，但可能是因为没有分列出条目的原因，论证过程较为分散，不够系统。石刻与文化记忆结合的研究范式怎样确立、研究内容如何更加深入等，应该是今后的课题。

2. 一些墓志介绍没有反映最新研究成果

由于该书对河洛石刻做了具有通史性质的全景式考察，在深度上自然有所不及。尽管作者有意识地尽量"点面结合"，由于涉及面太广，一些主题没能涉及或者只是浅浅谈及，未能深入展开。丧葬相关的石刻自古以来是石刻文化最接近日常生活的部分，也是河洛石刻最重要的组成部分，狭义上的石刻文献在很大程度上主要指出土墓志。第五章以"中国式的死亡纪念"为切入点，从碑刻的实用功能和纪念功能展开论述。优点是对墓葬石刻的来龙去脉进行了清晰阐释，墓碑的形制演变、从地上到地下的规制演变等都顾及了，缺点是对在学界有重大意义和影响的碑刻介绍不足。

"历代河洛出土墓葬石刻撷英"小节虽然遴选出历代河洛地区最具代表性墓志做了简明介绍，并附有图片，但相对于总数量数千方的墓志，仅列举了不足二十方，而且所占篇幅都不长。例如书中介绍曹魏时期代表性石刻王基墓碑时，引用了清代黄易的《嵩洛访碑日记》的内容："（嘉庆元年九月）二十日。过白马寺……望双碑凹，一是魏王基碑，一是唐狄府君碑。"[①] 引用本身没有问题，但清人黄易眼中的"唐狄府君碑"是否为唐代狄仁杰碑是有待商榷的，而且王基墓碑自清乾隆三年（1738）被《金石存》著录以来，由于碑石形制与碑文撰书的奇特之处，引起金石家和书法家的重视，相继录研者不下几十家，因为各家说法不一，所以有"断碑"还是"残碑"的疑云、缺字的考证等。书中列举的墓志都是石刻文献中的重中之重，几乎每一方都有众多考论和研究成果。对于专业人士来说，更为深入的、专业性的信息才是最值得关注的，可惜这些在文中没有得到充足的反

---

① 黄易：《嵩洛访碑日记》，浙江人民美术出版社，2017，第10页。

映。若能将篇幅扩大一些，把包含日韩学者在内的国内外学界关于这些墓志的最新研究成果都添加进去展开深度说明，本书的专业性与前沿性以及学术价值都将会大幅提升。

总体来说，《河洛石刻文化记忆研究》在多维度、全方位展示河洛石刻方面是一部具有普及性质的优秀著作，可读性强，既给专业研究者提供了新的视野和思路，也非常适合向大众推广和展示河洛石刻文化，完全符合"河南文化与对外交流"的丛书主题。

三　关于河洛石刻资源综合应用的展望

我国的石刻史料数量庞大，延续时间几乎与人类文明同样漫长，而且种类繁多，内容涉及社会的各个方面，其史料价值越来越受到重视。以荣新江为代表学者很早以前就重视利用出土的碑志材料研治历史，并强调使用原始材料观察一个时代的历史的重要性[①]。以古都洛阳为中心的河洛地区，长期占据古代文化中心位置，其石刻资料不仅对于我国通史、各王朝的断代史、文化史、民族融合史等意义重大，也为丝绸之路、佛教传播、唐代西域人士来华、古代官职制度、世家联姻状况等主题研究提供支撑材料。石刻文献资料不应局限于对传统历史的拾遗补阙，应该有更多的可能性。

《河洛石刻文化记忆研究》作者黄婕女史并非考古和历史专业出身，因洛阳地域文化的研究而进入石刻领域还不足五年，微信群中她虚心求教、花费精力释读唐代墓志铭文内容给我留下深刻印象。能潜心于较为冷门的古代石刻中，在短短数年中完成全面论述河洛地区石刻之作，可见其勤奋。正如作者所言，该书尝试从"文化""记忆"相结合的视角，将石刻与中原地区的思想文化、华夏文明的发展进程进行对照分析，重点关注与这些石刻在同一片生活空间的人与石刻的互动关系，希望通过解读河洛地区古代石刻的文化记忆，发现和理解河洛地区的古代石刻是如何参与历史书写，如何塑造、建构华夏历史的，从而引发更多的人关注石刻作为精神与物质

---

① 荣新江：《"中国史研究的传承与发展"（笔谈·上）》，《华中师范大学学报》2023年第2期。

双重遗产的历史意义与当代价值。作为一个石刻文献资料研究者和利用者，我赞同这种尝试，《河洛石刻文化记忆研究》所体现的多维度的研究视野正是今后石刻资料综合应用应有的方向。期待以此书为契机，涌现出更多以石刻资料为基石的学术成果。

作者简介：王庆昱，河南商丘人，暨南大学中外关系研究所副研究员，主要研究方向为出土墓志与隋唐史。

公共考古的上乘之作

——读《考古都挖了点啥》

田　率

商春芳、王建国、王鹏杰撰写的《考古都挖了点啥》（一）（二）（文物出版社，2024年3月）一经问世，便引起了学界和社会的广泛关注，颇受读者欢迎。笔者阅后也十分激动，抒怀胸臆，略陈心得。

一　立足学术前沿，展示考古成果

商春芳、王建国、王鹏杰三位作者是深耕久战在考古工作前线的专家，著述颇丰，成果斐然。书中很多内容所涉及的考古资料皆出自他们之手发掘整理研究，如洛阳市西工区苗北村五代壁画墓所绘拂林犬形象，结合唐代其他图像资料及实物互为参照：新疆阿斯塔那M187出土的联屏绢画《双童图》中一男童怀中所抱之拂林犬、韦浩墓壁画上侍女脚边的拂林犬、陕西宝鸡岐山郑家村元师奖墓壁画中童子所牵之拂林犬、周昉《簪花仕女图》中贵妇所戏的拂林犬、《宫乐图》中卧于方桌下的拂林犬和日本美秀博物馆藏三彩女俑脚边的拂林犬、洛阳出土的拂林犬俑等，征引《旧唐书》《酉阳杂俎》《太平广记》及唐诗中的文字记载，深入分析了源自东罗马帝国拂林犬的中国化过程，通过宠物狗这一贴近生活的元素，勾画出古人的爱好志趣，以小见大，见证了中西文化交流的发展。

三星堆遗址是古蜀文明的中心，颇受学界关注，尤其是2019年发现的六个祭祀坑，出土了数量丰富、造型各异的珍贵文物，再次掀起了学术界乃至全社会热切关注的浪潮。本书作者也紧跟学术焦点，围绕三星堆遗址出土的青铜器展开讨论。与众不同的是，作者并没有把笔墨落在描述那些诡秘奇谲的青铜器造型和纹样，而是在考古学的视阈下，着重探讨了三星堆青铜器生产原料的来源问题。作者将四川洪雅、云南昭通及东川、江西瑞昌的铜矿遗存构建起一个上古时期资源交流和交通运输的网络，根据中原王朝与南方地区的传统"金道"，提出了四川盆地与长江下游存在水运"铜路"的看法，为日后考古调查和发掘工作指明了方向。

洛阳纱厂路西汉大墓是近年来洛阳地区发现的西汉中期高等级的墓葬，其中C1M16090北侧耳室出土的大铜壶中还存储有3500毫升的液体，后经科学检测，才得知此物并非人们常说的美酒佳酿，而是"矾石水"。作者查阅了相关传世文献的记载，证实了这是水法炼丹而成的"仙药"，背后反映的是汉代上层贵族求灵升仙的信仰追求靡然成风。

马球运动在唐宋时期是颇受宫廷内外推崇的体育项目，作者从人们最为熟知的赫赫有名的章怀太子墓马球图壁画开始讲起，博引了三彩陶俑、彩绘泥塑、砖雕石刻、图像铜镜等其他类型的物证，全方位多维度地为读者奉上了一场热烈喧嚣的马球盛宴。作者善于运用新出土的资料，如2011年洛阳孟津新庄晚唐五代墓室砖雕上的马球杆造型，断定墓主人是位痴迷打马球的高手。2012年洛阳新发掘的唐垂拱三年（687）左骁卫大将军王雄诞夫人魏氏墓出土的一组打马球仕女三彩俑，作者眼光独到，善于观察，这些女运动员佩戴护腕，装备齐全，弯腰俯身似乎在寻觅马球，谐趣盎然。作者进一步从女性的视角推衍，通过对2012年西安市郊晚唐博陵郡夫人崔氏墓出土的驴骨及其铅镫的分析，揭示出当时还存在更加适合女子身份的驴骡击球运动，甚至还有对抗性更弱的步打球，很可能是后世高尔夫球的祖源，这些思考和推测都令人赞叹折服。

二 融合学科交叉，着力科学论证

考古是一门专业性与综合性兼顾的工作，考古文物研究亦如是，不仅需要熟悉考古学、历史学、文字学、文献学、艺术美学等人文社科专业，而且还要掌握一定的物理学、化学、生物学、建筑学等自然科学及理工科的知识，有助于我们科学准确地认识古代历史和社会的真实面貌。

1973年洛阳九都西路发现了74座战国时期的粮窖，据推测，每个粮窖可储粮约50万斤，这处粮窖可以说掌控了当时的国家命脉。粮窖遗址还出土了一套不起眼的青铜齿轮构件，学界普遍认为该器为运粮的机械装置，至于其具体的工作原理和操作过程，广大读者实不甚了了。作者特意请教了机械工程师，翻检了相关文献，终于解开了其中的奥秘。这是目前世界上发现的时代最早的一组适用于低速转动的棘轮机构，钩形棘爪的功能主要是为了防止逆转，在升降重达千斤的粮担时，这件小小的棘爪装置发挥了至关重要的保险作用，文末还配上了古罗马建筑师维特鲁维斯描述的起重机械示意图，使读者更加直观生动地感悟到了古人高超的智慧和超前的发明。

唐代出土的9件球形鎏金银香囊是当时人们心爱之物，不仅能够悬挂在床帏之上，甚至还可以放置在被中侍寝。香囊中的"小碗"内盛放点燃熏香，香囊滚动但碗里的香灰不会遗撒，令人啧啧称奇。作者为读者揭示了香囊平衡稳定的物理原理与现代陀螺仪的机构密切相关，机关就在于最内的"小碗"外部还有两个持平环，二环的轴孔相互垂直，分别防止"小碗"上下左右倾斜，所以香囊无论怎么滚动，中间的"小碗"始终能与底部接触面保持平行关系，不会晃动。作者发现这种设计清代还在沿用，只不过做了"简配"，香囊成为固定设施，不再转动，缺少了灵性和生机。

三 注重中外交流，关切民族交往

纵观中国五千多年文明史的宏伟画卷，中外文明的沟通对中国社会产生了巨大影响，各民族之间的交流、交往、交融共同铸就了中华民族璀璨辉煌的丰功伟绩。

作者始终秉持了宏阔的胸怀和宽广的视野，沿着中外交流和民族融合的思路，探究历史文物背后蕴含的文化内涵，这样的例子俯拾皆是：四川成都三星堆遗址和金沙遗址出土的古蜀先民制作的黄金面具与北非、西亚地区的早期黄金面具之间是否存在千丝万缕的联系值得我们思考；张骞凿通西域之后天马西来，铜奔马、茂陵鎏金铜马、昭陵六骏这些良驹无疑是中亚西传而来的汗血宝马的真实写照；敦煌悬泉置是丝绸之路上的一片绿洲，更是慰藉心灵、寄托情思的一宗净土；瓦当、壁画上带翼天使的形象及羽翼铜人蕴含着西域地区的人们儒释道信仰糅合汇通的产物；宁夏固原李贤墓出土的鎏金胡瓶映透出公元六世纪之际在中原与波斯贸易之路上往返奔波的粟特商人的身影；敦煌石窟、榆林石窟、韩休墓壁画上急转如风的胡旋舞被瞬间定格的画面，炫出的是大唐盛行胡风的异彩；新疆吐鲁阿斯塔那古墓出土的唐代胡饼点心，虽时隔千余年，仿佛仍在飘逸着的浓郁麦香，那酥脆的口感沁人心脾；远离长安千里之外的乌兹别克斯坦撒马尔罕古城大使厅壁画中，人们还能寻觅到唐高宗李治上林苑猎豹的雄姿和武则天乘舟泛江的威仪；英国探险家斯坦因在新疆和田丹丹乌里克寺院遗址中发现的木板画，拂去画上的尘埃，读者似乎还能聆听到西天取经的玄奘大师娓娓道来的东国公主和亲与蚕种西传的故事……

四 纠正错谬舛误，探索学术新知

对考古文物的研究和阐释绝非易事，尤其是一些旧说陈见积年已久，几成"定论"，一些错误的解读通过大众传媒影响甚远，造成"错上加错"的后果。要想获取真知，纠正谬说，学者需要具备敏锐的眼光、坚实的基础和深厚的积淀。

仰韶文化的小口尖底陶瓶颇具特色，学界对其用途的认识结论甚多，但皆无实据。其中汲水的说法最为流行，而且有些博物馆的展览和一些著作中还绘有小口尖底瓶汲水的物理原理示意图。更有甚者将其与《荀子·宥坐》记载的孔子观鲁桓公宗庙中的欹器相联系，认为小口尖底瓶就是注水之后"虚则欹，中则正，满则覆"的欹器，实为牵强附会。作者注意到近年来美国斯坦福大学刘莉教授及其团队对西安米家崖、高陵杨官寨、蓝田新街等仰韶文化遗址出土的尖底瓶上存留的淀粉颗粒、植硅体及化学残留物进行了实验检测，做了科学细致的微痕观察和成分分析，确认了这些残留物是以黍、粟等谷物为原料制作的发酵酒。作者还结合古巴比伦、古埃及、古希腊等其他古代文明中的图像资料发现，西方人在古代也曾使用这种形制的陶瓶储酒饮酒，故此小口尖底瓶用途的谜底终于被揭开，它实为酿酒储酒的容器，尖底的造型便于残渣的沉淀，小口的设计方便封口，减少发酵之后酒精的挥发和腐败。

1978年湖北随县（今随州）擂鼓墩一号墓即大名鼎鼎的曾侯乙墓出土的铜鉴缶是一套典型的楚系用器组合，在各种普及性质的媒介中都被介绍为古代的"冰箱"，即鉴内储冰以镇缶中之酒，强调的是这套器物具有保鲜防腐的功能。作者不仅引征《周礼》《招魂》等传世文献中有关冰鉴冻饮的记载，而且还列举了东周时期虢国、吴国贵族使用的铜鉴进行类比，而且作者亲自拍摄了洛阳农村地区至今仍在使用的水井冷窖，使读者能够进一步感切铜鉴的冰镇用途。在这一篇中，作者独具慧眼地指出了2008年北京奥运会开幕式上由2008位演员表演的击"鉴缶"节目中的错误。演员使用的道具造型来自曾侯乙墓出土的铜鉴缶，而节目的创作者显然是受了《史记·廉颇蔺相如列传》中秦昭襄王与赵惠文王渑池之会中蔺相如逼迫秦王为赵王击缶故事的启发使用了这一"乐器"。战国晚期秦国平民墓葬中经常出土有这种小口广肩的陶缶，其本来用途就是盛酒水的容器。《说文》："缶，瓦器，所以盛酒浆。秦人鼓之以节歌。"李斯《谏逐客书》："夫击瓮叩缶，弹筝搏髀，而歌呼呜呜快耳者，真秦之声也。"据上述文献可知，秦国的社会底层在放歌娱乐之时还会敲打此类缶，这是当时秦国下里巴人的风俗。礼乐尽备的周代高级贵族，过着钟鸣鼎食的生活，钟磬泠然、琴瑟和鸣、笙镛以间才是豪门权贵的"音乐圈"，而蔺相如为了羞辱秦王，才强迫他演奏这种低贱的"乐器"。奥运会的节目编导却不知其中的原委，错将秦声中的陶缶与铜鉴缶混为一谈，误认为铜鉴缶也是用来演奏的乐器，可谓荒愚谬妄，贻笑大方。

最后值得称道的是，作者善于利用轻松幽默的语言，将枯燥艰深的考古文物知识传递给读者，书中还穿插了很多现实生活中的场景和器具，借助艺术表演、影视作品等视觉媒体的画面，拉近了读者与历史的距离，令人倍感亲切，不忍释卷。

作者简介：田率，北京人，北京师范大学历史学院考古文博系教授，博士生导师，主要研究方向为中国古代青铜器、出土文献与古文字、博物馆藏品管理等。

《河洛学研究》稿约

《河洛学研究》是河南科技大学人文学院创办的人文社会科学类学术集刊。本集刊受到河南科技大学和洛阳市社会科学界联合会的大力支持。目前已经出版2辑，2024年始由社会科学文献出版社出版（每年2辑）。集刊以宣传河洛文化、展现河洛学最新研究成果为主旨，立足河洛，面向全国，以收录原创学术论文为主，开辟河洛论衡、河洛文献、河洛考古、河洛艺文、古都文化、客家文化、地域文化、河洛书评等专栏。

本集刊接受纸质投稿和电子文本投稿，稿件请附上中文摘要、关键词、英文题目，及作者简介（姓名、单位、职称、研究方向、通讯地址、电子邮箱等）。有课题基金的论文，请在首页注明课题类别、名称及编号。本集刊每期收录约18篇文章，稿件每篇字数一般为10000字左右为宜，特别优秀的学术论文不受字数限制；书评每篇字数大致为5000—10000字；译稿须是原创首发，要附原文及原作者授权证明。所有来稿均先由编委会做初步遴选，获通过的稿件会送请专家学者做匿名评审。文中请勿出现能够辨识作者身份的信息。来稿在编辑部收到一个月内回复作者是否采用。来稿、约稿一经采用出版，即按规定发放稿酬，赠送作者两本样书。欢迎专家、学者惠赐稿件。本集刊注释采用社会科学文献出版社的投稿格式和注释体例，来稿请遵循本集刊所登文稿格式规范的要求。

投稿地址：河南省洛阳市开元大道263号河南科技大学人文学院，《河洛学研究》编辑部收

邮政编码：471023

电子邮箱：hlxyj2022@126.com

文稿格式规范

一 标题序号

文内各章节标题序号,依"一、(一)、1、(1)"等顺序表示。

二 注释位置

注释采用页下注(脚注),序号用"①、②、③"等标识,每页单独排序。正文中的注释序号统一置于包含引文的句子(词或词组)或段落标点符号之后。

三 古籍引用

引用时须注明作者、整理者、书名、卷次、篇名、出版者、出版时间和页码。如:

房玄龄等:《晋书》卷二四《职官志》,中华书局,1974,第731页。

郑玄注,孔颖达疏《礼记正义》卷四《曲礼下第二》,北京大学出版社,1999,第129页。

杨衒之撰,周祖谟校释《洛阳伽蓝记校释》卷三《城南》,中华书局,2010,第106页。

顾祖禹:《读史方域纪要》卷四九《河南三》,中华书局,2005,第2214页。

四 今人论著

引用时须注明作者、篇名、书名、出版者、出版时间和页码,外籍作者须注明国籍。如:

(1)专著

郭绍林:《洛阳隋唐五代史》,社会科学文献出版社,2019,第116页。

(2)译著

〔德〕恩格斯:《家庭、私有制和国家的起源》,中共中央马克思、恩格

· 275 ·

斯、列宁、斯大林著作编译局译,人民出版社,1972,第139页。

〔日〕内藤乾吉:《唐代的三省》,姚荣涛、徐世虹译,载刘俊文主编《日本学者研究中国史论著选译》第八卷《法律制度》,中华书局,1992,第225—251页。

(3) 论文集

唐长孺:《论北魏孝文帝定姓族》,载氏著《魏晋南北朝史论拾遗》,中华书局,2011,第79—92页。

汪籛:《唐太宗之拔擢山东微族与各集团人士之并进》,载唐长孺等编《汪籛隋唐史论稿》,中国社会科学出版社,1981,第132页。

五　期刊论文

引用时须注明作者、文章题目、期刊名、出版年、期。如:

张金龙:《北魏洛阳里坊制度探微》,《历史研究》1999年第6期。

六　外文文献

可参照中文论著顺序标引,文章题目用引号注明,书名、期刊名使用斜体。如:

Stephen F. Teiser, *The Ghost Festival in Medieval China*, Princeton University Press, 1988, pp. 58-62.

Dennis Grafflin, "Reinventing China: Pseudobureaucracy in the Early Southern Dynasties", in Albert E. Dien, eds. *State and Society in Early Medieval China*, Stanford University Press, 1990, pp. 49-72.

七　数字使用

年号、古籍卷数等采用中文数字,序数用简式。公元纪年请用括号内阿拉伯数字标注。如:

房玄龄等:《晋书》卷一一三《苻坚载记上》,中华书局,1974。

隋文帝开皇九年(589)。

八　字体字号

稿件正文用宋体五号,单独引文用楷体五号,注释用宋体小五号。

图书在版编目(CIP)数据

河洛学研究.第三辑/罗子俊主编.--北京：社会科学文献出版社，2024.12.--ISBN 978-7-5228-4806-8

Ⅰ.K296.1

中国国家版本馆CIP数据核字第20249YK530号

河洛学研究　第三辑

主　　编／罗子俊
执行主编／王云红

出 版 人／冀祥德
责任编辑／赵　晨
文稿编辑／窦知远
责任印制／王京美

出　　版／社会科学文献出版社·历史学分社（010）59367256
　　　　　地址：北京市北三环中路甲29号院华龙大厦　邮编：100029
　　　　　网址：www.ssap.com.cn
发　　行／社会科学文献出版社（010）59367028
印　　装／三河市龙林印务有限公司

规　　格／开　本：787mm×1092mm　1/16
　　　　　印　张：17.5　字　数：272千字
版　　次／2024年12月第1版　2024年12月第1次印刷
书　　号／ISBN 978-7-5228-4806-8
定　　价／128.00元

读者服务电话：4008918866

版权所有 翻印必究